## 内容簡介

本書分為“緒論”“音韻學基礎知識”“《廣韻》音系”“《廣韻》音系與普通話音系的比較”“上古音概要”“近代音概要”六個部分，着重介紹音韻學的基礎知識和中古音的代表《廣韻》音系及其與普通話音系的比較，旨在幫助學生掌握音韻學的基本概念、術語體系和《廣韻》音系的基本面貌，同時瞭解漢語語音的發展概貌。每章末配有思考與練習題，幫助學生復習和鞏固所學內容。本書突出的特點是對《廣韻》音系到普通話音系的演變規則進行了全面的梳理，區分了規則與例外、文讀和白讀，條理分明，便於學習掌握。

## 作者簡介

趙彤　1992年考入北京大學中文系，2003年獲得博士學位。曾任中國人民大學文學院副教授，現任北京大學中文系長聘副教授、北京大學中國語言學研究中心研究員、計算語言學教育部重點實驗室研究員。主要著作有《戰國楚方言音系》，編著有《古代漢語》《漢語史綱要》等教材，參與了《辭源》的修訂工作，爲《中國大百科全書》（第三版）和荷蘭Brill（博睿）出版社的*Encyclopedia of Chinese Language and Linguistics*（《中國語言和語言學百科全書》）撰寫過詞條，並在《中國語文》《語言研究》《語文研究》《語言科學》《語言學論叢》等刊物上發表論文30餘篇。

新編21世紀中國語言文學系列教材

# 漢語音韻學概論

第二版

趙彤　編著

Introduction to Chinese Historical Phonology

中國人民大學出版社
·北京·

# 目録

## 第五章
## 近代音概要

# 绪论

## 一、什麽是音韻學

漢語音韻學，通常簡稱音韻學，又稱聲韻學，是研究漢語各個時期的語音系統及其演變的學科。音韻學有廣狹之分。廣義的音韻學研究對象包括漢語各個時期的語音系統，狹義的音韻學衹研究古代漢語的語音系統；廣義的音韻學包括共同語和方言的語音研究，狹義的音韻學衹研究共同語的語音。音韻學的核心内容是古代漢語共同語語音系統的研究，通常提到的音韻學多數也是這個意義上的。

在傳統學術分類中，音韻學是“小學”的一個門類。《漢書・藝文志》説：“古者八歲入小學，故周官保氏掌養國子，教之六書。謂象形、象事、象意、象聲、轉注、假借，造字之本也。”後來就把研究語言文字的學問稱做“小學”。漢字包括形、音、義三個方面，“小學”也相應地分爲文字、音韻、訓詁三個門類。傳統小學是經學的附庸，是爲讀經服務的。

在現代語言學體系中，音韻學大體屬於“音系學”（phonology）的範疇，而不是“語音學”（phonetics）的範疇。音韻學主要關心的是一個語音系統中有哪些音類以及音類之間的相互關係，而不是具體的發音。我國語言學界早期也曾用“音韻學”來翻譯phonology，於是有“英語音韻學”“日語音韻學”這樣的説法。嚴格地講，音韻學有特定的含義，不宜代替“音系學”，更不宜用於其他語言。

音韻學的研究對象、内容和方法都有一個發展的過程。一般認爲，東漢末年出現了反切注音法，表明當時的語言學家已經開始自覺地對漢字字音加以分析，這標志着音韻學的誕生。當時的音韻學應當還没有完整的語音系統的觀念。宋代以前的音韻學，研究對象主要是“時音”，而不是“古音”，這同我們現在所説的音韻學的核心内容又有所不同。又如《中原音韻》，它是研究近代音的重要文獻，由於研究對象是曲韻，在過去都不屬於“正統”的音韻學，在《四庫全書》裏也衹能列在集部。

現代音韻學已經擺脱了經學的束縛，並吸收了現代語音學、音系學的理論和方法，發展成爲一門獨立的學科。雖然漢語語音的發展歷史是音韻學研究的一項主要内容，但是音韻學並不等同於漢語語音史，在學科體系中，音韻學仍然占有獨立的地位。這是因爲：第一，漢語語音史並不是音韻學的全部内容；第二，音韻學有着自身的傳統和術語體系。總的來説，音韻學是漢語歷史音系學（Chinese historical phonology），而不是漢語語音史（history of Chinese phonology）。

清代學者把音韻學分爲今音學、古音學和等韻學三個分支。今音學以《切韻》系韻書爲主要材料，研究魏晉至隋唐的語音系統。古音學以《詩經》用韻和諧聲字爲主要材料，研究先秦兩漢的語音系統。等韻學分析發音方法和語音結構，並用等韻圖的形式加以表現。20世紀以後，以反映近代北方語音系統的韻書、韻圖爲研究對象的分支開始興起，有的學者稱之爲“北音學”。

## 二、如何知道語音是變化的

在留聲機發明以前，人們説話的聲音是無法直接記録下來的。那麽，我們又是怎麽知道語音是變化的呢？首先，文字是記録語言的，語音的變化在文字上會有所反映。對於拼音文字來説，語音的變化可以反映在拼寫的變化上。漢字雖然不是拼音文字，但是同樣能夠提供語音變化的信息。比如，“凋”從“周”聲，“域”從“或”聲，“桮”從“否”聲，按今音來讀的話都不容易理解它們的諧聲關係，而從另一個角度來看，這些諧聲關係正提示了語音曾經發生過變化。上面説的是文字的構造，文字的使用上同樣有這方面的信息。比如賈誼的《弔屈原賦》中有一句：“騰駕罷牛，驂蹇驢兮。”這裏“罷”通“疲”，按今音也難以理解，此二字既然可以通假，説明當時讀音是接近的。

借詞也可以反映語音的變化。比如“佛陀”是梵語 Buddha 的音譯[①]，通過梵文可以看出這兩個字中古時期的大致讀音。對於漢語來説，還有一宗資料，就是域外漢字音。日語、朝鮮語和越南語都曾經借用漢字，這些語言的漢字音中還保留了很多漢語古代的音韻特點。比如“家間江”三字，日語漢字音分别是 ka、kan、kō，聲母都保留着漢語早期的發音。不過，利用借詞和對音資料考察語音演變需要注意兩點：一是由於兩種語言語音系統的差異，相互借用時讀音往往不能百分之百一致；二是借用雙方的語音都會發生變化。比如“百八法”三字，日語漢字音分别是 haku、hatsu、hō（<hapu）。由於日語没有塞音收尾的音節，在借用漢語的入聲字時就用一個音節來對應塞音韻尾。而且在日語中，早期的 p-到後來演變爲 h-，因此並不能認爲這三個字在古漢語中聲母是 h-（“法”字漢語中古聲母也是 p-）。

方言是語言演變在地域上的不平衡造成的，通過方言的比較同樣可以看出語音的演變。試比較“家間江百八法”六字在五個方言中的讀音[②]：

| | 北京 | 蘇州 | 廈門 | 廣州 | 梅縣 |
|---|---|---|---|---|---|
| 家 | tɕia | kɒ | ke | ka | ka |
| 間 | tɕiɛn | kᴇ | kɪŋ | kan | kian |
| 江 | tɕiaŋ | kɒŋ | kaŋ | kɔŋ | kɔŋ |
| 百 | pai | pɒʔ | paʔ | pak | pak |
| 八 | pa | poʔ | pueʔ | pat | pat |
| 法 | fa | faʔ | huat | fat | fap |

① 本書使用注音符號有以下幾種情況：（1）普通話用漢語拼音；（2）非拉丁文字的拼音文字一般使用通行的拉丁文轉寫；（3）方言、古音用國際音標，非必要的話不加方括號。

② 有文白異讀的衹取白讀音。

可以看出，幾種南方方言比較普遍地保留了早期的 k-聲母，並不同程度地保留入聲的收尾。

歷代音韻學的研究成果本身就反映語音的變化。各種韻書、等韻圖都是能夠比較完整地反映某個時期語音系統的資料，也是音韻學重點研究的對象。一些散見在古書中的音注，雖然不一定能反映完整的音系，但是同樣能提供當時的語音信息。來看幾個《廣韻》中的反切：家，古牙切；間，古閑切；江，古雙切。這三個字的反切上字都是“古”，表明它們的聲母原來是［k］。

此外，韻文也反映語音的變化。比如劉禹錫《烏衣巷》：“朱雀橋邊野草花，烏衣巷口夕陽斜。舊時王謝堂前燕，飛入尋常百姓家。”“花斜家”押韻，表明這三字韻基（即主要元音加韻尾的部分）原來是相同的。又如《詩經・召南・兔罝》二章：“肅肅兔罝，施于中逵。赳赳武夫，公侯好仇。”“逵”和“仇”押韻，但今天讀起來不押韻，説明語音發生了變化。

## 三、研究音韻學的意義和功用

第一，音韻學是漢語史和古代漢語研究的重要組成部分。語音是語言的物質外殼，詞彙和語法都不可能脱離語音而存在。因此，語音的研究是語言研究中不可或缺的部分。古代漢語的許多詞彙、語法現象也必須借助語音才能夠解釋清楚。

聯綿詞是古代漢語詞彙中比較特殊的一類，組成聯綿詞的兩個音節一般在語音上存在雙聲或疊韻的關係，而要瞭解這種語音上的關係就必須瞭解當時的語音。比如蝙蝠、繽紛、匍匐、邂逅、玄黄，這些都是雙聲聯綿詞；倉庚、蜉蝣、尺蠖、芣苢、差池，這些都疊韻聯綿詞。以上這些聯綿詞，如果不結合古音是無法辨别的。

“四聲别義”是上古漢語中重要的構詞方法，這種方法通過改變聲調來構成新詞。《禮記・緇衣》：“好賢如《緇衣》，惡惡如《巷伯》。”這裏的“好”和第一個“惡”都是形容詞通過改變聲調變成動詞。“好”的兩個讀音 hǎo 和 hào 關係很明顯。而“惡”的兩個讀音 è 和 wù 就不大容易理解，如果不是漢字寫成同一個字，二者的關係恐怕也很難辨認。從上古音來看，“惡”的兩個讀音在上古分别是 *ʔak 和 *ʔāk[①]，是短入聲和長入聲的區别，二者的關係就容易理解了。

研究詞源必須依靠音韻學。《釋名・釋姿容》：“負，背也，置項背也。”“負”就是把物品置於背上，是“背”的滋生詞，二字的上古音分别是 *bwjə 和 *pwə̄k。《釋州國》：“邦，封也，封有功於是也。”[②]“邦”是“封”的滋生詞，二字的上古音分别是 *prɔŋ 和 *pjɔŋ。像這樣的滋生關係，不依靠古音是無法建立的。

語法研究同樣離不開音韻。現代漢語中表示疑問的語氣詞“嗎”，是由出現在反復問句句末的“無”虛化來的，唐代已經廣泛使用。如白居易《問劉十九》詩有“晚來天欲

---

① 加星號表明是構擬的音，後同。

② “邦”或許是從“疆界”的意思滋生而來的，參看段玉裁《説文解字注》、王力《同源字典》。

雪，能飲一杯無?”朱慶餘《閨意獻張水部》詩有“妝罷低聲問夫婿，畫眉深淺入時無?”“無”在隋唐時音*mju，元以後演變爲*ʋu，明以後再變爲*wu。而作爲語氣詞的“無”，讀音發生了弱化，由*mju 變爲*mə，没有沿着一般的演變路線發展，由於讀音的分化，字形後來也發生了分化。

第二，研究音韻學有助於更好地認識現代漢語的語音系統。現代漢語的語音系統是由古代漢語的語音系統發展來的，現代漢語語音中的許多現象也需要結合其古代的來源才能夠解釋清楚。比如，g、k、h 和 z、c、s 這兩組聲母都衹能拼開口呼和合口呼，不能拼齊齒呼和撮口呼。又如，b、d、g、j、z、zh 這六個聲母，在拼陽聲韻（韻尾爲鼻音的韻母）時，基本上没有讀陽平調的。這些特殊的分布都是語音的演變造成的。

第三，審定和規範漢字讀音離不開音韻學。現代漢字的讀音有兩個來源，一是口語中世代相傳的讀音，一是文獻中記録的讀音。對於日常口語中不使用的漢字，其讀音需要根據古代字書、韻書的記録來推斷，這個過程就必須運用音韻學知識。比如“櫜”字，《廣韻》中注的反切是“古勞切”，根據規律，可以推斷現代漢語讀音爲 gāo（注意，不是 gáo，實際上普通話中也没有這個音）。還有些字在口語中有多個讀音，又没有别義的作用，從規範的角度應該選擇一個作爲標準讀音。規範的標準也需要結合音韻學知識。如“波”口語有 bō 和 pō 兩個讀音，“波”字中古是幫母字，按規律應該變爲不送氣音，所以規範的讀音是 bō。又如“穴”，口語有 xuè 和 xué 兩個讀音，“穴”字中古聲母是匣母，屬於全濁聲母，按規律，全濁聲母入聲字演變爲陽平，所以規範的讀音是 xué。

第四，現代漢語方言是在不同時期由古代漢語分化形成的，研究方言也必須借助音韻學。比如“肩”“兼”“間”“監”“煎”“尖”六個字，普通話全都讀 jiān，而在廣州話中分别讀［kin］［kim］［kan］［kam］［tsin］［tsim］，這種分别繼承了中古漢語。當然，也有普通話保留了中古漢語的區别，而廣州話卻發生混合的。比如“然”和“延”，普通話分别讀 rán 和 yán，而廣州話中都讀［jin］。

第五，古文字和古文獻研究也離不開音韻學。古文字考釋往往需要利用上古音的知識。比如湖北荆門郭店出土的楚簡《老子》中有一個字，隸定作“疠”，按漢字結構的一般規律，應當是從疒方聲的形聲字，實際就是“病”的異體。“病”和“方”上古音都屬陽部，上古聲母無輕重唇音之分，所以可以用“方”作聲符。出土文獻中常常有通假的現象，也必須依靠音韻學的知識來解讀。比如郭店楚簡的《成之聞之》中有“戎夫務食不強耕”①，“戎夫”即“農夫”，“戎”字中古屬日母，上古歸泥母，所以可以通“農”。古書的校刊整理有時也會用到音韻學的知識。《孔叢子·陳士義》中有這樣一句：“子欲速富，當畜五牸。”有的版本“牸”作“牸”。這段話是韻文，“富”和“牸”押韻，都是之部字（“富”字從職部長入變來）。所以作“牸”是對的，“牸”應當是個訛字。又如《楚辭·天問》：“永遏在羽山，夫何三年不施？伯禹愎鯀，夫何以變化?”有學者認爲“化”當作“之”，訛爲“匕”，再改爲“化”，“之”與“施”方可押韻。“施”和“化”上古都屬於歌部，押韻並無問題。“之”屬之部，反而不能與“施”押韻。

第六，音韻學對古代文學、歷史等學科的研究也有着重要的作用。古代的格律詩和

---

① 引用出土文獻的材料除了討論的字一般轉寫成通行字。

詞、曲等對平仄和押韻都有一定的要求，如果對音韻沒有一定的瞭解就很難準確地理解和掌握這些規律。比如杜甫的詩《登高》："風急天高猿嘯哀，渚清沙白鳥飛迴。無邊落木蕭蕭下，不盡長江滾滾來。萬里悲秋常作客，百年多病獨登臺。艱難苦恨繁霜鬢，潦倒新停濁酒杯。"這首詩的韻腳"哀"(āi)、"迴"(huí)、"來"(lái)、"臺"(tái)、"杯"(bēi)，在《廣韻》中屬於灰、咍兩韻，衹是開合口不同，可以"同用"，在"平水韻"中則同屬於第十灰韻，可是按普通話讀就不押韻了。詩中"急""白""獨"按其位置應該是仄聲，三字都是古入聲字，自然屬於仄聲，可是如果按普通話就變成陽平了。又如《漢書・西域傳》裏記載了一個伊朗的古國叫"烏弋山離"，其實是 Alexandria 的音譯。如果不瞭解古音，就很難發現"烏弋山離"和 Alexandria 之間的關係。

## 思考與練習

一、你的方言中以下各組字是否同音？

1. 張、章
2. 將、江、姜
3. 岳、月、越
4. 交、驕、焦
5. 書、梳、叔
6. 和、河、核、盒
7. 就、舊、舅、救
8. 士、事、世、是、室、試
9. 鹽、言、延、嚴、顏、研
10. 夕、息、西、希、膝、吸

二、留意記録一些形聲字、通假字和古詩的平仄、押韻中用今音不能解釋的現象，並在後面的課程中嘗試找到答案。

# 第一章 音韻學基礎知識

# 第一節
# 反切

反切，又稱反語、反音，是用兩個漢字拼出另一個漢字讀音的注音方法。具體的方法是取反切上字（簡稱切上字、上字）的聲母和反切下字（簡稱切下字、下字）的韻母（包括聲調）拼合成一個字音，比如“都宗”可以切出“冬”的讀音。反切最初用“某某反”的格式，唐代諱“反”字，改爲“某某切”，也有用“某某翻”或“某某紐”的，如唐玄度《九經字樣》“蓋”字注“公艾翻”“公害翻”，“受”字注“平表紐”。

漢字的注音是從漢代開始的，最初採用“譬況”“讀若”等方法。《顔氏家訓・音辭》説：“逮鄭玄注《六經》，高誘解《吕覽》《淮南》，許慎造《説文》，劉熹製《釋名》，始有譬況假借以證音字爾。”譬況就是比擬，也就是用讀音相近的字來比照，有時還對發音做一些描寫。比如《淮南子・地形訓》：“其地宜黍，多旄犀。”高誘注：“旄讀近綢繆之繆，急氣言乃得之。”又如《吕氏春秋・慎行論》：“崔杼之子相與私鬨。”高誘注：“鬨讀近鴻，緩氣言之。”假借就是借用音同或音近的字來注音，多用“讀若”“讀如”等格式，往往不是單純注音，同時還包含着訓詁意味，説明通假字、古今字等關係。如《禮記・儒行》：“竟信其志。”鄭玄注：“信，讀如屈伸之伸，假借字也。”又如《説文解字・邑部》：“鄦，讀若許。”譬況和讀若的方法顯然不夠科學和準確，正如《顔氏家訓・音辭》中批評的：“古語與今殊別，其間輕重清濁，猶未可曉；加以内言外言、急言徐言、讀若之類，益使人疑。”

到漢末出現了直音法，就是直接用同音字來注音。服虔、應劭都爲《漢書》做過“音義”，原書都已經亡佚了，但是在顔師古的《漢書注》中還保留了不少。比如《張騫李廣利傳》：“有乘象國，名滇越，而蜀賈間出物者或至焉。”注：“服虔曰：滇，音顛。”《地理志》：“月氏道。”注：“應劭曰：氏，音支。”直音法簡單明瞭，所以一直到今天仍然有人使用。不過直音法也存在先天的不足：“或無同音之字，則其法窮；雖有同音之字，而隱僻難識，則其法又窮。”[①]

反切注音出現在漢末。安然《悉曇藏》引武玄之《韻詮》説：“服虔始作反音。”顔師古《漢書注》中引了服虔、應劭的反切。《揚雄傳》注：“服虔曰：踢音石臭反。”《地理志》：“沓氏。”注：“應劭曰：沓水也。音長答反。”《顔氏家訓・音辭》説：“孫叔言（按，“言”當作“然”）創《爾雅音義》，是漢末人獨知反語。至於魏世，此事大行。”孫炎，字叔然，三國魏人，與王肅同時。可見，反切注音法是漢末的服虔、應劭等人率先

① 陳澧《切韻考》卷六。

使用，到了魏孫炎的時代就已經廣泛流行了。

反切的來源可能與民間的“反語”有關。黄侃説：“反語者，反切之初步也。反切有規律，而反語則出入常語間耳。反切爲常見字、易識字，而反語則由熟語組成，而自有其文字之本耳。故反切直出於反語，而反語則間生於雙聲、疊韻也。”[①]反語是一種秘密語，由兩字反覆顛倒切出另兩字的讀音。東晉孝武帝司馬曜作清暑殿，“有識者以爲‘清暑’反爲‘楚聲’，哀楚之徵也”[②]。“清暑切”爲“楚”，“暑清切”爲“聲”，所以“清暑”的反語爲“楚聲”。反語本來多是“雙反”，即如“清暑”二字正反兩次拼切成“楚聲”。這種反語不適於注音，於是注釋家就對反語加以改造，即衹採用順序的拼切，也就是所謂“正紐”。

關於“反切”二字的含義，宋代的毛晃在《增修互注禮部韻略・條例》中説：“音韻展轉相協謂之反，亦作翻；兩字相摩以成聲韻謂之切，其實一也。”“反”是“反覆”的意思，就是説反語中的兩個字都可以擔任反語的上字或下字。比如“清暑”反爲“楚聲”，“清暑”切“楚”，“暑清”切“聲”。“切”是“摩擦、接觸”的意思。所謂“兩字相摩以成聲韻”，也就是把兩個字音切合爲一個字音。

反切的出現是漢字注音法一個重要的進步，用反切法基本上可以準確地給每一個漢字注出讀音。反切出現以後，爲古書做音注的各種“音義”類的著作也隨之盛行起來。《顔氏家訓・音辭》説：“自茲厥後，音韻鋒出。”這裏所説的“音韻”主要是音義類的著作。不過反切法也存在一些不足。第一，用反切來拼音時需要把上字的韻母去掉，把下字的聲母去掉，對於不熟悉音韻的人來説並不是很方便。第二，由於同聲母字或者同韻字的限制，反切的用字有時難免使用生僻字，實際上難以起到注音的作用。比如《廣韻・腫韻》：“湩，都鵝切”，“鵝，莫湩切”。同韻的衹此二字，衹能互爲反切下字。有時找不到合適的反切用字，甚至無法用反切注音。比如《廣韻・拯韻》：“拯，無韻切，音蒸上聲。”

古代的反切如果用今天的讀音來拼的話，有些與實際讀音並不相符，比如“古，公户切”，“寒，胡安切”；有些甚至是普通話裏没有的音，比如“東，德紅切”，“皆，古諧切”。這是語音變化造成的。不僅今天如此，《切韻》中的反切，到宋以後就已經有一些不符合當時的讀音了，比較典型的是“類隔切”。所謂類隔切，就是重唇音與輕唇音互切或者舌頭音與舌上音互切的切語。比如：悲，府眉切；丕，敷悲切；皮，符羈切；椿，都江切；貯，丁吕切；湛，徒減切。與類隔切相對的就是“音和切”，上面舉的反切在《集韻》中都改爲了音和切：悲，逋眉切；丕，攀悲切；皮，蒲糜切；椿，株江切；貯，展吕切；湛，丈減切。

---

① 《文字聲韻訓詁學筆記・推求古本音之法》之八“反語對語”。

② 見《晉書・孝武帝紀》。

# 第二節 四聲

“四聲”是指漢語“平、上、去、入”四個聲調。聲調是通過音高的變化（或伴有音長等其他非音質特徵的變化）來區别字音的手段，比如“天”（tiān）和“田”（tián），聲母和韻母完全相同，僅僅是通過聲調的不同來區分的。漢語的聲調是一個音節之内音高的變化。有的語言中的重音也是有音高起作用的，比如英語的 record，重音在第一音節和第二音節意思是不同的，而這種重音的差異是通過兩個音節的對比體現出來的，與漢語聲調的性質不同。

最早發現四聲的是南北朝時的周顒、沈約等人。《南史·陸厥傳》：“時盛爲文章，吴興沈約、陳郡謝朓、琅邪王融，以氣類相推轂。汝南周顒善識聲韻。約等文皆用宫商，將平上去入四聲，以此制韻，有平頭、上尾、蜂腰、鶴膝。五字之中，音韻悉異，兩句之内，角徵不同，不可增減，世呼爲永明體。”《南史·周顒傳》：“（顒）始著《四聲切韻》，行於時。”《梁書·沈約傳》：“（約）又撰《四聲譜》，以爲在昔詞人累千載而不寤，而獨得胸衿，窮其妙旨，自謂入神之作。”“平上去入”這四個調類的名稱大概最早是由周顒開始使用的。隋劉善經《四聲論》説：“宋末以來，始有四聲之目。沈氏乃著其譜論，云起自周顒。”

“平”“上”“去”“入”四個字是四聲的代表字，也就是在每個聲調裏選擇一個字作爲代表來爲其命名。選擇這四個字作爲代表字或許有描述發音的用意。唐釋處忠《元和韻譜》説：“平聲者哀而安，上聲者厲而舉，去聲者清而遠，入聲者直而促。”據此推測，平聲大概是個平調，上聲大概是個昇調，去聲可能比較長，入聲則比較短促。不過，“去聲”的“去”字含義並不十分明確，“入聲”的“入”字也不好理解。而且唐人描述的四聲也未必能代表齊梁時的情形。所以，四聲的名稱或許有描寫調值的用意，但其具體含義還不是十分清楚。

四聲發現以後並没有很快得到普遍的認同，而且還曾經受到過一些非難。據《梁書·沈約傳》載：“（梁武）帝問周捨曰：‘何謂四聲？’捨曰：‘天子聖哲是也。’然帝竟不遵用。”劉善經《四聲論》中也有類似的記載：“經數聞江表人士説：梁王蕭衍不知四聲，嘗從容謂中領軍朱異曰：‘何者名爲四聲？’異答云：‘天子萬福即是四聲。’衍謂異：‘天子壽考，豈不是四聲也？’以蕭主之博洽通識，而竟不能辨之。”可見認識四聲對於當時很多人來説並不容易。

周顒、沈約等人雖然發現了四聲，但是限於當時的條件，還無法對四聲的調值做科學準確的描寫。劉善經《四聲論》引沈約《答甄公論》説：“昔周孔所以不論四聲者，正以春爲陽中，德澤不偏，即平聲之象；夏草木茂盛，炎熾如火，即上聲之象；秋霜凝木落，去根離本，即去聲之象；冬天地閉藏，萬物盡收，即入聲之象。”這種以四時之物象摹擬四聲的辦法顯然是不科學的。明末袁子讓在《字學元元》中開始嘗試用樂器調試聲調，但是並沒有得到普遍的認同和推廣。直到 20 世紀 20 年代，趙元任發表《中國言語字調的實驗研究》，劉復發表《四聲實驗録》，開始用實驗語音學的方法研究漢語聲調，才揭示了聲調的本質。

四聲中的入聲比較特別，衹出現在入聲韻中，入聲韻帶有塞音韻尾，因此入聲與其他三聲的區別並不是單純音高的區別。入聲短促，所以又稱爲“促聲”。相對入聲，平、上、去三聲稱爲“舒聲”。此外，“平仄”也是四聲中的重要概念，平聲以外的上、去、入三聲稱爲“仄聲”（亦作“側聲”）。平仄的概念對於詩詞格律尤其重要。

四聲是調類的概念，與調值（具體的高低昇降的音值）並沒有直接的關係。古四聲在現代漢語各方言中有不同的演變，但是調類的名稱都是按照同古四聲的關係來確定的。我們來看下面幾個方言的聲調：

| | 陰平 | 陽平 | 上聲 | 去聲 |
|---|---|---|---|---|
| 北京 | 55 | 35 | 214 | 51 |
| 天津 | 11 | 45 | 214 | 42 |
| 濟南 | 213 | 42 | 55 | 21 |
| 西安 | 21 | 24 | 53 | 55 |
| 成都 | 44 | 21 | 53 | 13 |

這些方言都屬於北方方言，都衹有陰平、陽平、上聲、去聲四個調類，但是同一個調類的調值卻不一定相同，比如去聲，在五個方言中的調值都不一樣。相同的調值也不一定對應同一個調類，比如同是 55 調，在北京話中對應陰平，在濟南話中對應上聲，在西安話中對應去聲。如果聽到［tɕia$^{55}$］的音，北京人可能想到的是“家”，濟南人可能想到的是“假”或者“賈”，西安人可能想到的是“價”或者“架”。①

在四聲的標注上，傳統有四角標圈的辦法。具體的方法是從漢字的左下角開始，按順時針方向在四個角上標圈，依次表示平、上、去、入四聲。現代漢語方言中，有的調類分陰陽，就在圈下加短横來表示陽調，還有的方言某個調類不衹分陰陽兩個，比如陽江話有四個入聲，就通過改變圈的方向來加以區別。標注方法如下：

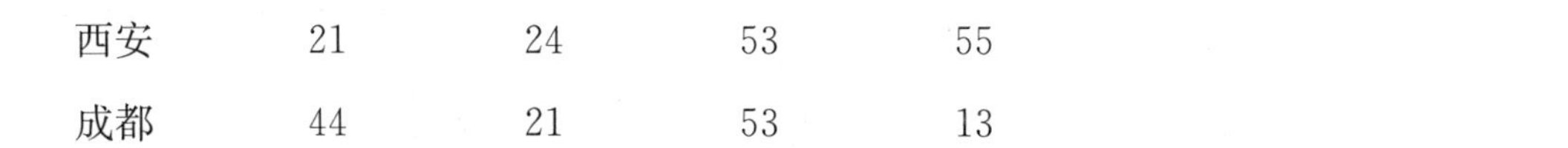


① 聲調的音高是相對的，研究者的記録和處理方式也不盡一致，所以同樣記爲 55 調，不同方言中實際的調值也不一定完全相同。但是這種差異通常是非區别性的（non-distinctive），在特定語境中，聽話者會自然地按自己母語的音系進行分類。

四角標圈法標注的是調類，對於調值還不清楚的古音來説非常適用。另外，在方言的比較上，使用四角標圈法也更容易看出方言之間調類的對應關係。

# 第三節
# 韻書

韻書是按韻編排的字典。這裏的“韻”就是“押韻”的“韻”，韻書的編撰目的也主要是方便人們寫詩作文時選字押韻。漢語中，押韻首先要求“韻基”（主要元音和韻尾）相同。從《詩經》等早期詩歌來看，押韻的字聲調也大多相同，但是並不那麼嚴格。齊梁以後，隨着四聲理論的興起，詩歌創作中對於聲調越來越重視，在近體詩當中，押韻對於聲調的要求變得更加嚴格，《切韻》以來的“正統”韻書都是按四聲分韻的。所以，韻書的出現與魏晉南北朝時期文學的發展是密切相關的，而四聲理論對於韻書的編寫更是有着直接的影響。此外，反切的廣泛運用也是韻書産生的一個重要條件。

一般認爲，最早的韻書是魏時李登所撰的《聲類》。此書早已亡佚，衹在《隋書・經籍志》和唐代封演的《封氏聞見記》等書中有簡單的記載。《封氏聞見記》説：“魏時有李登，撰《聲類》十卷，凡一萬一千五百二十字，以五聲命字，不立諸部。”這部書的詳細體例已經不得而知。從《封氏聞見記》的描述來看，應該還不是體例完備的韻書。之後又有晉代吕静的《韻集》。《魏書・江式傳》：“（吕）忱弟静别放故左校令李登《聲類》之法，作《韻集》五卷，宫、商、角、徵、羽，各爲一篇。”而據《隋書・經籍志》，吕静《韻集》爲六卷。《韻集》也已經亡佚，但是在王仁昫《刊謬補缺切韻》韻目下的小注當中記録了包括《韻集》在内的五家韻書分韻的異同，從中可以看出《韻集》分韻的大概，不過《韻集》的體例也無法知曉了。魏晉南北朝時期還出現過很多其他的韻書，但是也都亡佚了。

現存最早的韻書是隋代陸法言的《切韻》，成書於隋仁壽元年（601 年），不過其原本也没有完整地保留下來，我們現在看到的主要是後來的各種修訂本（見圖 1－1）。陸法言，名“詞”（或作“慈”），以字行，臨漳（今屬河北）人，事跡略見於《隋書・陸爽傳》和唐代蘇鶚的《蘇氏演義》。根據其書的序言（參看本書第二章第一節），《切韻》是在顏之推等八人討論的基礎上，由陸法言參考各種字書、韻書最終編寫成書的。

根據《切韻・序》，之前的各種韻書都多少帶有方音的成分，而《切韻》的意圖是要起正音、規範的作用。在其刊行以後很快就取代了前代的各家韻書，六朝韻書漸漸地都亡佚了。然而“隨珠尚纇，和璧仍瑕”（孫愐《唐韻・序》），《切韻》一書收字太少，訓

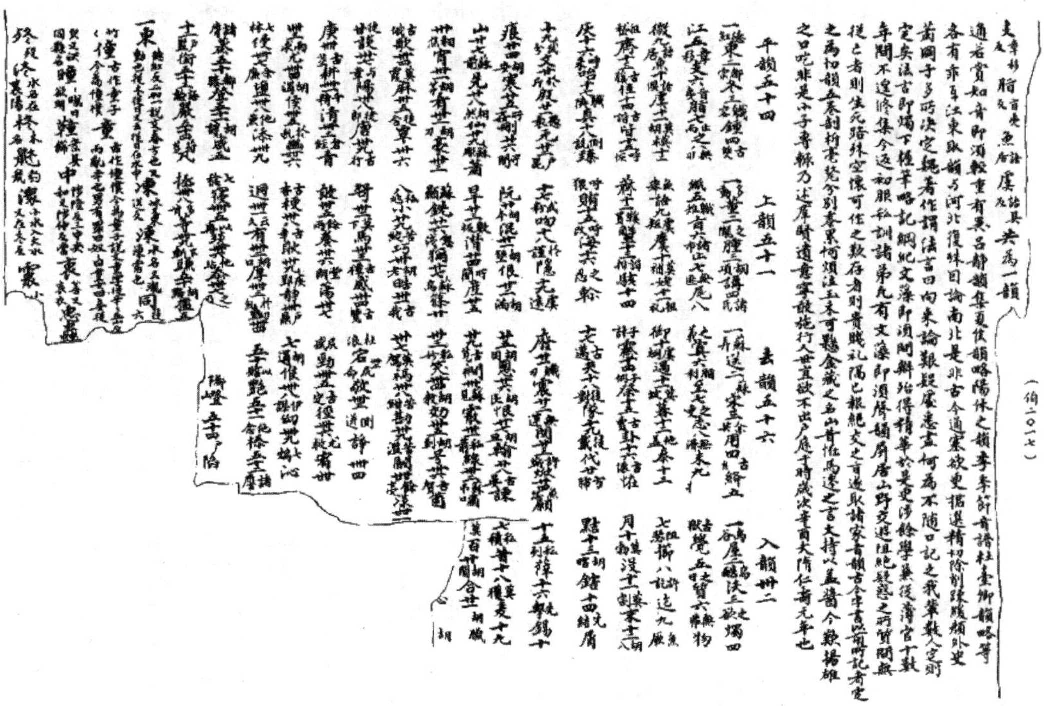

圖 1－1　增字本《切韻》殘卷 P2017（摹本）

釋也過於簡單。因此，唐代陸續有人對《切韻》進行修訂，其中影響較大的有王仁昫的《刊謬補缺切韻》（見圖 1－2）、孫愐的《唐韻》和李舟的《切韻》。

王仁昫（《廣韻》作“王仁煦”）字德温，唐中宗時人。《刊謬補缺切韻》，一般也稱爲《王韻》，大致完成於神龍二年（公元 706 年）。此書一度失傳，直到二十世紀初以後才陸續發現三種唐寫本。第一種是敦煌出土的殘卷，現藏法國巴黎國家圖書館，編號 P2011，簡稱《王一》。第二種是在故宫發現的，有項子京題跋，簡稱《王二》。《王二》也有殘缺，而且韻目次序混亂，韻目名稱也多有改變。據周祖謨考證，《王二》並不是王仁昫的原著，而是根據長孫訥言箋注本《切韻》和《王韻》以及其他韻書配合纂録而成的。第三種也是在故宫發現的，有明代宋濂的題跋，簡稱《王三》，是一個完整本。

孫愐《唐韻》有兩種，一種成書於開元年間，一種成書於天寶年間。開元本已經亡佚，據清代卞永譽《式古堂書畫匯考》，全書共 195 韻，和《王韻》相同。天寶本現存殘卷二種，一是蔣斧於清光緒末年在北京購得的唐寫本，衹存去入二聲，去聲起首和中間一部分又有缺佚。一是法國巴黎國家圖書館藏編號 P2018 的唐寫本殘卷。天寶本共 204 韻，比《廣韻》少“儼”“釅”二韻。王國維認爲開元本和天寶本都是孫愐所作，前者是原本，後者是修訂本。然而“儼”“釅”二韻在《王韻》中已經分出（即“广”“嚴去”二韻），開元本亦同，到天寶本卻又不分，似乎説明二者並無傳承關係。所以，這兩種《唐韻》是否都是出自孫愐之手，現在還不能下定論。《唐韻》在唐代影響很大，宋許觀《東齋記事・禮部韻》説：“至唐孫愐始集爲《唐韻》，諸書遂爲之廢。”

李舟《切韻》也已經失傳，然而此書在韻書發展史上的地位非常重要。據王國維考

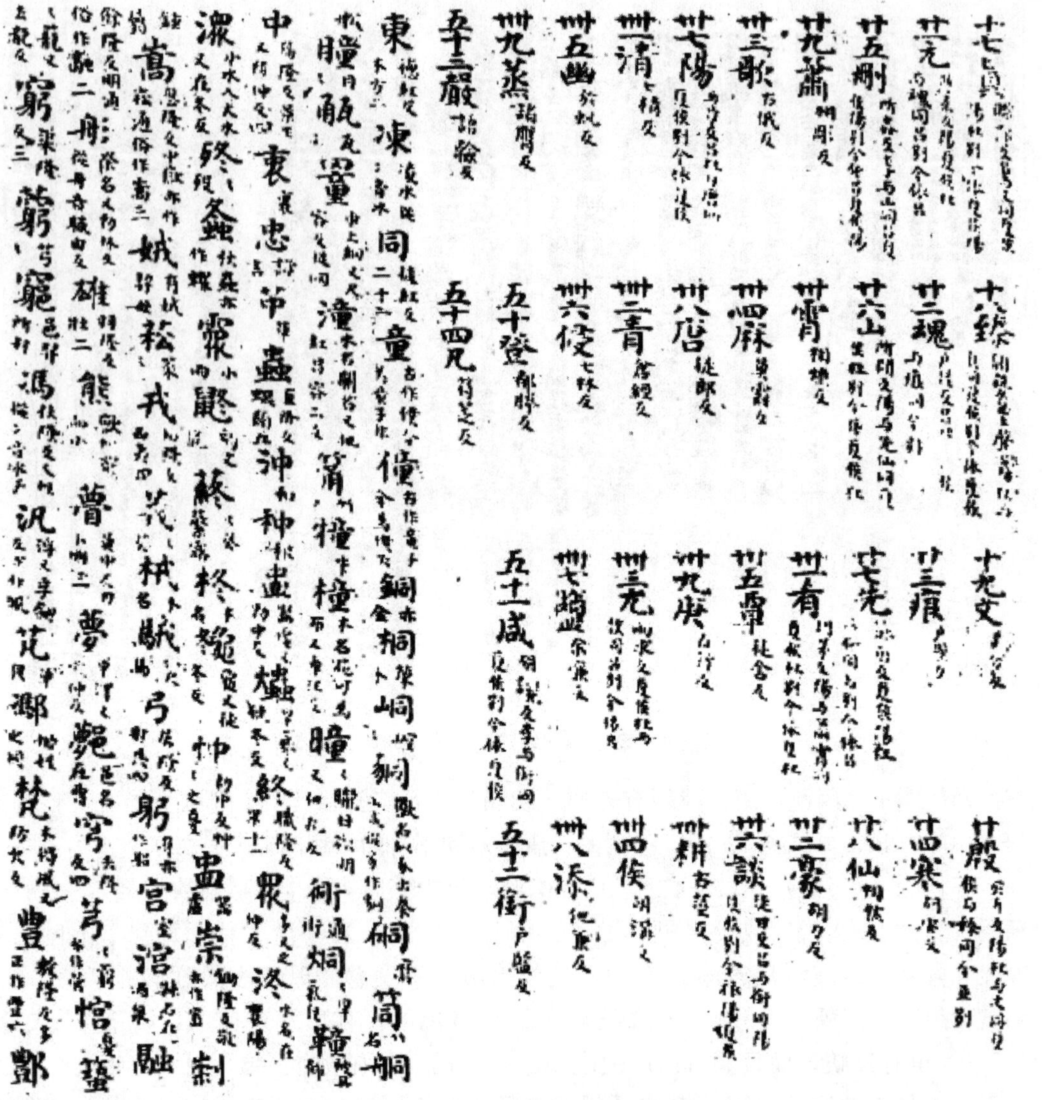

圖 1－2　故宫博物院藏《刊謬補缺切韻》(《王三》)

證，此書主要的功績在於調整韻目的次序，使之更爲嚴整：將蒸、登兩韻置於青韻之後，與陽、唐、庚、耕、清、青等相次；將覃、談兩韻移至侵韻之後，與鹽、添、咸、銜、嚴、(凡)① 等相連；調整入聲韻的次序，使之與平、上、去三聲韻目一一相配。這些都被《廣韻》所采納，因此王國維説李舟《切韻》“爲宋韻之始祖”②。

到了宋代，景德四年（公元 1007 年）和大中祥符元年（公元 1008 年）兩次下詔，勅令由陳彭年、丘雍等人對《切韻》進行修訂。大中祥符元年修訂完成，定名爲《大宋重修廣韻》，一般簡稱《廣韻》。《廣韻》的注釋較爲繁瑣，因此，元代又對其注釋進行了删改。一般稱宋代原本爲繁本，元代删改後的爲簡本。

《廣韻》刊行後，《切韻》原本和唐代的各種修訂本大多漸漸亡佚了。直到近代以後，

① 據王國維考證，李舟《切韻》平聲少“凡”韻，但上聲“范”韻、去聲“梵”韻、入聲“乏”（法）韻不少。

② 王國維．李舟切韻考//觀堂集林：卷八．北京：中華書局，2004.

才陸續從敦煌等地發現了一些唐五代韻書的殘卷。

從《切韻》到《廣韻》，編排上雖然有些調整，但是總的體例並没有改變：

一是按四聲分卷。平聲字多，分作二卷，上、去、入各一卷，共五卷。

二是卷内分“韻”。每韻取一個代表字爲標目，即“韻目”。《廣韻》自下平聲“先”韻起重新編號，而從《王三》等來看，平聲韻目原本是連續編號的。而從敦煌寫本《切韻》殘卷來看，陸法言原本在韻目前或許並無序數，是後來才加上的。

三是韻内按同音字分“小韻”（或稱“紐”）。小韻首字下用反切注音，並注明小韻的字數。如果某字有又音，則在該字下用直音或反切注明其又音。《切韻》原本和《廣韻》在小韻首字下都是先列訓解，再注反切，最後記一紐字數，而《王韻》則是先出反切。早期寫本小韻之間没有標記，稍後則在小韻首字前加點作爲標記，再後來則將點改作圈。

從《王三》目録的小注和敦煌寫本《切韻》殘卷 P2017 可知陸法言《切韻》原分193 韻，平聲“嚴”韻和入聲“業”韻没有相配的上聲和去聲韻目，《王韻》增加了上聲“广”韻和去聲“嚴”韻[①]，使得這四個韻四聲完整。《切韻》“冬”韻没有相配的上聲韻目，《王韻》在上聲“腫”韻增加了“湩”小韻，注：“此是冬字上聲。陸云冬無上聲，何失甚。”但是仍然没有給它另立韻目。至天寶本《唐韻》，將平聲“真”“諄”分立，“寒”“桓”分立，“歌”“戈”分立；上聲“軫”“準”分立，“旱”“緩”分立，“哿”“果”分立；去聲“震”“稕”分立，“翰”“换”分立，“箇”“過”分立；入聲“質”“術”分立，“曷”“末”分立；韻目增至 204 個。加上《王韻》分出的“广”“嚴”，就形成了《廣韻》的 206 韻。至於韻的次序，則是李舟《切韻》做了比較大的調整，使之更爲合理。另外，在《唐韻》以後，韻部似乎有越分越細的趨勢，比如有的韻書將“仙”韻合口獨立爲“宣”韻，有的韻書將“齊”韻的“栘”“臡”二字獨立爲“栘”韻。這些都没有被《廣韻》采納。下面將《切韻》《王韻》《廣韻》的韻目列表比較[②]（見表 1-1）：

**表 1-1　《切韻》《王韻》《廣韻》韻目比照表**

| | 切韻 | 王韻 | 廣韻 |
|---|---|---|---|
| 上平聲 | 一東 | 一東 | 一東獨用 |
| | 二冬 | 二冬 | 二冬鍾同用 |
| | 三鍾 | 三鍾 | 三鍾 |
| | 四江 | 四江 | 四江獨用 |
| | 五支 | 五支 | 五支脂之同用 |
| | 六脂 | 六脂 | 六脂 |
| | 七之 | 七之 | 七之 |
| | 八微 | 八微 | 八微獨用 |
| | 九魚 | 九魚 | 九魚獨用 |

① 《王三》去聲“五十六嚴”下小注：“魚淹反，陸無此韻目，失。”而正文至“五十六梵”終，無“嚴”韻。

② 《切韻》據 P2017，殘缺處據《王韻》補，加括號以示區别；《王韻》據《王三》；《廣韻》據張氏澤存堂本。順序依《廣韻》。

續前表

| | 切韻 | 王韻 | 廣韻 |
|---|---|---|---|
| 上平聲 | 十虞 | 十虞 | 十虞 模同用 |
| | 十一模 | 十一模 | 十一模 |
| | 十二齊 | 十二齊 | 十二齊 獨用 |
| | 十三佳 | 十三佳 | 十三佳 皆同用 |
| | 十四皆 | 十四皆 | 十四皆 |
| | 十五灰 | 十五灰 | 十五灰 咍同用 |
| | 十六咍 | 十六咍 | 十六咍 |
| | 十七真 | 十七真 | 十七真 諄臻同用 |
| | | | 十八諄 |
| | 十八臻 | 十八臻 | 十九臻 |
| | 十九文 | 十九文 | 二十文 欣同用 |
| | 二十殷 | 二十殷 | 二十一欣 |
| | 二十一元 | 二十一元 | 二十二元 魂痕同用 |
| | 二十二魂 | 二十二魂 | 二十三魂 |
| | 二十三痕 | 二十三痕 | 二十四痕 |
| | 二十四寒 | 二十四寒 | 二十五寒 桓同用 |
| | | | 二十六桓 |
| | 二十五刪 | 二十五刪 | 二十七刪 山同用 |
| | 二十六山 | 二十六山 | 二十八山 |
| 下平聲 | 二十七先 | 二十七先 | 一先 仙同用 |
| | 二十八仙 | 二十八仙 | 二仙 |
| | 二十九蕭 | 二十九蕭 | 三蕭 宵同用 |
| | 三十宵 | 三十宵 | 四宵 |
| | 三十一肴 | 三十一肴 | 五肴 獨用 |
| | 三十二豪 | 三十二豪 | 六豪 獨用 |
| | 三十三歌 | 三十三歌 | 七歌 戈同用 |
| | | | 八戈 |
| | 三十四麻 | 三十四麻 | 九麻 獨用 |
| | 三十七陽 | 三十七陽 | 十陽 唐同用 |
| | 三十八唐 | 三十八唐 | 十一唐 |
| | 三十九庚 | 三十九庚 | 十二庚 耕清同用 |
| | 四十耕 | 四十耕 | 十三耕 |
| | 四十一清 | 四十一清 | 十四清 |
| | 四十二青 | 四十二青 | 十五青 獨用 |
| | 四十九蒸 | 四十九蒸 | 十六蒸 登同用 |
| | 五十登 | 五十登 | 十七登 |
| | 四十三尤 | 四十三尤 | 十八尤 侯幽同用 |
| | 四十四侯 | 四十四侯 | 十九侯 |
| | 四十五幽 | 四十五幽 | 二十幽 |
| | 四十六侵 | 四十六侵 | 二十一侵 獨用 |
| | 三十五覃 | 三十五覃 | 二十二覃 談同用 |
| | 三十六談 | 三十六談 | 二十三談 |
| | 四十七鹽 | 四十七鹽 | 二十四鹽 添同用 |

續前表

| | 切韻 | 王韻 | 廣韻 |
| --- | --- | --- | --- |
| 下平聲 | 四十八添 | 四十八添 | 二十五添 |
| | 五十一咸 | 五十一咸 | 二十六咸（銜同用） |
| | 五十二銜 | 五十二銜 | 二十七銜 |
| | 五十三嚴 | 五十三嚴 | 二十八嚴（凡同用） |
| | 五十四凡 | 五十四凡 | 二十九凡 |
| 上聲 | 一董 | 一董 | 一董（獨用） |
| | 二腫 | 二腫 | 二腫（獨用） |
| | 三講 | 三講 | 三講（獨用） |
| | 四紙 | 四紙 | 四紙（旨止同用） |
| | 五旨 | 五旨 | 五旨 |
| | 六止 | 六止 | 六止 |
| | 七尾 | 七尾 | 七尾（獨用） |
| | 八語 | 八語 | 八語（獨用） |
| | 九麌 | 九麌 | 九麌（姥同用） |
| | 十姥 | 十姥 | 十姥 |
| | 十一薺 | 十一薺 | 十一薺（獨用） |
| | 十二蟹 | 十二蟹 | 十二蟹（駭同用） |
| | 十三駭 | 十三駭 | 十三駭 |
| | 十四賄 | 十四賄 | 十四賄（海同用） |
| | 十五海 | 十五海 | 十五海 |
| | 十六軫 | 十六軫 | 十六軫（準同用） |
| | | | 十七準 |
| | 十七吻 | 十七吻 | 十八吻（隱同用） |
| | 十八隱 | 十八隱 | 十九隱 |
| | 十九阮 | 十九阮 | 二十阮（混很同用） |
| | 二十混 | 二十混 | 二十一混 |
| | 二十一佷 | 二十一佷 | 二十二很 |
| | 二十二旱 | 二十二旱 | 二十三旱（緩同用） |
| | | | 二十四緩 |
| | 二十三潸 | 二十四潸 | 二十五潸（產同用） |
| | 二十四產 | 二十三產 | 二十六產 |
| | 二十五銑 | 二十五銑 | 二十七銑（獮同用） |
| | 二十六獮 | 二十六獮 | 二十八獮 |
| | 二十七篠 | 二十七篠 | 二十九篠（小同用） |
| | 二十八小 | 二十八小 | 三十小 |
| | 二十九巧 | 二十九巧 | 三十一巧（獨用） |
| | 三十晧 | 三十晧 | 三十二晧（獨用） |
| | 三十一哿 | 三十一哿 | 三十三哿（果同用） |
| | | | 三十四果 |
| | 三十二馬 | 三十二馬 | 三十五馬（獨用） |
| | 三十五養 | 三十五養 | 三十六養（蕩同用） |
| | 三十六蕩 | 三十六蕩 | 三十七蕩 |
| | 三十七梗 | 三十七梗 | 三十八梗（耿靜同用） |

續前表

| | 切韻 | 王韻 | 廣韻 |
|---|---|---|---|
| 上聲 | 三十八耿 | 三十八耿 | 三十九耿 |
| | 三十九静 | 三十九静 | 四十静 |
| | 四十迥 | 四十迥 | 四十一迥獨用 |
| | 四十七拯 | 四十七拯 | 四十二拯等同用 |
| | 四十八等 | 四十八等 | 四十三等 |
| | 四十一有 | 四十一有 | 四十四有厚黝同用 |
| | 四十二厚 | 四十二厚 | 四十五厚 |
| | 四十三黝 | 四十三黝 | 四十六黝 |
| | 四十四寑 | 四十四寑 | 四十七寑獨用 |
| | 三十三感 | 三十三感 | 四十八感敢同用 |
| | 三十四敢 | 三十四敢 | 四十九敢 |
| | 四十五琰 | 四十五琰 | 五十琰忝儼同用 |
| | 四十六忝 | 四十六忝 | 五十一忝 |
| | | 五十一广 | 五十二儼 |
| | 四十九豏 | 四十九豏 | 五十三豏檻范同用 |
| | 五十檻 | 五十檻 | 五十四檻 |
| | 五十一范 | 五十二范 | 五十五范 |
| 去聲 | 一送 | 一送 | 一送獨用 |
| | 二宋 | 二宋 | 二宋用同用 |
| | 三用 | 三用 | 三用 |
| | 四絳 | 四降 | 四絳獨用 |
| | 五寘 | 五寘 | 五寘至志同用 |
| | 六至 | 六至 | 六至 |
| | 七志 | 七志 | 七志 |
| | 八未 | 八未 | 八未獨用 |
| | 九御 | 九御 | 九御獨用 |
| | 十遇 | 十遇 | 十遇暮同用 |
| | 十一暮 | 十一暮 | 十一暮 |
| | 十三霽 | 十三霽 | 十二霽祭同用 |
| | 十四祭 | 十四祭 | 十三祭 |
| | 十二泰 | 十二泰 | 十四泰獨用 |
| | 十五卦 | 十五卦 | 十五卦怪夬同用 |
| | 十六怪 | 十六怪 | 十六怪 |
| | 十七夬 | 十七夬 | 十七夬 |
| | 十八隊 | 十八隊 | 十八隊代同用 |
| | 十九代 | 十九代 | 十九代 |
| | 二十廢 | 二十廢 | 二十廢獨用 |
| | 二十一震 | 二十一震 | 二十一震稕同用 |
| | | | 二十二稕 |
| | 二十二問 | 二十二問 | 二十三問獨用 |
| | 二十三焮 | 二十三焮 | 二十四焮獨用 |
| | 二十四願 | 二十四願 | 二十五願慁恨同用 |
| | 二十五慁 | 二十五慁 | 二十六慁 |

續前表

| | 切韻 | 王韻 | 廣韻 |
|---|---|---|---|
| 去聲 | 二十六根 | 二十六根 | 二十七根 |
| | 二十七翰 | 二十七翰 | 二十八翰換同用 |
| | | | 二十九換 |
| | 二十八諫 | 二十八諫 | 三十諫襉同用 |
| | 二十九襉 | 二十九襉 | 三十一襉 |
| | 三十霰 | 三十霰 | 三十二霰線同用 |
| | 三十一線 | 三十一線 | 三十三線 |
| | 三十二嘯 | 三十二嘯 | 三十四嘯笑同用 |
| | 三十三笑 | 三十三笑 | 三十五笑 |
| | 三十四效 | 三十四効 | 三十六效獨用 |
| | 三十五号 | 三十五号 | 三十七号獨用 |
| | 三十六箇 | 三十六箇 | 三十八箇過同用 |
| | | | 三十九過 |
| | 三十七禡 | 三十七禡 | 四十禡獨用 |
| | 四十漾 | 四十漾 | 四十一漾宕同用 |
| | 四十一宕 | 四十一宕 | 四十二宕 |
| | 四十二敬 | 四十二敬 | 四十三映諍勁同用 |
| | 四十三諍 | 四十三諍 | 四十四諍 |
| | 四十四勁 | 四十四勁 | 四十五勁 |
| | 四十五徑 | 四十五徑 | 四十六徑獨用 |
| | 五十二證 | 五十二證 | 四十七證嶝同用 |
| | 五十三嶝 | 五十三嶝 | 四十八嶝 |
| | 四十六宥 | 四十六宥 | 四十九宥候幼同用 |
| | 四十七候 | 四十七候 | 五十候 |
| | 四十八幼 | 四十八幼 | 五十一幼 |
| | 四十九沁 | 四十九沁 | 五十二沁獨用 |
| | 三十八勘 | 三十八勘 | 五十三勘闞同用 |
| | 三十九闞 | 三十九闞 | 五十四闞 |
| | 五十艶 | 五十豔 | 五十五豔㮇釅同用 |
| | 五十一㮇 | 五十一㮇 | 五十六㮇 |
| | | 五十六嚴 | 五十七釅 |
| | 五十四陷 | 五十四陷 | 五十八陷鑑梵同用 |
| | （五十五鑑） | 五十五鑑 | 五十九鑑 |
| | （五十七梵） | 五十七梵 | 六十梵 |
| 入聲 | 一屋 | 一屋 | 一屋獨用 |
| | 二沃 | 二沃 | 二沃燭同用 |
| | 三燭 | 三燭 | 三燭 |
| | 四覺 | 四覺 | 四覺獨用 |
| | 五質 | 五質 | 五質術櫛同用 |
| | | | 六術 |
| | 七櫛 | 七櫛 | 七櫛 |
| | 六物 | 六物 | 八物獨用 |
| | 八迄 | 八迄 | 九迄獨用 |

續前表

| | 切韻 | 王韻 | 廣韻 |
|---|---|---|---|
| 入聲 | 九月 | 九月 | 十月没同用 |
| | 十没 | 十没 | 十一没 |
| | 十一末 | 十一末 | 十二曷末同用 |
| | | | 十三末 |
| | 十二黠 | 十二黠 | 十四黠鎋同用 |
| | 十三鎋 | 十三鎋 | 十五鎋 |
| | 十四屑 | 十四屑 | 十六屑薛同用 |
| | 十五薛 | 十五薛 | 十七薛 |
| | （二十七藥） | 二十七藥 | 十八藥鐸同用 |
| | （二十八鐸） | 二十八鐸 | 十九鐸 |
| | 十九陌 | 十九陌 | 二十陌麥昔同用 |
| | 十八麥 | 十八麥 | 二十一麥 |
| | 十七昔 | 十七昔 | 二十二昔 |
| | 十六錫 | 十六錫 | 二十三錫獨用 |
| | （二十九職） | 二十九職 | 二十四職德同用 |
| | （三十德） | 三十德 | 二十五德 |
| | （二十六緝） | 二十六緝 | 二十六緝獨用 |
| | 二十合 | 二十合 | 二十七合盍同用 |
| | 二十一盍 | 二十一盍 | 二十八盍 |
| | （二十四葉） | 二十四葉 | 二十九葉帖同用 |
| | （二十五怗） | 二十五怗 | 三十帖 |
| | （二十二洽） | 二十二洽 | 三十一洽狎同用 |
| | （二十三狎） | 二十三狎 | 三十二狎 |
| | （三十一業） | 三十一業 | 三十三業乏同用 |
| | （三十二乏） | 三十二乏 | 三十四乏 |

除了韻目的數量和次序以外，《廣韻》還改變了部分韻目名的用字，其主要原因是避宋諱，比如："殷"改爲"欣"，避宋宣祖諱；"敬"改爲"映"，避宋翼祖諱。

此外，《廣韻》還規定了某些韻可以"同用"（見上表）。據《封氏聞見記》："隋朝陸法言與顔魏諸公定南北音，撰爲《切韻》，以爲文楷式，而先仙刪山之類，分爲別韻，屬文之士共苦其苛細。國初許敬宗等詳議，以其韻窄奏合而用之。法言所謂欲廣文路，自可清濁皆通者也。"但是許敬宗究竟奏請哪些韻合用，現在無從知曉。目前所見的唐寫本韻書中也没有見到有關同用的條例。王兆鵬分析了唐代科舉考試詩賦用韻的情況，發現開元二年（714年）以前用韻很寬，與《廣韻》"獨用""同用"有很大差距，而開元五年（717年）以後用韻就幾乎與《廣韻》"獨用""同用"完全一致。[1] 王應麟《玉海》卷四十五說："景德四年，龍圖待制戚綸等承詔詳定考試聲韻。綸等以殿中丞丘雍所定《切

① 王兆鵬．唐代科舉考試詩賦用韻研究．濟南：齊魯書社，2004.

韻》同用獨用例及新定條例參定。”宋代衹是沿用了唐代的規定而已。

《廣韻》之後，宋代還有《集韻》《禮部韻略》，在體例和內容上做了一些改革，但是分韻仍然没有變化。金代韓道昭《五音集韻》將206韻歸併爲160韻，並且將等韻學原理運用到韻書的編排上，是韻書發展史上重要的革新。另外還有所謂“平水韻”，將《禮部韻略》規定同用的韻合併，並將上聲“拯”“等”二韻併於“迥”韻，共106韻，就是後世通行的“詩韻”的系統。① 這些韻書在編排上還是沿用《切韻》的基本體例，在音系上也没有超出《切韻》音系的框架，所以都還屬於《切韻》系的韻書。到了元代，《古今韻會舉要》在更大程度上進行了改革，但也沒能徹底擺脱《切韻》的束縛。而《蒙古字韻》雖然仍以《新刊韻略》爲依托，但是在編排上則是先分韻部再分四聲，在同音字組的排列上也更大程度地反映了實際的語音，無論在體例上還是內容上是都是革命性的，開啟了近代韻書的先聲。

# 第四節
## 字母

字母就是聲母的代表字，也就是從同聲母字中選擇一個作爲這個聲母的代表，比如用“端”代表［t］聲母。古人發明反切是爲了注音，並没有明確的分析語音系統的意圖，而且反切最初都是隨文作注，分散在古書的注釋當中，所以同一個聲母的字並不一定會使用相同的反切上字。陸法言撰《切韻》，也仍然没有將同聲母字的反切上字統一起來的意識，而且書中的切語本身就有不少是摘自前人的字書、韻書，也難以統一。

字母出現在唐代與佛教的傳播有關。當時的僧人在翻譯佛經的過程中接觸到梵文，梵文是一種以輔音爲中心的拼音文字。受梵文的啟發，將漢語的聲母歸納出來並用漢字來作爲代表字，就是字母。最早的字母是唐末僧人守温創製的“三十字母”，見於敦煌發現的《守温韻學殘卷》。② 下面是三十字母：

唇音　**不芳並明**

舌音　**端透定泥**是舌頭音

① “平水韻”舊説是南宋江北平水人劉淵編的《壬子新刊禮部韻略》，成書於淳祐十二年（公元1252年）。此書已不傳，據元代熊忠《古今韻會舉要》記載是分107韻。而在此之前，金人王文郁編了一部《平水新刊韻略》（或稱《新刊韻略》），刊於正大六年（公元1229年），已經是分106韻。所以“平水韻”並不專指某部韻書，究竟因何得名，現在還難以下定論。

② “三十字母”一般認爲是守温所創，但該書題“南梁漢比丘守温述”，所以也有學者認爲並不是守温首創，而是轉述前人。

**知徹澄日**是舌上音

牙音　**見（君）溪群來疑**等字是也①

齒音　**精清從**是齒頭音

**審穿禪照**是正齒音

喉音　**心邪曉**是喉中音，清

**匣喻影**亦是喉中音，濁

三十字母已經按發音部位分爲唇、舌、齒、牙、喉五類，並且有了清、濁的概念。不過三十字母在排列和分類上都還存在不夠合理的地方，比如正齒音的排列順序是“審、穿、禪、照”，與其他幾組的排列規則不同；又如把“心”“邪”歸入喉音，以及把“邪”歸爲“清”，都是不準確的。

傳統音韻學裏，聲母稱爲“聲”，又可稱爲“紐”，或者合起來稱爲“聲紐”。紐是樞紐的意思，古人認爲一個字音裏聲母是核心，這也是受了梵文字母以輔音爲中心的影響。具體某個字母，可以稱某“母”，或某“紐”，如“端母”“端紐”。

到了宋代，有人在三十字母的基礎上將其增補爲三十六個，形成了音韻學上影響深遠的三十六字母。表 1－2 是三十六字母，包括傳統發音部位和發音方法的分類以及擬音。②

**表 1－2　三十六字母表**

| 五音＼清濁 | | 全清 | 次清 | 全濁 | 次濁 | 全清 | 全濁 |
|---|---|---|---|---|---|---|---|
| 唇音 | 重唇 | 幫 p | 滂 p$^h$ | 並 b | 明 m | | |
| | 輕唇 | 非 pf | 敷 pf$^h$ | 奉 bv | 微 ɱ | | |
| 舌音 | 舌頭 | 端 t | 透 t$^h$ | 定 d | 泥 n | | |
| | 舌上 | 知 ʈ | 徹 ʈ$^h$ | 澄 ɖ | 娘 ɳ | | |
| 齒音 | 齒頭 | 精 ts | 清 ts$^h$ | 從 dz | | 心 s | 邪 z |
| | 正齒 | 照 tʂ | 穿 tʂ$^h$ | 牀 dʐ | | 審 ʂ | 禪 ʐ |
| 牙音 | | 見 k | 溪 k$^h$ | 群 g | 疑 ŋ | | |
| 喉音 | | 影 ʔ | | | 喻 Ø | 曉 h | 匣 ɦ |
| 半舌音 | | | | | 來 l | | |
| 半齒音 | | | | | 日 ɻ | | |

---

① “君”是衍字。

② 關於三十六字母音值的擬測，有下面一些問題需要説明。其一，非、敷、奉也有學者擬作唇齒擦音［f，f$^h$，v］。不過音系中如果衹有一對擦音有送氣/不送氣的對立不大可能，所以我們還是擬作唇齒塞擦音。其二，舌上音有學者擬作舌面的塞音和鼻音［ȶ，ȶ$^h$，ȡ，ȵ］，從梵漢對音和後來的演變方向來看，擬作捲舌音更好。其三，正齒音有學者擬作舌面音［tɕ，tɕ$^h$，dʑ，ɕ，ʑ］，正齒音有莊、章兩個來源（參看本書第二章第二節），三十六字母中二者已經合流，到後來都演變爲捲舌音，所以擬爲捲舌音更好。其四，喻母也可以擬作［j］。不過一般都把喻母字的韻母歸爲三等，也就是把其中的［j］看作介音，喻母屬喉音，也説明古人並不把其中的［j］看作聲母，所以我們擬爲零聲母。其五，曉、匣也可以擬作舌根擦音［x，ɣ］，漢語中舌根擦音和喉擦音通常不構成對立。不過既然傳統上把它們歸在喉音，而非牙音，還是擬爲喉音更好一些。其六，日母的擬音最爲複雜，我們認爲它與今天的讀音大體相同，是個捲舌近音。這主要有兩個原因：第一，日母與正齒音屬於同一大類，所以它的發音部位與正齒音相同。第二，日母屬於半齒音，表明它的性質與半舌音的來母類似。其七，影母有學者擬作零聲母。影母字平聲演變爲陰平，説明音節開頭是個清輔音。影母開口二等字同其他牙喉音開口二等字一樣演變爲細音，也表明開頭有個同類的輔音。另外，如果影母是零聲母，其三等字和喻母字（如“嬰”和“盈”）就無法區別了。所以影母擬爲喉塞音更加合理。

三十六字母唇音分爲重唇和輕唇兩套，舌上音增加了“娘”（原來歸在舌上音的“日”歸入半齒音），正齒音增加了“牀”，因此比三十字母多出六個。唇音分化爲兩套反映了語音的發展變化，三十字母没有“娘”和“牀”則可能是方言現象。除了字母的數目以外，三十六字母在歸類和排列次序上也有所調整，系統更加嚴密。

對於聲母的發音部位，傳統音韻學有“五音”“七音”“九音”等分類。五音就是唇、舌、齒、牙、喉五類。七音就是在五音的基礎上把“來”單獨作爲一類，稱爲“半舌音”，再把“日”單獨作爲一類，稱爲“半齒音”。將唇音分爲“重唇”和“輕唇”，舌音分爲“舌頭”和“舌上”，齒音分爲“齒頭”和“正齒”，再將半舌和半齒合稱爲“舌齒”，就是九音。五音是大類，有時也可以用來總括傳統的發音部位分類。

五音的名稱今天看來不是十分明確。用新的術語來解釋的話，重唇音就是雙唇音，輕唇音就是唇齒音，舌頭音就是舌尖塞音和鼻音，舌上音就是捲舌塞音和鼻音，齒頭音就是舌尖塞擦音和擦音，正齒音就是捲舌塞擦音和擦音，牙音就是舌根音，喉音包括喉音和零聲母。如果拿今天的標準衡量，這些名稱有些是不夠科學的。比如“牙音”其實是舌根音，古人將其稱爲牙音，可能是因爲發音時舌根與軟顎接觸，就誤以爲是大牙在起作用。

現代學者通常把同一發音部位的聲母稱爲一組，用本組第一個聲母來指稱。如“幫組”指“幫、滂、並、明”，“非組”指“非、敷、奉、微”。又把發音部位的大類稱爲“系”，比如“幫系”包括“幫組”和“非組”。但是“系”和“組”在使用上並不十分嚴格，也有將大類稱“組”，小類稱“系”，或者將二者混而不分的。在大類的劃分上也有不同的意見。本書不用“系”，衹用“組”，指發音部位相同的小類。

在發音方法的分析上，傳統音韻學有“清濁”的概念。清就是不帶音（voiceless），也就是發音時聲帶不顫動。濁就是帶音（voiced），也就是發音時聲帶顫動。清又可以再分爲“全清”和“次清”。全清是指不送氣（unaspirated）清音，也包括清擦音；次清是指送氣（aspirated）清音。濁也可以再分爲“全濁”和“次濁”。全濁是指濁的阻塞音（obstruent），次濁也叫“清濁”或“半清半濁”或“不清不濁”，是指響音（sonorant）。

三十六字母代表的是唐宋間漢語讀書音的聲母系統。同之前的《廣韻》音系聲母相比，三十六字母已經發生了一些變化，比如唇音分化爲重唇和輕唇。同當時的口語相比，可能還存在一些守舊的成分，比如“非/敷”“泥/娘”在當時的口語中很可能已經不大能區分了，而三十六字母仍然分。

三十六字母影響很大，在相當長的時期裏都被視爲聲母的標準。元代以後，也有一些音韻學家根據時音設計了新的字母系統，比如明代的蘭茂在《韻略易通》中用一首《早梅詩》概括了當時的二十個字母：“東風破早梅，向暖一枝開。冰雪無人見，春從天上來。”這二十個字母整理如下：

| | | | | |
|---|---|---|---|---|
| 冰 p | 破 $p^h$ | 梅 m | 風 f | 無 ʋ |
| 東 t | 天 $t^h$ | 暖 n | | 來 l |
| 早 ts | 從 $ts^h$ | | 雪 s | |
| 枝 tʂ | 春 $tʂ^h$ | | 上 ʂ | 人 ɻ |
| 見 k | 開 $k^h$ | | 向 x | 一 ∅ |

# 第五節 等韻圖

等韻圖也稱“韻圖”，是一種聲韻配合表。等韻圖的發展大致可以分爲三個階段：第一階段以《韻鏡》《七音略》爲代表，是分析《切韻》（《廣韻》）音系的。第二階段以《切韻指掌圖》、《四聲等子》和《經史正音切韻指南》（簡稱《切韻指南》）爲代表，這些韻圖仍然沿用《切韻》（《廣韻》）的韻目和早期韻圖的基本框架，但是結合實際語音對音系進行了合併簡化。第三階段以明代徐孝的《重訂司馬温公等韻圖經》（簡稱《等韻圖經》）爲代表，完全擺脱了《切韻》音系，根據實際語音編排。這裏我們衹介紹第一和第二階段的代表韻圖。

## 一、《韻鏡》和《七音略》

《韻鏡》是南宋張麟之刊行的，撰者不詳，又名《韻鑒》，是避宋翼祖（趙敬）諱所改。該書在國内一度失傳，近代才從日本傳回。《七音略》是南宋鄭樵所撰《通志》中的一卷，並非鄭氏所作，而是抄録現成的韻圖。《韻鏡》和《七音略》内容基本相同，應該是同一來源。

《韻鏡》和《七音略》都是四十三張圖，稱爲“四十三轉”。轉是輾轉的意思，就是指聲韻輾轉相拼以成字音。轉又分“内轉”和“外轉”。按照傳統的解釋，内轉是指除了齒音以外没有二等字，外轉則是五音四等具足。但是“臻攝”也是衹有齒音有二等字，卻屬於外轉。所以關於内外轉的性質還難有定論。每一圖上列一個或幾個“韻系”（四聲相承的韻），具有開、合兩種韻母的韻系開、合分列二圖。所謂“開合”，就是指“開口”和“合口”兩種韻母，前者没有 u/w 介音，後者有 u/w 介音。《七音略》用“重輕”表示“開合”，“重中重”“重中輕”代表開口，“輕中輕”“輕中重”代表合口。《韻鏡》和《七音略》四十三轉所包含的韻系如表 1－3 所示：

表 1－3 《韻鏡》《七音略》四十三轉對照表

| 《韻鏡》圖名 | 《七音略》圖名 | 《廣韻》韻系 |
|---|---|---|
| 内轉第一開 | 内轉第一重中重 | 東 |
| 内轉第二開合 | 内轉第二輕中輕 | 冬鍾 |
| 外轉第三開合 | 外轉第三重中重 | 江 |
| 内轉第四開合 | 内轉第四重中輕 | 支 |
| 内轉第五合 | 内轉第五輕中輕 | 支 |

續前表

| 《韻鏡》圖名 | 《七音略》圖名 | 《廣韻》韻系 |
|---|---|---|
| 内轉第六開 | 内轉第六重中重 | 脂 |
| 内轉第七合 | 内轉第七輕中重 | 脂 |
| 内轉第八開 | 内轉第八重中重 | 之 |
| 内轉第九開 | 内轉第九重中重 | 微廢 |
| 内轉第十合 | 内轉第十輕中輕 | 微廢 |
| 内轉第十一開 | 内轉第十一重中重 | 魚 |
| 内轉第十二開合 | 内轉第十二輕中輕 | 虞模 |
| 外轉第十三開 | 内轉第十三重中重 | 咍皆齊祭夬 |
| 外轉第十四合 | 外轉第十四輕中重 | 灰皆齊祭夬 |
| 外轉第十五開 | 外轉第十五重中輕 | 佳泰祭 |
| 外轉第十六合 | 外轉第十六輕中輕 | 佳泰祭 |
| 外轉第十七開 | 外轉第十七重中重 | 痕臻真 |
| 外轉第十八合 | 外轉第十八輕中輕 | 魂諄 |
| 外轉第十九開 | 外轉第十九重中輕 | 欣 |
| 外轉第二十合 | 外轉第二十輕中輕 | 文 |
| 外轉第二十一開 | 外轉第二十一重中輕 | 山元仙 |
| 外轉第二十二合 | 外轉第二十二輕中輕 | 山元仙 |
| 外轉第二十三開 | 外轉第二十三重中重 | 寒刪仙先 |
| 外轉第二十四合 | 外轉第二十四輕中重 | 寒刪仙先 |
| 外轉第二十五開 | 外轉第二十五重中重 | 豪肴宵蕭 |
| 外轉第二十六合 | 外轉第二十六重中重 | 宵 |
| 内轉第二十七合 | 内轉第二十七重中重 | 歌 |
| 内轉第二十八合 | 内轉第二十八輕中輕 | 戈 |
| 内轉第二十九開 | 外轉第二十九重中重 | 麻 |
| 外轉第三十合 | 外轉第三十輕中輕 | 麻 |
| 内轉第三十一開 | 内轉第三十四重中重 | 唐陽 |
| 内轉第三十二合 | 内轉第三十五輕中輕 | 唐陽 |
| 外轉第三十三開 | 外轉第三十六重中輕 | 庚清 |
| 外轉第三十四合 | 外轉第三十七輕中輕 | 庚清 |
| 外轉第三十五開 | 外轉第三十八重中重 | 耕清青 |
| 外轉第三十六合 | 外轉第三十九輕中輕 | 耕清青 |
| 内轉第三十七開 | 内轉第四十重中重 | 侯尤幽 |
| 内轉第三十八合 | 内轉第四十一重中重 | 侵 |
| 外轉第三十九開 | 外轉第三十一重中重 | 覃咸鹽添 |
| 外轉第四十合 | 外轉第三十二重中輕 | 談銜嚴鹽 |
| 外轉第四十一合 | 外轉第三十三輕中輕 | 凡 |
| 内轉第四十二開 | 内轉第四十二重中重 | 登蒸 |
| 内轉第四十三合 | 内轉第四十三輕中輕 | 登蒸 |

注：《韻鏡》中有的開合不準確，比如“内轉第三十八”和“外轉第四十”都標“合”，應當是“開”。表中暫依原書。

每圖的結構相同。縱向先按“唇”“舌”“牙”“齒”“喉”“半舌”“半齒”七音分爲六欄（半舌、半齒合在一欄），每欄再按實際包含的類别分“清”“次清”“濁”“清濁”。横向先按“平”“上”“去”“入”四聲分爲四欄，列出相應的韻目，每欄又分四行，即“四等”，一欄有兩個以上韻目時按其等第排列。在縱横相交的格子裏列出相應字音的代表字，没有字的位置用圈表示（《七音略》直接用空位）。《韻鏡》的四十三張圖裏没有用字母的名稱，但是在“序例”裏有一個“三十六字母”圖，交待了三十六字母在圖上的位置（見圖 1－3）。《七音略》直接使用三十六字母，在七音的分類上採用的是“宫”“商”“角”“徵”“羽”“半徵”“半商”等名稱。由於使用七音的分類，舌頭音和舌上音、齒頭音和正齒音就分别列在同一欄裏，但是可以通過排列的位置區分：舌頭音、齒頭音列在一、四等，舌上音、正齒音列在二、三等。圖 1－4 和圖 1－5 分别是《韻鏡》和《七音略》的第一圖。

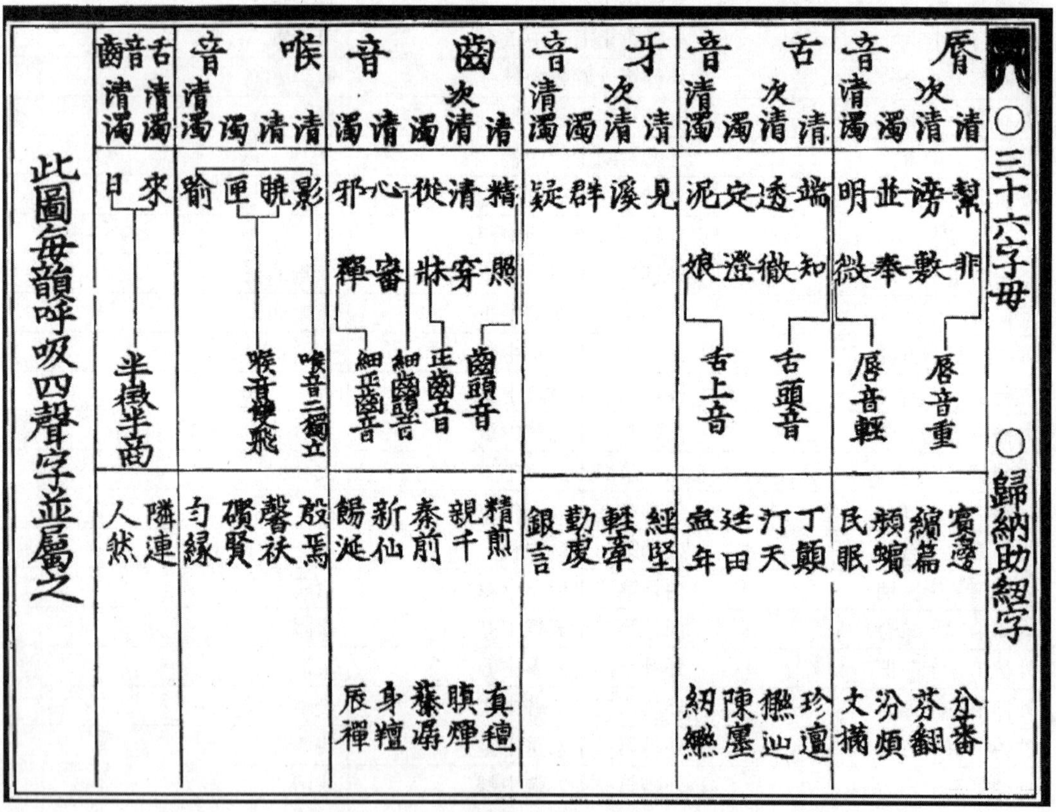


圖 1－3　《韻鏡·序例》三十六字母

《韻鏡》和《七音略》是分析《切韻》的，《切韻》中的每一個小韻在韻圖上都有固定的位置，因此可以用韻圖上的位置來描述字音，即“音韻地位”。以《韻鏡》的第一圖爲例，“内轉第一開東韻一等牙音清”即“公”字，同列三等即“弓”字。《韻鏡》不列字母名，齒音有兩個“清”、兩個“濁”，喉音有兩個“清”，像“椶”和“送”、“翁”和“烘”，用這種描述就不容易區分了。

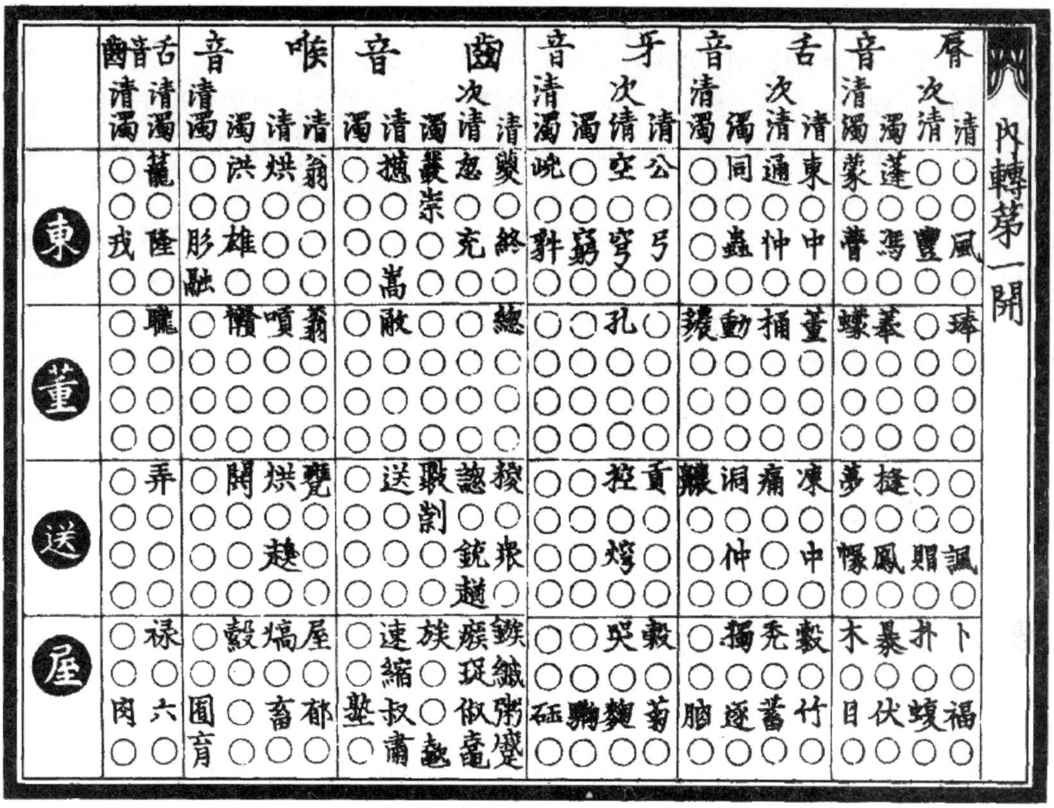

圖 1－4　《韻鏡》内轉第一

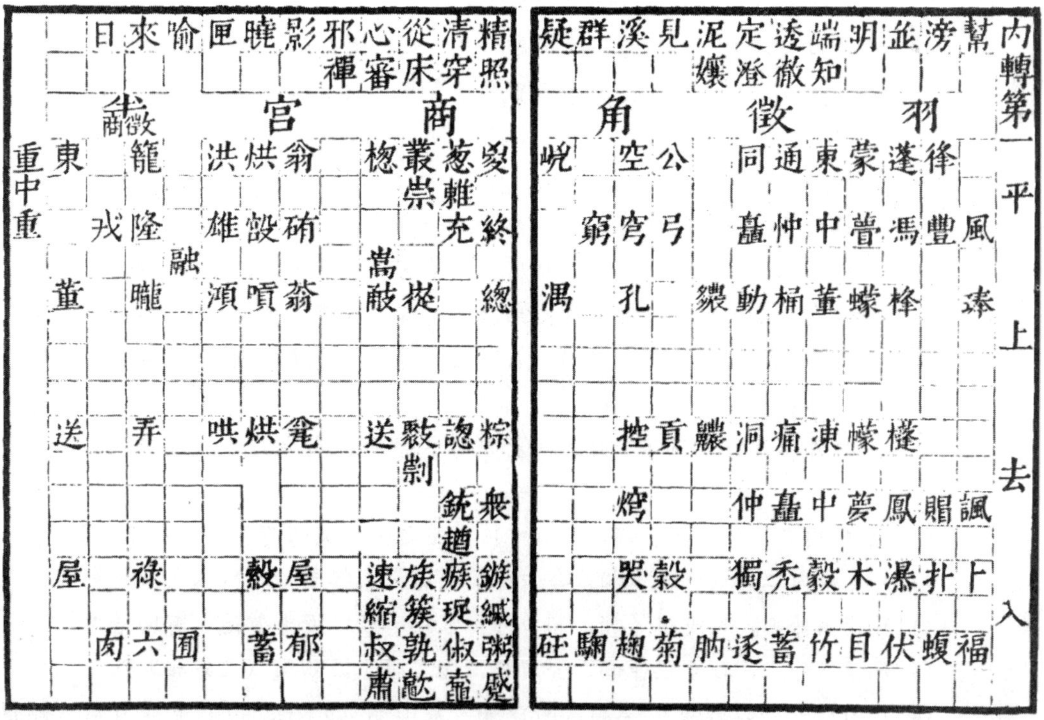

圖 1－5　《七音略》内轉第一

韻圖將韻母分爲“四等”，這主要是根據“洪細”來劃分的。“洪”就是大的意思，指没有 i/j 介音的韻母；“細”就是小的意思，指有 i/j 介音的韻母。一、二等屬於洪音，三、四等屬於細音。在同一轉上，一、二等之間，三、四等之間則是主元音開口度的區別，一等較二等更洪，四等較三等更細。拿“豪、肴、宵、蕭”四韻來説，《韻鏡》列在“外轉第二十五開”，分别屬於一、二、三、四等，按照今天的擬音，依次是 ɑu、au、jɛu、ieu。一、二等無 j/i 介音，三、四等有 j/i 介音；主元音由後到前，從低到高，開口度漸次減小。

韻圖産生的時代比《切韻》要晚，當時實際的語音系統已經發生了一些變化。《韻鏡》《七音略》雖然是以《切韻》系韻書爲分析對象，但是並不是通過直接分析《切韻》(《廣韻》) 的反切得到其語音系統，而是參照當時的實際語音預先建立一個音系框架，然後再把《切韻》(《廣韻》) 的小韻填入這個框架當中。《韻鏡》《七音略》對於研究《切韻》音系有着非常重要的價值，但是由於所使用的音系框架本身的局限，這兩種韻圖對於《切韻》音系又有一定程度的扭曲，所以在利用時還需要加以辨别。

## 二、《四聲等子》、《切韻指掌圖》和《切韻指南》

《四聲等子》撰者不詳，大約成書於金代。這部韻圖將早期的四十三圖合併爲二十圖，每圖使用十六攝爲題，並注明内外轉、重輕、開合。二十圖及所括韻目依次如下（衹列平聲和入聲韻目，其後括號内是原圖對韻目的注釋）：

(1) 通攝内一，重少輕多韻：東冬鍾、屋沃燭（東冬鍾相助）
(2) 效攝外五，全重無輕韻：豪肴宵蕭、鐸覺藥（本無入聲，蕭并入宵類）
(3) 宕攝内五，陽唐重多輕少韻，江全重開口呼：唐江陽、鐸覺藥（内外混等，江陽借形）
(4) 宕攝内五：唐江陽、鐸覺藥（内外混等）
(5) 遇攝内三，重少輕多韻：模魚虞、沃屋燭（本無入聲，魚虞相助）
(6) 流攝内六，全重無輕韻：侯尤幽、屋（本無入聲，幽併入尤韻）
(7) 蟹攝外二，輕重俱等，開口呼：咍皆齊泰祭、曷黠薛屑（本無入聲，佳併入皆韻）
(8) 蟹攝外二，輕重俱等，合口呼：灰皆齊祭廢、末黠月屑（本無入聲，祭廢借用）
(9) 止攝内二，重少輕多韻，開口呼：支脂之齊、職陌質昔錫（本無入聲）
(10) 止攝内二，重少輕多韻，合口呼：支脂微、櫛質術物（本無入聲）
(11) 臻攝外三，輕重俱等韻，開口呼：痕臻真欣、没櫛質迄（有助借用）
(12) 臻攝外三，輕重俱等韻，合口呼：魂文諄、没物術（文諄相助）
(13) 山攝外四，輕重俱等韻，開口呼：寒山刪仙元先、曷鎋黠薛月屑（刪併山，先併仙韻）

（14）山攝外四，輕重俱等韻，合口呼：桓山删仙元先、末鎋黠薛月屑（删併山，仙元相助）

（15）果攝内四、假攝外六，重多輕少韻，開口呼：歌麻、鐸鎋（本無入聲，内外混等）

（16）果攝内四、麻外六（麻當作假），重多輕少韻，合口呼：戈麻、鐸鎋（本無入聲，内外混等）

（17）曾攝内八、梗攝外八（八當作七），重多輕少韻，啟口呼（啟當作開）：登庚耕蒸清青、德陌麥職昔錫（内外混等，鄰韻借用）

（18）曾攝内八、梗攝外二（二當作七），重多輕少韻，合口呼：登庚耕清青、德陌麥昔錫（内外混等，鄰韻借用）

（19）咸攝外八，重輕俱等韻：覃談咸銜鹽嚴凡添、合盍洽狎葉乏帖（四等全併一十六韻）

（20）深攝内七，全重無輕韻：侵、緝（獨用孤單韻）

排列格式上，《四聲等子》縱列三十六字母，按“牙”“舌”“唇”“齒”“喉”“半舌”“半齒”的次序排列，喉音中變“影曉匣喻”爲“曉匣影喻”；横行先分四等，一等之内再分四聲（見圖 1-6）。

**圖 1-6　《四聲等子》效攝外五**

《四聲等子》最早使用了十六攝的名稱，但是二十圖的排列並不是按十六攝的順序。韻攝是參考實際語音對《切韻》韻系加以歸併的結果，大體反映了實際語音中韻母合併的情況，但是並不徹底。比如蟹攝的三、四等韻實際上已經開始與止攝合流，但是在十六攝的劃分上並没有體現出來。①《四聲等子》並没有完全依照十六攝分圖，而是把“江/宕”“梗/曾”“果/假”分别合在一圖，稱爲“内外混等”。這種安排一定程度上反映了當時的實際語音。此外，《四聲等子》入聲兼配陰聲，也是實際語音的反映。

《切韻指掌圖》托名司馬光所作，真實作者已不可考。這部韻圖也是二十圖，雖然没有使用十六攝的名稱，但是在韻系的歸併上與《四聲等子》非常接近。二十圖分爲“獨韻”和“開合韻”。獨韻就是没有開合口對立的韻系，單獨一張圖。開合韻就是有開合口對立韻系，開口、合口分作二圖。二十圖及所括韻目依次如下（衹列平聲和入聲韻目）：

一獨：豪肴宵蕭、鐸覺藥
二獨：東冬鍾、屋沃燭
三獨：模魚虞、沃屋燭
四獨：侯尤幽、德櫛迄質
五獨：覃談咸銜鹽嚴凡添、合盍洽狎葉乏帖
六獨：侵、緝
七開：寒山删仙元先、曷鎋黠薛月屑
八合：桓山删仙元先、末鎋黠薛月屑
九開：痕臻真欣、德櫛質迄
十合：魂文諄真、没質物術
十一開：歌戈麻、曷鎋黠薛月屑
十二合：戈麻、末鎋黠薛月屑
十三開：唐陽、鐸覺藥
十四合：唐江陽、鐸覺藥
十五合：登庚耕清青、德陌麥職昔錫
十六開：登庚耕蒸清青、德陌麥職昔錫
十七開：咍皆佳夬泰祭、曷鎋黠
十八開：支脂之齊祭、德櫛質
十九合：灰支脂微齊泰、没質物迄術
二十合：佳皆夬、鎋

在聲母的排列上，《切韻指掌圖》把三十六字母按“牙”“舌頭”“舌上”“重唇”“輕唇”“齒頭”“正齒”“喉”“半舌”“半齒”的次序一字排開，每個字母獨占一列。在韻的排列上，與《韻鏡》《七音略》相同，先分四聲，再分四等（見圖1-7和圖1-8）。

《切韻指掌圖》也是入聲兼配陰聲。此外，第十八圖將本屬止攝開口三等的精組字列在一等的位置，第十八和十九兩圖將蟹攝的三、四等韻和合口一等韻與止攝合併，都是實際語音的反映。

---

① 《四聲等子》有少數齊韻字列在第九圖（止攝内二開）上。

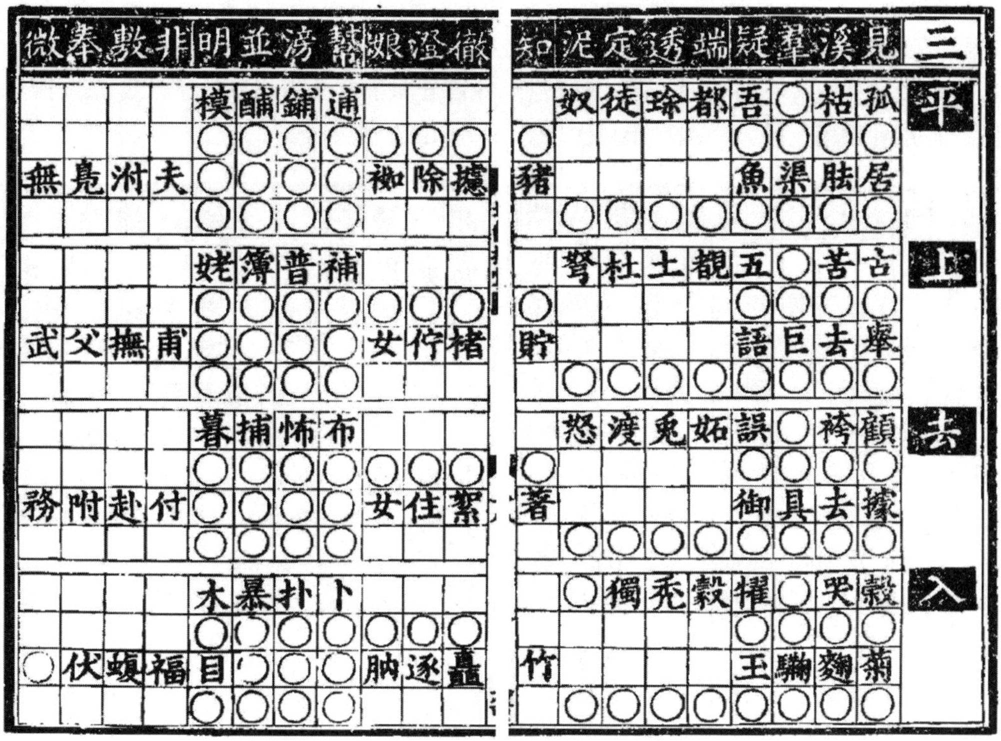


圖 1－7　《切韻指掌圖》第三（1）

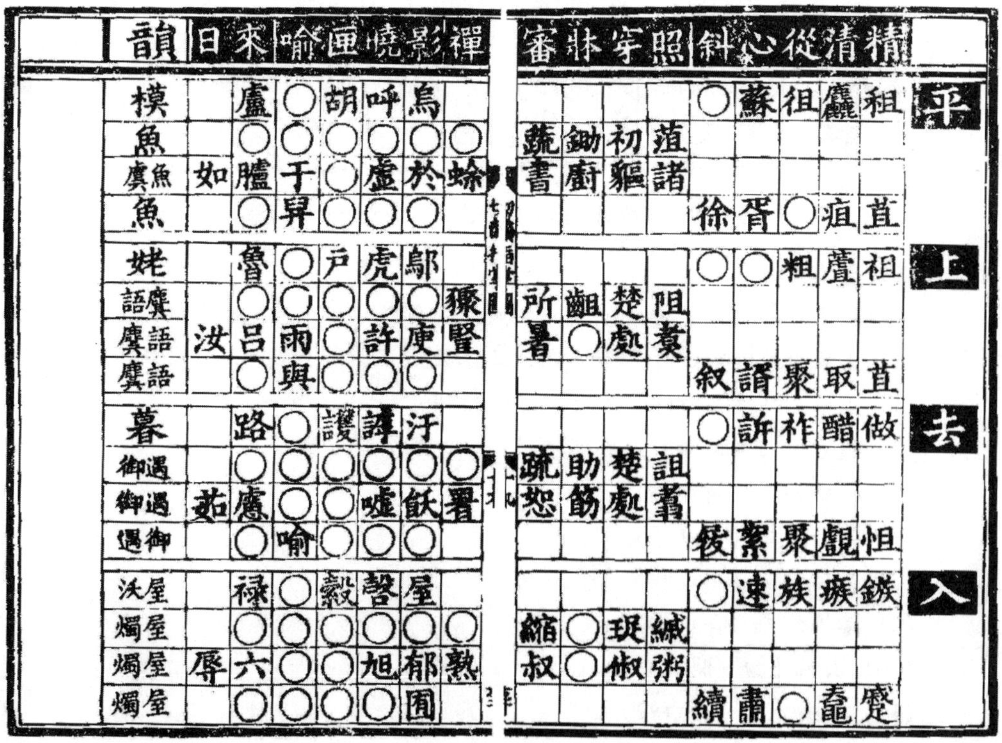


圖 1－8　《切韻指掌圖》第三（2）

《切韻指南》是元代劉鑒所撰，成書於至元二年（1336 年）。這部韻圖在格式上與《四聲等子》基本相同，但是分二十四圖（見圖 1－9）。同《四聲等子》相比，《切韻指南》是把“内外混等”的“江/宕”“梗/曾”各自分開了，又將咸攝的“凡”韻系獨立爲一圖；在排列順序上按《廣韻》韻目次序。二十四圖依次如下：

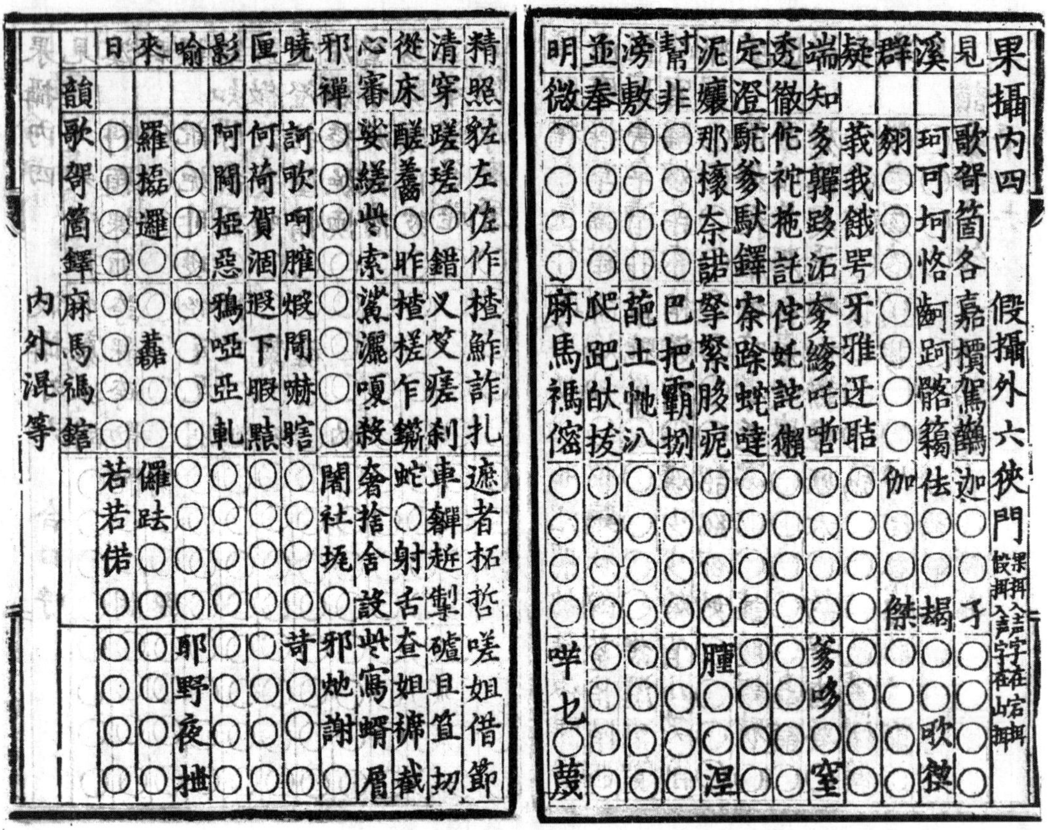

**圖 1－9　《切韻指南》果攝内四、假攝外六開口呼**

（1）通攝内一
（2）江攝外一（見幫曉喻屬開，知照來日屬合）
（3）止攝内二（開口呼，入聲字見於臻攝）
（4）止攝内二（合口呼，入聲字見於臻攝）
（5）遇攝内三（獨韻，入聲字在通攝）
（6）蟹攝外二（開口呼）
（7）蟹攝外二（合口呼）
（8）臻攝外三（開口呼）
（9）臻攝外三（合口呼）
（10）山攝外四（開口呼）
（11）山攝外四（合口呼）
（12）效攝外五（獨韻）
（13）果攝内四、假攝外六（果攝入聲字在宕攝，假攝入聲字在山攝）

(14) 果攝内四、假攝外六（合口呼）
(15) 宕攝内五（開口呼）
(16) 宕攝内五（合口呼）
(17) 曾攝内六（開口呼）
(18) 曾攝内六（合口呼）
(19) 梗攝外七（開口呼）
(20) 梗攝外七（合口呼）
(21) 流攝内七（獨韻）
(22) 深攝内八（獨韻）
(23) 咸攝外八（獨韻）
(24) 咸攝外八

《四聲等子》、《切韻指掌圖》和《切韻指南》雖然還是沿用《切韻》（《廣韻》）的韻目，但是實際上已經不把《切韻》音系作爲分析對象。此外，這類韻圖由於對韻系做了大幅度的合併，卻仍然使用早期韻圖以開合四等分析韻母的基本框架，實際上也不可能準確地反映《切韻》音系。按韻攝歸納韻系的話，在同攝、同開合的一張圖上，四等衹能各占一行，如果某個等包含了不止一個韻，就是“重出”了，也就是所謂“重韻”。重韻通常指一、二等韻，比如咸攝覃、談是一等重韻，咸、銜是二等重韻。有時也可用於三等韻，比如咸攝的鹽和嚴。這類韻圖顯然是無法區分重韻的，也就不可能容納《切韻》（《廣韻》）的全部小韻。

## 思考與練習

一、比較守温三十字母與宋人三十六字母的異同。

二、查出下列詞語中每一個字屬於三十六字母的哪個字母。

交界　經濟　緊急　積極　將軍　酒精　結構　假借
加減　秋千　開啟　下雪　鮮血　學習　消息　嘻笑
永遠　友誼　容易　意義　羽翼　語言　然而　無畏
王位　五味　文武　慰問　參差　差池　長春　生産

三、用四角標圈法注出杜甫《春夜喜雨》詩中每個字的中古調類，標明平仄，並查出韻脚字屬於《廣韻》的哪個韻。

四、抄録《韻鏡》第一圖，並查出圖上代表字在《廣韻》中的反切。

# 第二章

# 《廣韻》音系

# 第一節
# 《廣韻》音系的性質

從《切韻》到《廣韻》，雖然韻的數目從193個增加到206個，但是語音系統並没有改變。增加的13個韻主要是在“真/諄”“寒/桓”“歌/戈”3個韻系開合口是否分韻的處理上不同，再就是“儼”“釅”是否單立韻目。所以，《切韻》原書雖然已經失傳，但是可以通過《廣韻》來研究它的語音系統，《廣韻》音系也就等於《切韻》音系。

那麽《切韻》《廣韻》所代表的語音系統的性質是怎樣的呢？我們首先來看陸法言在《切韻·序》裏是怎麽説的：

> 昔開皇初，有劉儀同（臻）、顔外史（之推）、盧武陽（思道）、李常侍（若）、蕭國子（該）、辛諮議（德原）、薛吏部（道衡）、魏著作（彦淵）等八人，同詣法言門宿。夜永酒闌，論及音韻。以古今聲調既自有别，諸家取捨亦復不同。吴楚則時傷輕淺，燕趙則多涉重濁；秦隴則去聲爲入，梁益則平聲似去。又支（章移反）脂（旨夷反）、魚（語居反）虞（遇俱反）共爲不韻，先（蘇前反）仙（相然反）、尤（于求反）侯（胡溝反）俱論是切。欲廣文路，自可清濁皆通；若賞知音，即須輕重有異。吕静《韻集》、夏侯詠《韻略》、陽休之《韻略》、李季節《音譜》、杜臺卿《韻略》等，各有乖互。江東取韻，與河北復殊。因論南北是非，古今通塞；欲更捃選精切，除削疏緩。顔外史、蕭國子多所决定。魏著作謂法言曰：“向來論難，疑處悉盡。何爲不隨口記之？我輩數人，定則定矣。”法言即燭下握筆，略記綱紀。後博問英辯，殆得精華。於是更涉餘學，兼從薄宦，十數年間，不遑修集。今返初服，私訓諸弟，凡有文藻，即須聲韻。屏居山野，交遊阻絶，疑惑之所，質問無從。亡者則生死路殊，空懷可作之嘆；存者則貴賤禮隔，以報絶交之旨。遂取諸家音韻，古今字書，以前所記者定爲《切韻》五卷。剖析毫釐，分别黍累。何煩泣玉，未可懸金。藏之名山，昔怪馬遷之言大；持以蓋醬，今嘆揚雄之口吃。非是小子專輒，乃述群賢遺意；寧敢施行人世？直欲不出户庭。于時歲次辛酉大隋仁壽元年也。①

從這篇序文中我們知道，《切韻》是在劉臻、顔之推等八人（顔之推和蕭該起主導作用）討論的基礎上，由陸法言執筆記録並最終撰寫成書的。《切韻》的編撰目的是爲了正音、規範，所以它的音系應該是當時的讀書音。我們知道，讀書音也是以某個方言的口語音爲基礎的，那麽，《切韻》代表的讀書音又是以哪個方言的口語爲基礎的呢？要回答這個問題可以參考《切韻》的主創者之一顔之推的説法。顔之推在《顔氏家訓·音辭》中説：

---

① 現存各種版本的《切韻·序》文字上有出入，這裏主要依據故宫博物院藏宋濂跋本王仁昫《刊謬補缺切韻》，個别文字參考其他版本校改，不再一一注明。

> 自茲厥後，音韻鋒出，各有土風，遞相非笑，指馬之諭，未知孰是。共以帝王都邑，參校方俗，考覈古今，爲之折衷。推而量之，獨金陵與洛下耳。南方水土和柔，其音清舉而切詣，失在浮淺，其辭多鄙俗。北方山川深厚，其音沉濁而鈋鈍，得其質直，其辭多古語。然冠冕君子，南方爲優；閭里小人，北方爲愈。易服而與之談，南方士庶，數言可辯；隔垣而聽其語，北方朝野，終日難分。而南染吴越，北雜夷虜，皆有深弊，不可具論。其謬失輕微者，則南人以錢爲涎，以石爲射，以賤爲羨，以是爲舐；北人以庶爲戍，以如爲儒，以紫爲姊，以洽爲狎。如此之例，兩失甚多。

從這段話裹我們知道，顔之推所推崇的語音最正的兩個地方是金陵和洛下。當時北方（洛陽一帶）貴族和庶民口音基本上一致，而南方（金陵一帶）貴族和庶民口音卻明顯不同。這是因爲南方土著的百姓説的是他們的土話，而士族説的是從北方帶來的洛陽話。可見，這個讀書音的基礎是洛陽話。東晉南渡以後，這個讀書音分化爲金陵和洛下兩支，隨着時間的推移和各自周邊語言的影響，這兩支又分别發生了一些變化，即所謂“南染吴越，北雜夷虜，皆有深弊”。而顔之推心目中的正音則是以洛陽舊音爲基礎的老派讀書音。《顔氏家訓·音辭》又説：“吾家兒女，雖在孩稚，便漸督正之，一言訛替，以爲己罪矣。”可見，這種正音並非衹能書於紙上，而是可以驗諸唇吻的。

顔之推等八人最初衹討論了一個綱要，《切韻》最終是由陸法言編撰成書的，所以不一定能完全符合顔之推的標準。陸法言自己也説“疑惑之所，質問無從”，所以又參考了“諸家音韻，古今字書”，這就造成《切韻》中實際上可能包含了一些綜合的成分。比如，“齊”韻是純四等韻，按照《切韻》音系的規律不當有三等字，可是有“移，成西切”和“臡，人兮切”兩個小韻，從反切上字來看是三等字。這些反切就很可能是從前代韻書、字書中抄録來的，反映的是古音或者方音。

綜上所述，《切韻》的語音系統基本上是以洛陽舊音爲基礎的老派讀書音，同時也包含少量綜合成分。

# 第二節
# 《廣韻》音系的聲母

## 一、《廣韻》的聲類

《廣韻》衹分了四聲和韻，聲母和韻母並没有直接體現出來。《廣韻》的聲母和韻母主要是通過分析書中的反切得到的。同時，早期的等韻圖已經建立了一個音系的基本框架，雖然不完全符合《廣韻》音系的實際，但是也有重要的參考價值。

在分析反切的方法上，清代學者陳澧（1810—1882）首創了“系聯法”，他在《切韻考》一書中運用這種方法分析了《廣韻》的聲類和韻類。系聯法包括基本條例、分析條例和補充條例。我們先看分析聲類的方法。

第一，基本條例。根據反切上字同用、互用、遞用的關係合併相同的聲類。《切韻考・條例》說：“切韻上字與所切之字爲雙聲，則切語上字同用者、互用者、遞用者，聲必同類也。同用者，如‘冬，都宗切’，‘當，都郎切’，同用‘都’字也。互用者，如‘當，都郎切’，‘都，當孤切’，‘都’‘當’二字互用也。遞用者，如‘冬，都宗切’，‘都，當孤切’，‘冬’字用‘都’字，‘都’字用‘當’字也。”

第二，分析條例。通過觀察反切下字是否同類區分不同的聲類。《切韻考・條例》說：“《廣韻》同音之字不分兩切語，此必陸氏舊例也。其兩切語下字同類者，則上字必不同類。如‘紅，户公切’，‘烘，呼東切’，‘公’‘東’韻同類，則‘户’‘呼’聲不同類。今分析切語上字不同類者，據此定之也。”

第三，補充條例。這條主要適用於實際同類，但是由於反切上字兩兩互用不能系聯到一起的情況。在《廣韻》中，一個字的異讀一般用“又切”“又音”的形式標注，這種“又音”就可能在相應的小韻中“互見”。補充條例就是利用“又音”在“互見”時使用了不同反切上字來進一步系聯的。《切韻考・條例》說：“切語上字既系聯爲同類矣，然有實同類而不能系聯者，以其切語上字兩兩互用故也。如‘多’‘得’‘都’‘當’四字，聲本同類。‘多，得何切’，‘得，多則切’，‘都，當孤切’，‘當，都郎切’；‘多’與‘得’，‘都’與‘當’，兩兩互用，遂不能四字系聯矣。今考《廣韻》一字兩音者互注切語，其同一音之兩切語，上二字必同類。如一東‘涷，德紅切，又都貢切’，一送‘涷，多貢切’。‘都貢’‘多貢’同一音，則‘都’‘多’二字實同一類也。今於切語上字不系聯而實同類者，據此以定之。”

根據這三項條例，陳澧將《廣韻》的反切上字分爲四十類。同三十六字母相比，四十聲類是將“照、穿、牀、審、喻”各分爲兩類，“明”和“微”合爲一類。另外，除了“明”“微”不分，唇音雖然表面上與三十六字母一致，分爲兩套，但是實際上並不是重唇音和輕唇音的分別，這一點留到後邊討論。

系聯法在邏輯上是科學的，陳澧將“照、穿、牀、審、喻”各分爲兩類也是重要的發現。不過，系聯法也存在一定的局限。比如，對於實同一類而反切上字兩兩互用的情況，如果没有又音的材料就無法系聯，而又音的材料是否能夠充分地補充基本條例的不足也是難以確定的。事實上，陳澧對於補充條例的運用也不統一。比如，“明”“微”並不能系聯，陳澧將二者合併是用了補充條例：“一東韻‘夢，莫中切，又武仲切’，一送韻‘夢，莫鳳切，又亡中切’，‘武仲切’即‘莫鳳切’之音，‘亡中切’即‘莫中切’之音。是‘武’‘莫’‘亡’三字同一類也。”（《切韻考》卷二）如果按照補充條例，“幫”和“非”也應該合爲一類。廢韻有“茷，符廢切，又方大切”，“大”在泰韻，泰韻有“茷，博蓋切”，“博蓋切”即“方大切”。據此，“博”和“方”可以系聯，“幫”和“非”也就應當合併爲一類，而陳澧並没有將二者合併。

由於陳澧的四十聲類還存在不足，後來的學者又在此基礎上做了修訂和補充。黄侃、錢玄同將“莫”“武”兩類分開，成爲四十一類；高本漢、白滌洲將三十六字母的“見、溪、疑、曉、影、來”各分爲二類，成爲四十七類；曾運乾、陸志韋、周祖謨又將三十六字母的“精、清、從、心”各分爲二類，成爲五十一類。根據董同龢、李榮、邵榮芬的意見，“士”類和“俟”類應該分開，那麽《廣韻》的反切上字最多可以分爲五十二類。各家所分聲類同三十六字母的對照情況如表 2－1：

**表 2－1　《廣韻》聲類和三十六字母對照表**

| 陳澧 | 黄侃 錢玄同 | 高本漢 白滌洲 | 曾運乾 陸志韋 周祖謨 | 五十二聲類 | 三十六字母 |
|---|---|---|---|---|---|
| 博 | 博 | 博 | 博 | 博 | 幫 |
| 方 | 方 | 方 | 方 | 方 | 幫非 |
| 普 | 普 | 普 | 普 | 普 | 滂 |
| 芳 | 芳 | 芳 | 芳 | 芳 | 滂敷 |
| 蒲 | 蒲 | 蒲 | 蒲 | 蒲 | 並 |
| 符 | 符 | 符 | 符 | 符 | 並奉 |
| 莫 | 莫 | 莫 | 莫 | 莫 | 明 |
| | 武 | 武 | 武 | 武 | 明微 |
| 都 | 都 | 都 | 都 | 都 | 端 |
| 他 | 他 | 他 | 他 | 他 | 透 |
| 徒 | 徒 | 徒 | 徒 | 徒 | 定 |
| 奴 | 奴 | 奴 | 奴 | 奴 | 泥 |
| 陟 | 陟 | 陟 | 陟 | 陟 | 知 |
| 丑 | 丑 | 丑 | 丑 | 丑 | 徹 |
| 直 | 直 | 直 | 直 | 直 | 澄 |
| 女 | 女 | 女 | 女 | 女 | 娘 |
| 作 | 作 | 作 | 作 | 作 | 精 |
| | | | 子 | 子 | |
| 倉 | 倉 | 倉 | 倉 | 倉 | 清 |
| | | | 七 | 七 | |
| 昨 | 昨 | 昨 | 昨 | 昨 | 從 |
| | | | 疾 | 疾 | |
| 蘇 | 蘇 | 蘇 | 蘇 | 蘇 | 心 |
| | | | 息 | 息 | |
| 徐 | 徐 | 徐 | 徐 | 徐 | 邪 |
| 側 | 側 | 側 | 側 | 側 | 照$_{二}$ |
| 初 | 初 | 初 | 初 | 初 | 穿$_{二}$ |
| 士 | 士 | 士 | 士 | 士 | 牀$_{二}$ |
| 所 | 所 | 所 | 所 | 所 | 審$_{二}$ |
| 士 | 士 | 士 | 士 | 俟 | 禪$_{二}$ |
| 之 | 之 | 之 | 之 | 之 | 照$_{三}$ |
| 昌 | 昌 | 昌 | 昌 | 昌 | 穿$_{三}$ |
| 食 | 食 | 食 | 食 | 食 | 牀$_{三}$ |
| 式 | 式 | 式 | 式 | 式 | 審$_{三}$ |
| 時 | 時 | 時 | 時 | 時 | 禪$_{三}$ |
| 古 | 古 | 古 | 古 | 古 | 見 |
| | | 居 | 居 | 居 | |

續前表

| 陳澧 | 黄侃 錢玄同 | 高本漢 白滌洲 | 曾運乾 陸志韋 周祖謨 | 五十二聲類 | 三十六字母 |
|---|---|---|---|---|---|
| 苦 | 苦 | 苦 | 苦 | 苦 | 溪 |
| | | 去 | 去 | 去 | |
| 渠 | 渠 | 渠 | 渠 | 渠 | 群 |
| 五 | 五 | 五 | 五 | 五 | 疑 |
| | | 魚 | 魚 | 魚 | |
| 烏 | 烏 | 烏 | 烏 | 烏 | 影 |
| | | 於 | 於 | 於 | |
| 呼 | 呼 | 呼 | 呼 | 呼 | 曉 |
| | | 許 | 許 | 許 | |
| 胡 | 胡 | 胡 | 胡 | 胡 | 匣 |
| 于 | 于 | 于 | 于 | 于 | 喻三 |
| 以 | 以 | 以 | 以 | 以 | 喻四 |
| 盧 | 盧 | 盧 | 盧 | 盧 | 來 |
| | | 力 | 力 | 力 | |
| 而 | 而 | 而 | 而 | 而 | 日 |

注：各家聲類名稱不同，有的没有明確的聲類名，表中統一用每類中使用頻率最高的反切上字作爲類名。三十六字母的“照、穿、牀、審、禪、喻”各分兩類，按照等韻圖的排列分别加下標區别。

後來各家在劃分聲類時大多並不是單純使用系聯法，而是同時觀察聲類和韻母的配合情况。各家的研究表明，《廣韻》的反切上字在分類上有一個顯著的趨勢，就是一、二、四等韻爲一類，三等韻自成一類。以下是《廣韻》反切上字的分類情况[①]：

博類：

（1）博補各23 北博墨11 布博故9 補博古7 邊布玄2 巴伯加1 伯博陌1 百博陌1 晡博孤1

方類：

（2）方府良32 甫方矩12 府方矩11 必卑吉7 彼甫委6 并府盈2 兵甫明2 分府文2 陂彼義2 筆鄙密2 陂彼爲2 封府容1 畀必至1 鄙方美1

普類：

（3）普滂古39 匹譬吉33 滂普郎3 譬匹賜1

芳類：

（4）芳敷方15 敷芳無12 孚芳無4 撫芳武4 披敷羈3 妃芳非1 拂敷勿1 丕敷悲1 峰敷容1

蒲類：

（5）蒲薄胡30 薄傍各22 傍步光5 步薄故4 部裴古2 白傍陌2 捕薄故1 裴薄回1

符類：

（6）符防無24 扶防無13 房符方11 毗房脂7 皮符羈7 防符方4 平符兵3 附符遇1 婢便俾1 弼房密1 便房連1 縛符钁1 馮房戎1 父扶雨1 浮縛謀1

莫類：

（7）莫慕各65 模莫胡3 謨莫胡2 母莫厚1 慕莫故1

① 陳澧統計《廣韻》反切上字是452個，我們據張氏澤存堂本統計的是468個。每個反切上字後注出其反切及出現的次數。

武類：

（8）武文甫24 亡武方13 彌武移11 無武夫7 文無分4 眉武悲3 靡文彼2 明武兵2 美無鄙1 望巫放1 巫武夫1 綿武延1

都類：

（9）都當孤37 丁當經23 多得何11 當都郎9 得多則2 德多則2 冬都宗1

他類：

（10）他託何52 吐他魯10 土他魯6 託他各2 湯吐郎2 通他紅1 台土來1 天他前1

徒類：

（11）徒同都65 杜徒古4 特徒得2 唐徒郎2 度徒故2 堂徒郎1 同徒紅1 陀徒河1

奴類：

（12）奴乃都53 乃奴亥16 那諾何3 諾奴各2 内奴對2 妳奴蟹1

陟類：

（13）陟竹力41 竹張六13 知陟離9 張陟良8 豬陟魚2 中陟弓2 追陟隹1 徵陟陵1 珍陟鄰1 迍陟綸1 卓竹角1

丑類：

（14）丑敕久67 敕恥力9 恥敕里1 癡丑之1 抽丑鳩1 褚丑呂1 楮丑呂1

直類：

（15）直除力55 除直魚7 丈直兩5 宅場伯4 持直之3 佇直呂1 馳直離1 墜直類1 治直吏1 池直離1 遲直尼1 場直良1 治直之1 柱直主1

女類：

（16）女尼呂36 尼女夷9 拏女加1 穠女容1

作類：

（17）作則落15 則子德12 祖則古5 臧則郎4

子類：

（18）子即里63 即子力16 將即良7 資即夷3 姊將几3 遵將倫2 茲子之2 借子夜1 醉將遂1

倉類：

（19）倉七岡24 千蒼先11 采倉宰2 蒼七岡2 麤倉胡2 麁倉胡1 醋倉故1 青倉經1

七類：

（20）七親吉60 此雌氏4 親七人2 遷七然1 取七庾1 雌此移1

昨類：

（21）昨在各27 徂昨胡19 才昨哉12 在昨宰10 藏昨郎4 前昨先1

疾類：

（22）疾秦悉16 慈疾之9 秦匠鄰5 漸慈染1 匠疾亮1 自疾二1 情疾盈1

蘇類：

（23）蘇素姑41 先蘇前13 桑息郎5 素桑故4 速桑谷1

息類：

（24）息相即31 相息良11 私息夷8 思息茲7 斯息移3 須相俞1 司息茲1 辛息鄰1 悉息七1 雖息遺1 寫悉姐1 胥相居1

徐類：

（25）徐似魚11 似詳里11 祥似羊4 辭似茲3 辝似茲3 詳似羊2 寺祥吏1 隨旬爲1 夕祥易1 旬詳遵1

側類：

（26）側阻力35 莊側羊7 阻側呂6 爭側莖1 仄阻力1 簪側吟1 鄒側鳩1

初類：

（27） 初楚居29 楚創舉23 測初力3 叉初牙2 瘡初良1 創初良1 芻測隅1

士類：

（28） 士鉏里33 仕鉏里9 鋤士魚7 鉏士魚5 查鉏加2 牀士莊2 雛仕于1 鶵仕于1 崱士力1 崇鋤弓1 助牀據1

所類：

（29） 所疏舉45 山所閒15 色所力5 踈所葅6 數色句3 砂所加2 沙所加1 疏所葅1 生所庚1 史疏士1

俟類：

（30） 俟牀史1 （漦俟甾1）①

之類：

（31） 之止而28 職之翼13 章諸良12 諸章魚7 旨職雉4 止諸市3 正諸盈1 征諸盈1 占職廉1 脂旨夷1 支章移1 煮章與1

昌類：

（32） 昌尺良29 尺昌石16 充昌終7 赤昌石3 處昌據3 叱昌栗2

時類：

（33） 時市之15 常市羊11 市時止11 是承紙6 承署陵5 視承矢3 殊市朱2 署常恕2 蜀市玉1 氏承紙1 寔常職1 成是征1 臣植鄰1 甞市羊1 植常職1 殖常職1

式類：

（34） 式賞職23 書傷魚10 舒傷魚6 失式質6 施式支3 詩書之2 傷式羊2 賞書兩2 識賞職2 商式羊1 矢式視1 始詩止1 試式吏1 釋施隻1

食類：

（35） 食乘力11 神食鄰6 實神質1 乘實證1

古類：

（36） 古公戶135 公古紅3 過古臥1 乖古懷1 各古落1 格古伯1 姑古胡1 佳古膎1 兼古甜1

居類：

（37） 居九魚79 舉居許7 九舉有6 俱舉朱4 紀居理3 几居履2 規居隋1 吉居質1 詭過委1

苦類：

（38） 苦康杜86 口苦后13 康苦岡4 枯苦胡3 空苦紅2 恪苦各2 可枯我1 楷苦駭1 客苦格1 牽苦堅1 謙苦兼1

去類：

（39） 去丘倨42 丘去鳩36 區豈俱4 起墟里3 墟去魚3 驅豈俱2 羌去羊2 綺墟彼2 驅區遇2 棄詰利1 詰去吉1 豈袪豨1 窺去隨1 袪去魚1 欽去金1 卿去京1 傾去營1 曲丘玉1 乞去訖1

渠類：

（40） 渠強魚36 其渠之24 巨其呂24 求巨鳩7 奇渠羈2 暨其冀2 強巨良1 跪渠委1 衢其俱1 具其遇1 臼其九1 狂巨王1

五類：

（41） 五疑古81 吾五乎4 研五堅2 俄五何1

魚類：

（42） 魚語居40 語魚巨14 牛語求10 宜魚羈4 虞遇俱2 愚遇俱1 疑語其1 擬魚紀1 玉魚欲1 危魚爲1 遇牛具1

烏類：

（43） 烏哀都82 安烏寒3 哀烏開1 鷖烏奚1 烟烏前1 愛烏代1 握於角1

---

① 《廣韻》無反切上字“漦”，據《切三》和《王三》補。參看下一小節“《廣韻》的聲母”中的討論。

於類：

(44) 於央居110 乙於筆8 衣於希4 一於悉3 伊於脂3 紆憶俱2 央於良2 憶於力1 謁於歇1 挹伊入1 依於希1 委於詭1 憂於求1

呼類：

(45) 呼荒烏69 火呼果16 虎呼古4 荒呼光4 呵虎何1 馨呼刑1 海呼改1 花呼瓜1

許類：

(46) 許虛呂73 虛朽居16 香許良9 況許訪7 興虛陵2 喜虛里2 休許尤2 羲許羈1 朽許久1

胡類：

(47) 胡户吳90 户侯古32 下胡雅14 侯户鉤6 乎户吳3 何胡歌2 黃胡光2 獲胡麥1 懷户乖1

于類：

(48) 于羽俱18 王雨方9 雨王矩4 爲薳支3 羽王矩3 云王分2 雲王分1 有云久1 韋雨非1 筠爲贇1 薳韋委1 榮永兵1 洧榮美1 永于憬1

以類：

(49) 以羊己24 羊與章14 余以諸12 餘以諸8 與余呂7 弋與職3 予以諸2 夷以脂2 移弋支1 悅弋雪1 營余傾1 翼與職1

盧類：

(50) 盧落胡26 郎魯當16 落盧各11 魯郎古9 來落哀3 勒盧則2 洛盧各2 練郎甸1 賴落蓋1

力類：

(51) 力林直57 良呂張13 呂力舉7 里良士2 離呂支1 林力尋1 縷力主1 連力延1

而類：

(52) 而如之23 如人諸17 人如鄰16 汝人渚4 兒汝移1 耳而止1 儒人朱1 仍如乘1

## 二、《廣韻》的聲母

《廣韻》五十二聲類是根據反切上字歸納出來的，並不等於 52 個聲母。聯繫被切字韻母的情況，反切上字有明顯的分類趨勢：三等韻一類，一、二、四等韻一類。這是由於三等韻有輔音性的-j-介音，所以聲母帶有顎化色彩。不過這種分類並不是絶對的，兩類之間偶爾也有互用的。比如“詭”是三等字，《廣韻》“過委切”，上字“過”是一等字；“則”是一等字，《廣韻》“子德切”，上字“子”是三等字。可見這種分别並不是音位性的。從音位的角度加以分析，《廣韻》的 52 個聲類可以進一步歸併爲 37 個聲母（見表 2－2）。

**表 2－2 《廣韻》聲類、聲母對照表**

| 七音 | 四等[1] | 五十二聲類 | 三十六字母 | 《廣韻》三十七聲母[2] |
|---|---|---|---|---|
| 唇 | 一、二、四 | 博 | 幫 | 幫 |
| | 三、四（三） | 方 | 幫非 | |
| | 一、二、四 | 普 | 滂 | 滂 |
| | 三、四（三） | 芳 | 滂敷 | |
| | 一、二、四 | 蒲 | 並 | 並 |
| | 三、四（三） | 符 | 並奉 | |
| | 一、二、四 | 莫 | 明 | 明 |
| | 三、四（三） | 武 | 明微 | |

續前表

| 七音 | | 四等 | 五十二聲類 | 三十六字母 | 《廣韻》三十七聲母 |
|---|---|---|---|---|---|
| 舌 | 舌頭 | 一、四 | 都 | 端 | 端 |
| | | 一、四 | 他 | 透 | 透 |
| | | 一、四 | 徒 | 定 | 定 |
| | | 一、四 | 奴 | 泥 | 泥 |
| | 舌上 | 二、三 | 陟 | 知 | 知 |
| | | 二、三 | 丑 | 徹 | 徹 |
| | | 二、三 | 直 | 澄 | 澄 |
| | | 二、三 | 女 | 娘 | 娘 |
| 齒 | 齒頭 | 一、四 | 作 | 精 | 精 |
| | | 四（三） | 子 | | |
| | | 一、四 | 倉 | 清 | 清 |
| | | 四（三） | 七 | | |
| | | 一、四 | 昨 | 從 | 從 |
| | | 四（三） | 疾 | | |
| | | 一、四 | 蘇 | 心 | 心 |
| | | 四（三） | 息 | | |
| | | 四（三） | 徐 | 邪 | 邪 |
| | 正齒 | 二、二（三） | 側 | 照$_{二}$ | 莊 |
| | | 二、二（三） | 初 | 穿$_{二}$ | 初 |
| | | 二、二（三） | 士 | 牀$_{二}$ | 崇 |
| | | 二、二（三） | 所 | 審$_{二}$ | 生 |
| | | 二（三） | 俟 | 禪$_{二}$ | 俟 |
| | | 三 | 之 | 照$_{三}$ | 章 |
| | | 三 | 昌 | 穿$_{三}$ | 昌 |
| | | 三 | 食 | 牀$_{三}$ | 船 |
| | | 三 | 式 | 審$_{三}$ | 書 |
| | | 三 | 時 | 禪$_{三}$ | 禪 |
| 牙 | | 一、二、四 | 古 | 見 | 見 |
| | | 三、四（三） | 居 | | |
| | | 一、二、四 | 苦 | 溪 | 溪 |
| | | 三、四（三） | 去 | | |
| | | 三、四（三） | 渠 | 群 | 群 |
| | | 一、二、四 | 五 | 疑 | 疑 |
| | | 三、四（三） | 魚 | | |
| 喉 | | 一、二、四 | 烏 | 影 | 影 |
| | | 三、四（三） | 於 | | |
| | | 一、二、四 | 呼 | 曉 | 曉 |
| | | 三、四（三） | 許 | | |
| | | 一、二、四 | 胡 | 匣 | 匣 |
| | | 三 | 于 | 喻$_{三}$ | |
| | | 四（三） | 以 | 喻$_{四}$ | 以 |

續前表

| 七音 | 四等 | 五十二聲類 | 三十六字母 | 《廣韻》三十七聲母 |
|---|---|---|---|---|
| 半舌 | 一、二、四 | 盧 | 來 | 來 |
| | 三 | 力 | | |
| 半齒 | 三 | 而 | 日 | 日 |

注：

[1]表中“四等”是按韻圖排列的位置，韻圖列在二等或四等的三等字（包括重紐四等）在括號裏注“三”。關於韻圖三等字的排列參看本章第三節。

[2]有些聲母的名稱各家不一致，常見的如：山＝生；牀＝崇；常＝禪；審＝書；神＝船；余、羊、喻＝以；于、雲＝云（本書云母不獨立）。

脣音“博、普、薄、莫”和“方、芳、符、武”兩類並不是三十六字母的重脣音“幫、滂、並、明”和輕脣音“非、敷、奉、微”的區别，而是以三等與非三等爲條件的，前者出現在一、二、四等，後者出現在三等，在分布上是完全互補的，可以合併爲一類。

舌音“都、他、徒、奴”和“陟、丑、直、女”兩類分别對應三十六字母的舌頭音“端、透、定、泥”和舌上音“知、徹、澄、娘”。這兩類的分布基本上也是互補的，前者出現在一、四等，後者出現在二、三等。但是這種分布不是以三等和非三等爲界，所以與聲母顎化與否無關，實際上是代表了兩套不同的聲母。這兩類還有少數對立的小韻，所以衹能分立。①

梗韻：打，德冷切（都類）；盯，張梗切（陟類）。

質韻：蛭，丁悉切（都類）；窒，陟栗切（陟類）。

至韻：地，徒四切（徒類）；緻，直利切（直類）。

齒音中的“作、倉、昨、蘇”和“子、七、疾、息、徐”兩類對應三十六字母的齒頭音“精、清、從、心、邪”。這兩類分布互補，前者出現在一、四等，後者出現在三等。邪母衹拼三等，所以衹有“徐”一類。這兩類之間也有互用的，實際上是一套聲母。

齒音中的“側、初、士、所、俟”和“之、昌、時、式、食”兩類對應三十六字母的正齒音“照、穿、牀、審、禪”。韻圖上前者列在二等，後者列在三等，但是實際上前者也可以拼三等，所以兩類並不互補，是兩套不同的聲母。下面是一些對立的小韻：

脂韻：師，疏夷切（所類）；尸，式脂切（式類）。

陽韻：莊，側羊切（側類）；章，諸良切（之類）。

職韻：色，所力切（所類）；識，賞職切（式類）。

尤韻：鄒，側鳩切（側類）；周，職流切（之類）。

侵韻：簪，側吟切（側類）；斟，職深切（之類）。

俟類衹有“漦”和“俟”兩個小韻。《廣韻》“漦，俟甾切”，“俟，牀史切”，可以與士類系聯，但是“漦”小韻和“茬”（士之切）小韻對立，“俟”小韻和“士”（鉏里切）小韻對立。《七音略》《切韻指掌圖》《四聲等子》都把“漦”和“俟”擺在禪母二等的位

① 也有學者主張將舌音中的“奴”和“女”兩類歸納爲一個聲母，但是理由並不充足。參看邵榮芬《切韻研究》（校訂本）第35至43頁。

置，《韻鏡》無“漦”字，“俟”字也列在禪母二等的位置。《切三》《王三》中“漦，俟淄反”，“俟，漦史反”。[①] 兩個小韻的反切上字互相系聯，是獨立的一類。

牙音“古、苦、五”和“居、去、渠、魚”兩類對應三十六字母的“見、溪、群、疑”。這兩類分布互補，前者出現在一、二、四等，後者出現在三等。群母衹有三等，所以衹有“渠”一類。兩類之間也有互用的，是同一套聲母。

喉音中的“烏”和“於”兩類對應三十六字母的“影”，前者出現在一、二、四等，後者出現在三等，也有互用的，是同一個聲母。

喉音中的“呼”和“許”兩類對應三十六字母的“曉”，前者出現在一、二、四等，後者出現在三等，是同一個聲母。

喉音中的“于”和“以”兩類對應三十六字母的“喻”。韻圖上前者列在三等，後者列在四等，但是從所拼的韻母來看，兩類都衹有三等，所以實際上並不互補。以下是一些對立的小韻：

屋韻：囿，于六切（于類）；育，余六切（以類）。
止韻：矣，于紀切（于類）；以，羊已切（以類）。
脂韻：帷，洧悲切（于類）；惟，以追切（以類）。
虞韻：于，羽俱切（于類）；逾，羊朱切（以類）。
仙韻：員，王權切（于類）；沿，與專切（以類）。
尤韻：尤，羽求切（于類）；猷，以周切（以類）。

喉音中的“胡”類對應三十六字母的“匣”，衹出現在一、二、四等，與“于”類互補。據《切三》“雲，户分反”，“越，户伐反”，兩類可以系聯。“雄”字《王三》“羽隆反”，《廣韻》“羽弓切”，上字屬於于類，但是《韻鏡》《七音略》均列於匣母三等的位置。《切韻·序》說：“支（章移反）脂（旨夷反）、魚（語居反）虞（遇俱反）共爲不韻，先（蘇前反）仙（相然反）、尤（于求反）侯（胡溝反）俱論是切。”對舉之字均爲同聲母字，“尤”“侯”應該也不例外。所以“胡”和“于”兩類實際上是同一聲母。[②]

半舌音“盧”和“力”兩類對應三十六字母的“來”，前者出現在一、二、四等，後者出現在三等，是同一個聲母。

半齒音衹有“而”一類，對應三十六字母的“日”。

《廣韻》三十七聲母的擬音如下[③]：

| | | | | | |
|---|---|---|---|---|---|
| 唇音： | 幫 p | 滂 $p^h$ | 並 b | 明 m | |
| 舌音： | 端 t | 透 $t^h$ | 定 d | 泥 n | 來 l |

① 1921 年王國維將藏於大英博物館的三種敦煌《切韻》殘卷（編號 S2683、S2055 和 S2071）一起抄録印行，通常簡稱爲《切一》、《切二》和《切三》。“俟淄反”誤抄作“俟之反”。

② 也有學者主張將“于”類獨立爲一個“云母”，這或許是從《廣韻》聲母到三十六字母演變過程中的情況，對於解釋其到近代的演變也有一定的便利，但是從《廣韻》音系自身來看，云、匣是不分的。

③ 表中按發音部位把“來”和“日”分別排在端組和章組。日母的擬音據李榮《切韻音系》。按照三十六字母的排列，牀是濁塞擦音，禪是濁擦音。但是很多跡象顯示二者的位置應該互換，比如梵漢對音中船母（牀$_{三}$）一般對 y [j]（如“蛇”對 ya），禪母則一般對 j [ʤ]（如“社”對 ja）。所以《廣韻》音系中，禪母是塞擦音，船母是擦音。參看邵榮芬《切韻研究》（校訂本）117－128 頁。

| | | | | | | | |
|---|---|---|---|---|---|---|---|
| | 知 ʈ | 徹 ʈ$^h$ | 澄 ɖ | | | 娘 ɳ | |
| 齒音： | 精 ts | 清 ts$^h$ | 從 dz | 心 s | 邪 z | | |
| | 莊 tʂ | 初 tʂ$^h$ | 崇 dʐ | 生 ʂ | 俟 ʐ | | |
| | 章 tɕ | 昌 tɕ$^h$ | 禪 dʑ | 書 ɕ | 船 ʑ | 日 ȵ | |
| 牙音： | 見 k | 溪 k$^h$ | 群 g | | | 疑 ŋ | |
| 喉音： | 影 ʔ | | | 曉 h | 匣 ɦ | | 以 Ø |

# 第三節

# 《廣韻》音系的韻母和聲調

## 一、《廣韻》韻目的四聲相承關係

《廣韻》按四聲分韻，平聲 57 韻（上平聲 28 韻，下平聲 29 韻），上聲 55 韻，去聲 60 韻，入聲 34 韻。其中入聲與其他三聲數目相差較大，是因爲入聲衹配陽聲。去聲數目最多，是因爲“祭”“泰”“夬”“廢”四韻無相承的平、上聲韻。此外，“冬”韻的上聲因爲字數太少，没有單立韻目，附在“腫”韻；“臻”韻的上聲同樣没有單立韻目，附在“隱”韻；所以上聲比平聲少兩韻。“臻”韻的去聲也没有單立韻目，附在“焮”韻，所以去聲實際上衹比平聲多 3 韻。陽聲韻平聲有 35 韻，而入聲衹有 34 韻，是因爲“痕”韻入聲附在了“没”韻。

由於四聲韻目的數目不同，互相之間的相承關係從韻書本身來看不是很清楚。而我們要分析《廣韻》的韻母，首先就需要把韻目之間四聲相承的關係整理出來。在這方面，清代學者戴震的《考定〈廣韻〉獨用同用四聲表》（《聲韻考》卷二）已經做了很好的工作。表 2－3 是戴震考定的結果。

表 2－3 考定《廣韻》獨用同用四聲表

| 平聲 | 上聲 | 去聲 | 入聲 |
|---|---|---|---|
| 一東獨用 | 一董獨用 | 一送獨用 | 一屋獨用 |
| 二冬 | 湩鴆字附見腫韻 | 二宋用同用 | 二沃燭同用 |
| 三鍾 | 二腫獨用 | 三用 | 三燭 |
| 四江獨用 | 三講獨用 | 四絳獨用 | 四覺獨用 |
| 五支脂之同用 | 四紙旨止同用 | 五寘至志同用 | |

續前表

| 平聲 | 上聲 | 去聲 | 入聲 |
|---|---|---|---|
| 六脂 | 五旨 | 六至 | |
| 七之 | 六止 | 七志 | |
| 八微獨用 | 七尾獨用 | 八未獨用 | |
| 九魚獨用 | 八語獨用 | 九御獨用 | |
| 十虞模同用 | 九麌姥同用 | 十遇暮同用 | |
| 十一模 | 十姥 | 十一暮 | |
| 十二齊獨用 | 十一薺獨用 | 十二霽祭同用 | |
| | | 十三祭 | |
| | | 十四泰獨用 | |
| 十三佳皆同用 | 十二蟹駭同用 | 十五卦怪夬同用 | |
| 十四皆 | 十三駭 | 十六怪 | |
| | | 十七夬 | |
| 十五灰咍同用 | 十四賄海同用 | 十八隊代同用 | |
| 十六咍 | 十五海 | 十九代 | |
| | | 二十廢獨用 | |
| 十七真諄臻同用 | 十六軫準同用 | 二十一震稕同用 | 五質術櫛同用 |
| 十八諄 | 十七準 | 二十二稕 | 六術 |
| 十九臻 | 𧤛齔字附見隱韻 | 齔字附見焮韻 | 七櫛 |
| 二十文獨用 | 十八吻獨用 | 二十三問獨用 | 八物獨用 |
| 二十一欣獨用 | 十九隱獨用 | 二十四焮獨用 | 九迄獨用 |
| 二十二元魂痕同用 | 二十阮混很同用 | 二十五願慁恨同用 | 十月沒同用 |
| 二十三魂 | 二十一混 | 二十六慁 | 十一沒 |
| 二十四痕 | 二十二很 | 二十七恨 | 麧字附見沒韻[1] |
| 二十五寒桓同用 | 二十三旱緩同用 | 二十八翰換同用 | 十二曷末同用 |
| 二十六桓 | 二十四緩 | 二十九換 | 十三末 |
| 二十七刪山同用 | 二十五潸產同用 | 三十諫襉同用 | 十四黠鎋同用 |
| 二十八山(以上上平聲) | 二十六產 | 三十一襉 | 十五鎋 |
| 一先仙同用 | 二十七銑獮同用 | 三十二霰線同用 | 十六屑薛同用 |
| 二仙 | 二十八獮 | 三十三線 | 十七薛 |
| 三蕭宵同用 | 二十九篠小同用 | 三十四嘯笑同用 | |
| 四宵 | 三十小 | 三十五笑 | |
| 五肴獨用 | 三十一巧獨用 | 三十六效獨用 | |
| 六豪獨用 | 三十二晧獨用 | 三十七號獨用 | |
| 七歌戈同用 | 三十三哿果同用 | 三十八箇過同用 | |
| 八戈 | 三十四果 | 三十九過 | |
| 九麻獨用 | 三十五馬獨用 | 四十禡獨用 | |
| 十陽唐同用 | 三十六養蕩同用 | 四十一漾宕同用 | 十八藥鐸同用 |
| 十一唐 | 三十七蕩 | 四十二宕 | 十九鐸 |
| 十二庚耕清同用 | 三十八梗耿靜同用 | 四十三映諍勁同用 | 二十陌麥昔同用 |
| 十三耕 | 三十九耿 | 四十四諍 | 二十一麥 |
| 十四清 | 四十靜 | 四十五勁 | 二十二昔 |

續前表

| 平聲 | 上聲 | 去聲 | 入聲 |
|---|---|---|---|
| 十五青獨用 | 四十一迥獨用 | 四十六徑獨用 | 二十三錫獨用 |
| 十六蒸登同用 | 四十二拯等同用 | 四十七證嶝同用 | 二十四職德同用 |
| 十七登 | 四十三等 | 四十八嶝 | 二十五德 |
| 十八尤侯幽同用 | 四十四有厚黝同用 | 四十九宥候幼同用 | |
| 十九侯 | 四十五厚 | 五十候 | |
| 二十幽 | 四十六黝 | 五十一幼 | |
| 二十一侵獨用 | 四十七寢獨用 | 五十二沁獨用 | 二十六緝獨用 |
| 二十二覃談同用 | 四十八感敢同用 | 五十三勘闞同用 | 二十七合盍同用 |
| 二十三談 | 四十九敢 | 五十四闞 | 二十八盍 |
| 二十四鹽添同用 | 五十琰忝同用 | 五十五豔㮇同用 | 二十九葉帖同用 |
| 二十五添 | 五十一忝 | 五十六㮇 | 三十帖[2] |
| 二十六咸銜同用 | 五十二豏檻同用 | 五十七陷鑑同用 | 三十一洽狎同用 |
| 二十七銜 | 五十三檻 | 五十八鑑 | 三十二狎 |
| 二十八嚴凡同用 | 五十四儼范同用 | 五十九釅梵同用 | 三十三業乏同用 |
| 二十九凡(以上下平聲) | 五十五范 | 六十梵 | 三十四乏 |

注：
[1]戴震表原缺此條。
[2]戴震所據版本作“怗”。

## 二、《廣韻》的韻類

韻類是指反切下字的分類。韻類不等於韻母，因爲反切下字不僅反映被切字的韻母，同時還包含聲調。陳澧在《切韻考》中分析《廣韻》的韻類也是使用系聯法，其原理與分析聲類基本一致。

第一，基本條例。根據反切下字同用、互用、遞用的關係合併相同的韻類。《切韻考・條例》說：“切語下字與所切之字爲疊韻，則切語下字同用者、互用者、遞用者，韻必同類也。同用者，如‘東，德紅切’，‘公，古紅切’，同用‘紅’字也。互用者，如‘公，古紅切’，‘紅，户公切’，‘紅’‘公’二字互用也。遞用者，如‘東，德紅切’，‘紅，户公切’，‘東’字用‘紅’字，‘紅’字用‘公’字也。”

第二，分析條例。通過觀察反切上字是否同類區分不同的韻類。《切韻考・條例》說：“上字同類者，下字必不同類。如‘公，古紅切’，‘弓，居戎切’，‘古’‘居’聲同類，則‘紅’‘戎’韻不同類。今分析每韻二類、三類、四類者，據此定之也。”

第三，補充條例。反切下字也有實同類而兩兩互用不能系聯到一起的情況，陳澧是通過四聲相承之韻的分類來幫助判斷。《切韻考・條例》說：“切語下字既系聯爲同類矣，然亦有實同類而不能系聯者，以其切語下字兩兩互用故也。如‘朱’‘俱’‘無’‘夫’四字，韻本同類。‘朱，章俱切’，‘俱，舉朱切’，‘無，武夫切’，‘夫，甫無切’；‘朱’與‘俱’，‘無’與‘夫’，兩兩互用，遂不能四字系聯矣。今考平、上、去、入四韻相承者，其每韻分類亦多相承。切語下字既不能系聯，而相承之韻又分類，乃據以定其分類；否則，雖不系聯，實同類耳。”

反切下字的情况要比上字複雜。比如“庚”韻的這三個小韻：“橫，户盲切”；“盲，武庚切”；“行，户庚切”。如果按照基本條例，“盲”“庚”可系聯。可是按照分析條例的話，“户盲切”和“户庚切”下字必不同類。產生這種矛盾的原因是唇音字在做反切下字時既可以切開口呼，又可以切合口呼。在“户盲切”這個小韻中是切合口呼，與開口呼的“庚”不同類。另外，被切字的等、呼通常是體現在反切下字上，但是也有少數反切是由反切上字體現的。比如：“豐，敷空切，被切字三等，下字一等，上字三等”；“爲，薳支切，被切字合口，下字開口，上字合口”。對於這樣的情况，系聯法在運用上就會遇到困難。

再有，補充條例的邏輯並不十分嚴密，因爲相同的韻母在四聲中的分布並不一定是整齊的。比如“東”韻系，平、去、入三聲都有兩個韻類，而上聲衹有一類（見表 2-4）。那麼，根據同韻系其他韻的分類來判斷本韻中的分類就缺乏牢靠的基礎。

在韻類的劃分上，除了系聯法以外，早期等韻圖也是非常重要的依據。對於聯繫法不容易解決的問題，韻圖的排列可以提供幫助。比如上面提到的“户庚切”和“户盲切”兩個小韻，前者《韻鏡》列在“外轉第三十三開庚韻二等喉音濁”，後者列在“外轉第三十四合庚韻二等喉音濁”，是開合口的區别。同一韻中如果包含多個韻類，在四聲相承的韻中，哪些韻類才是相承的，單從反切是不容易判斷的。比如“東”韻系，平聲有“紅”和“弓”兩個韻類，上聲衹有“孔”一個韻類，去聲有“貢”和“仲”兩個韻類，入聲有“木”和“六”兩個韻類。這七個韻類的相承關係從韻圖上看就非常清楚。

從早期韻圖的排列來看，韻類當中還有一個特殊的現象就是“重紐”。所謂重紐就是重出小韻（“紐”指小韻），是指“支、脂、祭、真（諄）、仙、宵、侵、鹽”八個韻系中，在聲母和開合都相同的情况下唇、牙、喉音裏出現了對立的小韻，早期韻圖上一類列在三等，一類列在四等。現代學者一般認爲重紐的兩類都屬於三等，將列在三等的稱爲“重紐三等”或“三等 B 類”，將列在四等的稱爲“重紐四等”或“三等 A 類”。下面是支韻的重紐：

唇音：陂，彼爲切；鈹，敷羈切；皮，符羈切；糜，靡爲切（三 B）
卑，府移切；跛，匹支切；陴，符支切；彌，武移切（三 A）
牙音：奇，渠羈切（三 B）
祇，巨支切（三 A）
喉音：犧，許羈切（三 B）
詑，香支切（三 A）

重紐的兩類在反切下字的使用上有分别，但是也有混用的，依靠系聯法難以分清，也需要參考韻圖。重紐韻中，舌齒音三等究竟與重紐三等一類，還是與重紐四等一類？這個問題目前還没有定論。本書姑且將三類全部分開，這樣也便於讀者瞭解重紐兩類的分别。

韻圖是分析《廣韻》韻類的重要依據，但是由於其框架本身並不完全符合《廣韻》音系，因此在排列上有時會出現矛盾，爲了解決這些矛盾，韻圖做了一些硬性的規定。

第一，三十六字母的喻母包括《廣韻》音系的匣$_{\text{三}}$（云）和以母，二者都衹拼三等韻，韻圖爲了區别，將前者列在三等，後者列在四等。比如虞韻的這兩個小韻："于，羽俱切"；"逾，羊朱切"。據"朱，章俱切"和"俱，舉朱切"，"俱""朱"互用，是同一韻類，所以"于"和"逾"的區别在於聲母。《韻鏡》"内轉第十二"將二者依次列在喉音清濁下的三等和四等。

第二，三十六字母的照組聲母包括《廣韻》音系的莊、章兩組聲母，韻圖爲了區别，將莊組列在二等，章組列在三等。而實際上莊組並不衹拼二等韻，也拼三等韻。另外，精組聲母也可以拼三等韻。韻圖齒音衹有一欄，於是又規定章組三等列在三等，精組三等列在四等。比如魚韻的這三個小韻："葅，側魚切"；"諸，章魚切"；"苴，子魚切"。下字同用"魚"，韻類相同，區别在於聲母。"葅"是莊母，"諸"是章母，"苴"是精母。《韻鏡》"内轉第十七"將這三個字依次列在齒音全清下的二等、三等和四等。

可見，韻圖列在二等或四等的，有的其實是三等字，所以也稱爲"假二等"或"假四等"。對於假二等和假四等，在劃分韻類時應當恢復其三等的本來面目。

另外，當假四等或重紐四等與純四等在排列上發生衝突時，韻圖也有特别的安排。所謂純四等韻，是指韻圖上不論與何種聲母配合全部都列在四等位置上的韻，包括"齊、先、蕭、青、添"五個韻系。[①] 在有純四等韻的圖上，由於純四等字占了四等的位置，同一轉的"祭、仙、宵、清、鹽"五個韻系的假四等字和重紐四等字就列在鄰近一轉。[②]

《廣韻》的反切下字共計 1 185 個[③]，有的下字兼表不同韻類，如果分開計算的話就是 1 371 個。我們用系聯法和等韻圖相配合，將《廣韻》的反切下字分爲 376 個韻類，按四聲相承關係製成表 2-4。[④]

**表 2-4 《廣韻》韻類及反切下字表**

<table>
<tr><th colspan="3">平聲</th><th colspan="2">上聲</th><th colspan="2">去聲</th><th colspan="2">入聲</th></tr>
<tr><td rowspan="2">東</td><td>合一</td><td>紅 12 東 2 公 2</td><td rowspan="2">董</td><td>孔 8 董 2 動 2 蠓 1 揔 1</td><td rowspan="2">送</td><td>貢 5 弄 5 送 2 凍 1</td><td rowspan="2">屋</td><td>木 8 谷 7 卜 1 禄 1</td></tr>
<tr><td>合三</td><td>弓 6 戎 5 中 3 融 1 終 1 宮 1 空 1</td><td></td><td>仲 7 鳳 3 貢 3 衆 1</td><td>六 20 竹 4 宿 1 菊 1 匊 1 福 1 逐 1</td></tr>
<tr><td>冬</td><td>合一</td><td>冬 7 宗 3</td><td></td><td>（湩 1 䳉 1）在腫韻</td><td>宋</td><td>綜 2 宋 2 統 1</td><td>沃</td><td>沃 9 毒 3 酷 2 篤 1</td></tr>
<tr><td>鍾</td><td>合三</td><td>容 17 恭 3 凶 1 庸 1 鍾 1 封 1</td><td>腫</td><td>隴 11 拱 2 勇 2 踵 1 冢 1 冗 1 奉 1 悚 1</td><td>用</td><td>用 16 頌 1</td><td>燭</td><td>玉 14 蜀 3 欲 2 録 1 足 1 曲 1</td></tr>
</table>

---

① 齊韻有"移，成臡切"和"臡，人兮切"兩個小韻是三等，可能是方言或古音，唐代有的韻書將此二字獨立一韻。

② 《韻鏡》中假四等和重紐四等借用鄰轉的具體情况如下：（1）祭韻，外轉第十三開→外轉第十五開；外轉第十四合→外轉第十六合。（2）仙韻，外轉第二十三開→外轉第二十一開；外轉第二十四合→外轉第二十二合。（3）宵韻，外轉第二十五開→外轉第二十六開（原誤作"合"）。（4）清韻，外轉第三十五開→外轉第三十三開；外轉第三十六合→外轉第三十四合。（5）鹽韻，外轉第三十九開→外轉第四十開（原誤作"合"）。

③ "任"字分見平聲"侵"韻和去聲"沁"韻，按 2 字計。

④ 每類中反切下字按出現次數排列，排在第一的作爲類名，不再單列。所有韻類按其在音系中的位置排列，小韻不在本韻的或下字借用它韻的加括號標明，前者注"在某韻"，後者注"某韻"。幽韻早期韻圖列在四等，與尤的關係類似重紐，表中將尤韻標爲三 B，幽韻標爲三 A。

續前表

| 平聲 | | | 上聲 | | 去聲 | | 入聲 | |
|---|---|---|---|---|---|---|---|---|
| 江 | 開二 | 江17雙1 | 講 | 項4講2傋1 | 絳 | 絳7巷1降1 | 覺 | 角17覺1岳1 |
| 支 | 開三 | 移6支5宜4離2知1 | 紙 | 氏7紙2爾2豸1帋1此1綺1侈1是1 | 寘 | 義5智4豉2寄1賜1 | | |
| | 開三B | 羈5爲2宜1奇1離1 | | 彼3綺3倚2委1靡1 | | 義7寄2 | | |
| | 開三A | 支4移2 | | 婢2弭2俾1帋1 | | 義2賜2智1企1 | | |
| | 合三 | 垂6爲5危1吹1支1宜1 | | 委5累3捶1婢1髓1 | | 僞5恚2睡2瑞1累1 | | |
| | 合三B | 爲5 | | 委4詭1毁1 | | 僞3睡1 | | |
| | 合三A | 隋1隨1規1 | | 弭1 | | 恚2避1瑞1 | | |
| 脂 | 開三 | 夷5脂4尼2私1飢1資1 | 旨 | 几5姊3履1矢1視1雉1 | 至 | 利8至4四3自1二1 | | |
| | 開三B | 悲3肌1眉1脂1夷1 | | 鄙3几2美1履1 | | 冀3器2祕2媚1利1備1 | | |
| | 開三A | 脂2夷2 | | 履2 | | 至2利1二1寐1 | | |
| | 合三 | 追5隹4綏1悲1椎1遺1 | | 軌2水2壘1誄1美1 | | 類4醉4遂3愧2萃1 | | |
| | 合三B | 追3 | | 軌2洧1 | | 位3愧1 | | |
| | 合三A | 隹1維1 | | 癸2誄1 | | 季3悸1 | | |
| 之 | 開三 | 之14其5持2兹2而1甾1 | 止 | 里11紀3止3史2士2市1擬1理1己1 | 志 | 吏17記4置2志1 | | |
| 微 | 開三 | 希2衣2依1 | 尾 | 豈3豨2 | 未 | 既5豙1 | | |
| | 合三 | 非5韋3歸1微1 | | 鬼3偉2尾2匪1 | | 貴3胃2沸2味1未1畏1 | | |
| 魚 | 開三 | 魚12居7余2諸2葅1 | 語 | 呂13與6舉4許2渚1巨1 | 御 | 據7倨5恕3御2預2慮2署1洳1去1助1 | | |

續前表

| 平聲 | | | 上聲 | | 去聲 | | 入聲 |
|---|---|---|---|---|---|---|---|
| 虞 | 合三 | 俱 8 朱 7 于 3 無 3 逾 1 隅 1 輸 1 芻 1 夫 1 誅 1 俞 1 | 麌 | 庾 6 矩 5 主 4 雨 3 武 2 羽 1 甫 1 禹 1 | 遇 | 遇 13 句 8 戍 2 注 2 具 1 | |
| 模 | 合一 | 胡 9 都 3 孤 2 吳 1 烏 1 姑 1 乎 1 吾 1 | 姥 | 古 14 魯 1 補 1 杜 1 户 1 | 暮 | 故 14 誤 2 暮 1 祚 1 路 1 | |
| 齊 | 開三 | 臡 1 兮 1 | 薺 | | 霽 | | |
| | 開四 | 奚 7 稽 4 雞 3 迷 2 兮 2 低 1 | | 禮 12 米 2 啓 2 弟 1 | | 計 16 詣 3 戾 1 | |
| | 合四 | 攜 3 圭 2 | | | | 惠 2 桂 1 | |
| | 開三 | | | | 祭 | 例 6 制 5 | |
| | 開三B | | | | | 例 3 憩 1 罽 1 | |
| | 開三A | | | | | 祭 2 蔽 1 袂 1 獘 1 | |
| | 合三 | | | | | 芮 8 歲 2 銳 2 稅 1 衛 1 | |
| | 合三B | | | | | 衛 1 | |
| | 開一 | | | | 泰 | 蓋 11 太 1 帶 1 大 1 艾 1 貝 1 | |
| | 合一 | | | | | 外 11 會 4 最 1 | |
| 佳 | 開二 | 佳 11 膎 1 | 蟹 | 蟹 7 買 4 | 卦 | 懈 7 賣 5 卦 3 隘 1 | |
| | 合二 | 媧 3 蛙 1 緺 1 | | 夥 3 𠁥 1 | | 卦 2 賣 1 | |
| 皆 | 開二 | 皆 13 諧 3 | 駭 | 駭 3 楷 1 | 怪 | 拜 5 介 4 界 2 戒 1 | |
| | 合二 | 懷 5 乖 2 淮 1 | | | | 怪 6 壞 1 | |
| | 開二 | | | | 夬 | 犗 5 喝 1 | |
| | 合二 | | | | | 夬 5 邁 4 快 2 話 1 | |
| 灰 | 合一 | 回 13 恢 3 杯 2 灰 1 | 賄 | 罪 10 猥 4 賄 3 | 隊 | 對 8 內 4 佩 2 昧 1 妹 1 繢 1 輩 1 隊 1 | |

續前表

| 平聲 | | | 上聲 | | 去聲 | | 入聲 | |
|---|---|---|---|---|---|---|---|---|
| 咍 | 開一 | 來 8 哀 4 才 3 開 1 哉 1 | 海 | 亥 9 改 6 宰 2 乃 1 愷 1 在 1 | 代 | 代 11 愛 2 溉 1 概 1 耐 1 | | |
| | 開三 | 來 1 | | 紿 1 | | | | |
| | 開三 | | | | 廢 | 肺 1 | | |
| | 合三 | | | | | 廢 3 穢 2 吠 2 肺 1 | | |
| 真 | 開三 | 鄰 9 人 3 珍 2 真 2 | 軫 | 忍 9 軫 1 紖 1 敏 1 引 1 | 震 | 刃 9 晉 2 遴 1 覲 1 振 1 | 質 | 質 6 栗 4 悉 3 筆 2 日 1 吉 1 叱 1 七 1 一 1 |
| | 開三B | 巾 7 銀 1 | | 忍 1 腎 1 殞 1 引 1 | | 覲 2 刃 1 遴 1 | | 乙 4 筆 2 密 2 |
| | 開三A | 鄰 2 真 2 珍 1 人 1 賓 1 | | 忍 2 盡 1 | | 刃 3 印 1 | | 吉 4 質 1 悉 1 必 1 畢 1 |
| 諄 | 合三 | 倫 9 綸 1 遵 1 迍 1 旬 1 脣 1 匀 1（贇 1 在真韻） | 準 | 尹 5 準 3 允 2 忍 1 | 稕 | 閏 5 峻 1 順 1 | 術 | 律 7 聿 5 卹 2 |
| | 合三B | （倫 2 筠 1）在真韻 | | 尹 1（殞 1 在軫韻） | | | | 聿 1 |
| | 合三A | 匀 1 | | | | 峻 1 | | 聿 1（必 1 質韻） |
| 臻 | 開三 | 臻 2 詵 1 | | （謹 2）在隱韻 | | （覲 1）在焮韻 | 櫛 | 瑟 2 櫛 1 |
| 文 | 合三 | 云 4 分 3 文 2 | 吻 | 粉 5 吻 3 | 問 | 問 5 運 4 | 物 | 勿 7 物 2 弗 2 |
| 欣 | 開三 | 斤 4 欣 1 | 隱 | 謹 5 隱 1 | 焮 | 靳 4 焮 1 | 迄 | 迄 2 訖 2 乞 1 |
| 元 | 開三 | 言 5 軒 1 | 阮 | 偃 5 幰 1 | 願 | 建 3 堰 1 万 1 | 月 | 竭 2 訐 1 歇 1 謁 1 |
| | 合三 | 袁 5 元 2 煩 1 | | 遠 3 阮 3 晚 3 | | 願 6 万 4 販 1 怨 1 | | 月 5 伐 3 越 1 厥 1 發 1 |
| 魂 | 合一 | 昆 10 渾 4 奔 2 尊 2 魂 1 | 混 | 本 13 損 2 忖 1 衮 1 | 慁 | 困 11 悶 6 寸 1 | 没 | 骨 8 没 8 忽 2 勃 1 |
| 痕 | 開一 | 痕 2 根 2 恩 1 | 很 | 很 2 墾 1 | 恨 | 恨 3 艮 1 | | （没 1）在没韻 |
| 寒 | 開一 | 干 7 寒 5 安 2 | 旱 | 旱 9 但 1 笴 1（但 1 在緩韻） | 翰 | 旰 8 案 4 按 1 旦 1 贊 1 | 曷 | 割 6 曷 3 達 3 葛 3（末 1 末韻） |
| 桓 | 合一 | 官 11 丸 4 端 1 潘 1（官 1 在寒韻） | 緩 | 管 10 旱 2 緩 1 满 1 伴 1 纂 1 | 换 | 貫 5 玩 4 半 3 亂 2 筭 1 慢 1 喚 1 換 1 慣 1 段 1 | 末 | 括 8 活 5 撥 2 栝 1 末 1 |

續前表

| 平聲 | | | 上聲 | | 去聲 | | 入聲 | |
|---|---|---|---|---|---|---|---|---|
| 刪 | 開二 | 姦 3 顏 2 | 潸 | 板 6 赧 1 | 諫 | 晏 5 雁 1 澗 1 諫 1 | 鎋 | 鎋 11 瞎 1 轄 1 |
| | 合二 | 還 6 關 2 班 1 頑 1 | | 板 5 鯇 1 綰 1 | | 患 7 慣 1 晏 1 | | 刮 7 頒 1 |
| 山 | 開二 | 閑 9 閒 3 山 3 | 產 | 限 6 簡 3 檢 1 | 襇 | 莧 5 襇 1 幻 1 | 黠 | 八 5 黠 3 |
| | 合二 | 頑 5 鰥 1 | | 綰 1 | | 幻 1 辨 1 | | 滑 6 八 6 拔 1 |
| 先 | 開四 | 前 4 賢 3 先 2 田 2 堅 2 年 2 顛 1 玄 1 煙 1 | 銑 | 典 7 殄 4 峴 1 繭 1 泫 1 | 霰 | 甸 13 佃 1 電 1 見 1 練 1 麵 1 | 屑 | 結 17 蔑 1 屑 1 |
| | 合四 | 玄 4 涓 1 | | 泫 2 畎 1 | | 縣 3 練 1 | | 決 3 穴 2 |
| 仙 | 開三 | 連 6 延 5 然 3 仙 2 乾 1 | 獮 | 善 6 演 4 淺 3 展 2 翦 1 | 線 | 戰 3 箭 2 線 2 彥 1 膳 1 扇 1 碾 1 面 1 賤 1 | 薛 | 列 14 薛 1 熱 1 |
| | 開三B | 乾 2 延 1 焉 1 | | 蹇 3 免 2 輦 2 辨 1 | | 扇 1 變 1 | | 列 6 竭 1 別 1 |
| | 開三A | 連 3 延 2 | | 緬 1 演 1 兖 1 善 1 | | 戰 2 面 1 箭 1 | | 列 3 滅 1 |
| | 合三 | 緣 9 員 2 攣 1 專 1 川 1 全 1 泉 1 權 1 宣 1 | | 兖 10 免 1 轉 1 | | 戀 6 絹 5 眷 3 卷 1 囀 1 釧 1 | | 劣 5 悅 4 雪 3 絕 3 輟 1 爇 1 |
| | 合三B | 員 2 權 1 圓 1 | | 篆 1 轉 1 | | 倦 2 眷 1 卷 1 變 1 | | 劣 3 |
| | 合三A | 緣 2 | | 兖 2 | | 掾 1 | | 雪 1 悅 1 |
| 蕭 | 開四 | 聊 3 彫 2 幺 2 堯 2 蕭 1 | 篠 | 了 6 鳥 3 皎 2 皛 1 | 嘯 | 弔 9 嘯 1 叫 1 | | |
| 宵 | 開三 | 遥 4 招 3 昭 3 邀 1 消 1 宵 1 焦 1 嬌 1 | 小 | 小 5 沼 5 少 1 兆 1 | 笑 | 照 5 肖 2 笑 1 要 1 妙 1 召 1 | | |
| | 開三B | 嬌 3 喬 2 囂 1 瀌 1 | | 夭 2 表 1 兆 1 保 1 矯 1 | | 廟 2 召 1 | | |
| | 開三A | 遥 4 霄 2 招 1 | | 小 2 沼 2 少 1 | | 召 3 笑 2 要 1 妙 1 | | |
| 肴 | 開二 | 交 16 茅 1 肴 1 嘲 1 | 巧 | 巧 7 絞 5 飽 1 爪 1 | 效 | 教 15 皃 1 稍 1 孝 1 | | |

續前表

| 平聲 | | | 上聲 | | 去聲 | | 入聲 | |
|---|---|---|---|---|---|---|---|---|
| 豪 | 開一 | 刀 8 勞 3 毛 2 袍 2 曹 1 褒 1 遭 1 牢 1 | 晧 | 晧 7 老 5 浩 3 抱 1 道 1 早 1 | 号 | 到 13 報 2 耗 1 導 1 | | |
| 歌 | 開一 | 何 11 俄 1 歌 1 河 1 | 哿 | 可 11 我 3 | 箇 | 箇 6 佐 3 賀 1 邏 1 个 1（過 1 賀 1 在過韻） | | |
| 戈 | 開三 | 伽 2 迦 1 | 果 | | 過 | | | |
| | 合一 | 禾 10 戈 4 和 1 婆 1 靴 1 波 1 伽 1 | | 果 14 火 3（可 2 哿韻） | | 卧 14 過 4 貨 1 唾 1 | | |
| | 合三 | 靴 3 骲 2 肥 1 | | | | | | |
| 麻 | 開二 | 加 14 牙 2 巴 2 霞 1 | 馬 | 下 14 雅 1 疋 1 賈 1 | 禡 | 駕 11 亞 2 訝 2 嫁 2 | | |
| | 開三 | 遮 4 邪 4 奢 1 賒 1 嗟 1 車 1 | | 者 4 也 3 野 2 姐 1 冶 1 | | 夜 9 謝 2 | | |
| | 合二 | 瓜 5 華 2 花 1 | | 瓦 6 寡 2 | | 化 4 罵 1 霸 1 吴 1 | | |
| 陽 | 開三 | 良 14 羊 7 方 3 莊 2 章 1 陽 1 張 1 | 養 | 两 20 丈 2 養 1 掌 1 奬 1 网 1 | 漾 | 亮 22 讓 1 樣 1 向 1 妄 1 放 1 況 1 | 藥 | 略 7 約 5 灼 3 若 2 勺 1 雀 1 钁 1 爵 1 縛 1 虐 1 藥 1 |
| | 合三 | 王 2 方 1 | | 往 4 昉 1 两 1 | | 放 2 況 1 訪 1 | | 縛 5 籰 1 |
| 唐 | 開一 | 郎 12 當 2 岡 2 旁 1 剛 1 | 蕩 | 朗 17 黨 1 | 宕 | 浪 14 宕 1 曠 1 | 鐸 | 各 15 落 3 |
| | 合一 | 光 5 黄 1 | | 晃 4 廣 1 | | 曠 2 謗 1 浪 1 | | 郭 6 博 1 穫 1 |
| 庚 | 開二 | 庚 12 盲 2 行 1 | 梗 | 梗 4 杏 3 打 1 冷 1 猛 1 | 映 | 孟 6 更 4 | 陌 | 格 6 伯 4 陌 4 白 2 |
| | 開三 | 京 3 兵 2 明 1 驚 1 卿 1 | | 永 2 丙 1 影 1 景 1 | | 敬 6 病 2 命 1 慶 1 | | 戟 5 郤 1 逆 1 劇 1 |
| | 合二 | 横 2 盲 1 | | 猛 2 礦 1 誉 1 | | 横 1 孟 1 | | 伯 2 虢 1 擭 1 |
| | 合三 | 兵 1 榮 1 | | 永 2 憬 1 | | 命 1 | | 白 1 |
| 耕 | 開二 | 耕 8 莖 6 萌 2 | 耿 | 幸 4 耿 1 | 諍 | 迸 3 諍 2 | 麥 | 革 9 獲 1 摘 1 麥 1 核 1 厄 1 責 1 戹 1 |
| | 合二 | 宏 2 萌 1 | | | | 迸 1 | | 獲 4 麥 2 摑 1 |
| 清 | 開三 | 盈 9 貞 3 成 2 情 1 征 1 并 1 營 1 | 静 | 郢 9 井 3 整 1 静 1 | 勁 | 正 9 政 4 令 1 鄭 1 盛 1 姓 1 | 昔 | 益 4 昔 3 隻 2 石 2 亦 2 積 1 迹 1 辟 1 役 1 易 1 炙 1 |
| | 合三 | 營 4 傾 1 | | 頃 1 潁 1 | | 正 1 | | 役 3 隻 1 |

續前表

| 平聲 | | | 上聲 | | 去聲 | | 入聲 | |
|---|---|---|---|---|---|---|---|---|
| 青 | 開四 | 經6丁5靈1刑1 | 迥 | 挺5鼎4迥3頂1醒1涬1剄1 | 徑 | 定9徑1侫1 | 錫 | 歷11擊4狄2激2 |
| | 合四 | 螢1扃1 | | 迥4頂1 | | 定1 | | 鶪1狊1闃1 |
| 蒸 | 開三 | 陵12冰2矜2兢2蒸1膺1仍1乘1升1 | 拯 | 拯2庱1 | 證 | 證9應3孕2甑1餕1 | 職 | 力18職3逼3翼1極1即1側1直1 |
| | 合三 | | | | | | | 逼2 |
| 登 | 開一 | 登6滕3崩1朋1增1恒1稜1 | 等 | 等3肯1 | 嶝 | 鄧7亘3隥1贈1 | 德 | 則5北4得4德2勒1黑1墨1 |
| | 合一 | 肱2弘1 | | | | | | 或2國1 |
| 尤 | 開三B | 鳩7由5求5流4尤3周2秋2州1浮1謀1 | 有 | 九9久9柳3有3酉2婦1否1 | 宥 | 救18祐5呪1又1溜1僦1富1副1就1 | | |
| 侯 | 開一 | 侯13鉤3婁1 | 厚 | 后6口6苟2厚2垢2斗1 | 候 | 候10奏3豆2遘2漏1 | | |
| 幽 | 開三A | 幽5虯3彪2烋1 | 黝 | 黝2糾1 | 幼 | 幼2謬2 | | |
| 侵 | 開三 | 林6針4深2心2尋1今1吟1任1簪1淫1 | 寑 | 荏5甚4稔3枕2朕2凜1錦1痒1 | 沁 | 禁6鴆6任1蔭1譖1 | 緝 | 入9立7戢2執2汁1 |
| | 開三B | 金5吟1 | | 錦4飲3甚1 | | 禁3蔭1 | | 及4立2急1汲1 |
| | 開三A | 淫1 | | 錦1 | | | | 入1 |
| 覃 | 開一 | 含13男1南1 | 感 | 感13禫1唵1 | 勘 | 紺13暗1 | 合 | 合10答4閤1沓1 |
| 談 | 開一 | 甘7酣2三2談1 | 敢 | 敢11覽2 | 闞 | 濫6瞰2暫1蹔1 | 盍 | 盍13榼1臘1雜1 |
| 鹽 | 開三 | 廉11鹽4占2炎1 | 琰 | 冉4琰3染2漸1 | 豔 | 豔8贍2驗1 | 葉 | 涉6葉4輒4接1攝1 |
| | 開三B | 廉3淹1炎1 | | 檢3儉1奄1險1斂1 | | 驗2窆1 | | 輒3涉1 |
| | 開三A | 鹽2 | | 琰2 | | 豔1 | | 葉1 |

續前表

| 平聲 | | | 上聲 | | 去聲 | | 入聲 | |
|---|---|---|---|---|---|---|---|---|
| 添 | 開四 | 兼 8 甜 1 | 忝 | 忝 5 玷 4 簟 1 | 㮇 | 念 10 店 2 | 帖 | 協 9 頰 2 牒 1 愜 1 |
| 咸 | 開二 | 咸 9 讒 1 | 豏 | 減 9 斬 4 豏 1 | 陷 | 陷 8 韽 1 賺 1 | 洽 | 洽 10 夾 2 図 1 |
| 銜 | 開二 | 銜 7 監 1 | 檻 | 檻 6 黤 1 | 鑑 | 鑑 4 懺 3 鑒 1 | 狎 | 甲 5 狎 1 |
| 嚴 | 開三 | 嚴 3 䶫 1 | 儼 | 广 2 埯 1 | 釅 | 欠 2 釅 1（劒 2 欠 1$_{\text{在梵韻}}$） | 業 | 業 4 怯 2 劫 1 |
| 凡 | 合三 | 凡 1（咸 1$_{\text{咸韻}}$） | 范 | 犯 4 范 1 錽 1 | 梵 | 泛 1 梵 1（劒 1$_{\text{在釅韻}}$） | 乏 | 法 5 乏 1 |

## 三、《廣韻》的韻母

韻類是反切下字的分類，包含了聲調的區別。從表 2－4 可以看出，除了聲調的區別以外，同一韻系中的韻類區别是在四等或開合上。

《廣韻》各韻系在四等中的分布如下：

一等韻系有：東$_{一}$、冬、模、泰、灰、哈[①]、痕、魂、寒、桓、豪、歌、戈$_{一}$、唐、登、侯、覃、談。

二等韻系有：江、佳、皆、夬、删、山、肴、麻$_{二}$、庚$_{二}$、耕、咸、銜。

三等韻系有：東$_{三}$、鍾、支、脂、之、微、魚、虞、祭、廢、真、諄、臻、文、欣、元、仙、宵、戈$_{三}$、麻$_{三}$、陽、庚$_{三}$、清、蒸、尤、幽、侵、鹽、嚴、凡。

四等韻系有：齊[②]、先、蕭、青、添。

可以看出四等的分布有如下規律：（1）一等和二等不會同韻；（2）四等是獨立的韻；（3）三等可以是獨立的韻，也可以與一等同韻（東戈），或與二等同韻（麻庚）。

在韻基相同的條件下，三等可以與一等或二等同韻，但是《廣韻》對這種情况的處理並不一致，還有以下一些三等韻可以和一等或二等韻歸併：冬$_{一}$鍾$_{三}$，模$_{一}$虞$_{三}$，皆$_{二}$廢$_{三}$，唐$_{一}$陽$_{三}$，登$_{一}$蒸$_{三}$，咸$_{二}$嚴（凡）$_{三}$。

開合的分别跟介音 u 的有無相關，韻基相同的條件下，開合口可以同韻，比如“支、脂、微、齊、祭、泰、佳、皆、夬、廢、元、删、山、先、仙、陽、唐、庚、耕、清、青、蒸、登”等韻系都是包含開合兩類。但是《廣韻》在開合是否分韻的處理上也不一致，還有以下開合分韻的韻系可以合併：哈$_{開}$/灰$_{合}$，真$_{開}$/諄$_{合}$，欣$_{開}$/文$_{合}$，痕$_{開}$/魂$_{合}$，寒$_{開}$/桓$_{合}$，歌$_{開}$/戈$_{合}$，嚴$_{開}$/凡$_{合}$。其中，“真/諄”“寒/桓”“歌/戈”在《切韻》中原本不

① 哈韻系有個别三等字，可能反映的是方言或古音。

② 齊韻有個别三等字，可能反映的是方言或古音。

分，《廣韻》中雖然分開，但是並不徹底，小韻和反切下字都有混淆的情況（參看表 2－4）。

除了上述可以進一步合併的韻系外，臻韻系衹有莊組字，與真韻系互補，依照音位的觀點，我們把這兩個韻系也合併爲一個。重紐的問題比較麻煩，我們暫時把重紐三等和普通三等作爲一類，重紐四等自成一類。

四聲相承的韻類中，平、上、去三聲衹是聲調的區别，並不代表不同的韻母，而入聲是以塞音收尾的，韻母與其他三聲不同。通過對韻類的進一步歸納，《廣韻》的韻母共 159 個。表 2－5 是《廣韻》的韻母和擬音：

**表 2－5 《廣韻》音系韻母表**

| 平上去入 | 開口 | | | | 合口 | | | |
|---|---|---|---|---|---|---|---|---|
| | 一等 | 二等 | 三等 | 四等 | 一等 | 二等 | 三等 | 四等 |
| 東董送屋 | | | | | uŋ，uk | | juŋ，juk | |
| 冬　宋沃<br>鍾腫用燭 | | | | | uoŋ，uok<br> | | <br>juoŋ，juok | |
| 江講絳覺 | | ɔŋ，ɔk | | | | | | |
| 支紙寘 | | | je | *ie* | | | jue | *iue* |
| 脂旨至 | | | ji | *i* | | | jui | *iui* |
| 之止志 | | | jə | | | | | |
| 微尾未 | | | jəi | | | | juəi | |
| 魚語御 | | | jo | | | | | |
| 虞麌遇<br>模姥暮 | | | | | <br>u | | ju<br> | |
| 齊薺霽 | | | (jei) | iei | | | | iuei |
| 祭 | | | jεi | *iεi* | | | juεi | |
| 泰 | ɑi | | | | uɑi | | | |
| 佳蟹卦 | | ai | | | | uai | | |
| 皆駭怪 | | ɐi | | | | uɐi | | |
| 夬 | | æi | | | | uæi | | |
| 灰賄隊<br>咍海代 | <br>ɒi | | <br>(jɒi) | | uɒi<br> | | | |
| 廢 | | | jɐi | | | | juɐi | |
| 真軫震質<br>臻　櫛<br>諄準稕術 | | | jĕn，jĕt | *iĕn，iĕt* | | | <br><br>juĕn，juĕt | <br><br>*iuĕn，iuĕt* |
| 文吻問物<br>欣隱焮迄 | | | <br>jən，jət | | | | juən，juət<br> | |
| 元阮願月 | | | jɐn，jɐt | | | | juɐn，juɐt | |
| 魂混慁没<br>痕很恨 | <br>ən，ət | | | | uən，uət<br> | | | |
| 寒旱翰曷<br>桓緩换末 | ɑn，ɑt<br> | | | | <br>uɑn，uɑt | | | |
| 删潸諫鎋 | | an，at | | | | uan，uat | | |
| 山産襇黠 | | æn，æt | | | | uæn，uæt | | |

續前表

| 平上去入 | 開口 | | | | 合口 | | | |
|---|---|---|---|---|---|---|---|---|
| | 一等 | 二等 | 三等 | 四等 | 一等 | 二等 | 三等 | 四等 |
| 先銑霰屑 | | | | ien，iet | | | | iuen，iuet |
| 仙獮線薛 | | | jɛn，jɛt | *iɛn*，*iɛt* | | | juɛn，juɛt | *iuɛn*，*iuɛt* |
| 蕭篠嘯 | | | | ieu | | | | |
| 宵小笑 | | | jɛu | *iɛu* | | | | |
| 肴巧效 | | au | | | | | | |
| 豪皓號 | ɑu | | | | | | | |
| 歌哿箇<br>戈果過 | ɑ | | <br>jɑ | | <br>uɑ | | <br>juɑ | |
| 麻馬禡 | | a | ja | | | ua | | |
| 陽養漾藥<br>唐蕩宕鐸 | <br>ɑŋ，ɑk | | jɑŋ，jɑk | | <br>uɑŋ，uɑk | | juɑŋ，juɑk | |
| 庚梗映陌 | | ɐŋ，ɐk | jɐŋ，jɐk | | | uɐŋ，uɐk | juɐŋ，juɐk | |
| 耕耿諍麥 | | æŋ，æk | | | | uæŋ，uæk | | |
| 清靜勁昔 | | | jɛŋ，jɛk | | | | juɛŋ，juɛk | |
| 青迥徑錫 | | | | ieŋ，iek | | | | iueŋ，iuek |
| 蒸拯證職<br>登等嶝德 | <br>əŋ，ək | | jəŋ，jək | | <br>uəŋ，uək | | juək | |
| 尤有宥<br>侯厚候<br>幽黝幼 | <br>əu | | jəu | <br><br>*iəu* | | | | |
| 侵寢沁緝 | | | jěm，jěp | iěm，iěp | | | | |
| 覃感勘合 | ɒm，ɒp | | | | | | | |
| 談敢闞盍 | ɑm，ɑp | | | | | | | |
| 鹽琰豔葉 | | | jɛm，jɛp | *iɛm*，*iɛp* | | | | |
| 添忝㮇帖 | | | | iem，iep | | | | |
| 咸豏陷洽 | | ɐm，ɐp | | | | | | |
| 銜檻鑑狎 | | am，ap | | | | | | |
| 嚴儼釅業 | | | jɐm，jɐp | | | | | |
| 凡范梵乏 | | | | | | | juɐm，juɐp | |

注：有入聲的韻系，左邊的是舒聲韻母，右邊的是入聲韻母。普通三等和重紐三等的介音寫作［j］，純四聲和重紐四等（包括幽韻系）的介音寫作［i］，重紐四等的擬音用斜體表示。

## 四、《廣韻》的聲調

《廣韻》是按四聲分韻的，所以聲調就是平、上、去、入四個。從一些日本文獻的記載來看，隋唐時期漢語的四聲有依聲母清濁分調的趨勢。比如日僧安然（841—?）所撰

《悉曇藏》中有這樣一段：

> 我日本國元傳二音。表則平聲直低，有輕有重；上聲直昂，有輕無重；去聲稍引，無輕無重；入聲徑止，無内無外；平中怒聲，與重無別；上中重音，與去不分。金則聲勢低昂與表不殊，但以上聲之重稍似相合平聲輕重，始重終輕呼之爲異；唇舌之間，亦有差舛。
>
> 承和之末，正法師來。初習洛陽，中聽大原，終學長安，聲勢太奇。四聲之中，各有輕重。平有輕重，輕亦輕重，輕之重者金怒聲也；上有輕重，輕似相合金聲平輕、上輕，始平終上呼之；重似金聲之上重，不突呼之；去有輕重，重長輕短；入有輕重，重低輕昂。
>
> 元慶之初，聰法師來。久住長安，委搜進士，亦游南北，熟知風音。四聲皆有輕重著力。平入輕重，同正和上；上聲之輕，似正和上上聲之重；上聲之重，似正和上平輕之重；平輕之重，金怒聲也，但呼著力爲今別也。去之輕重，似自上重，但以角引爲去聲也。音響之終，妙有輕重，直止爲輕，稍昂爲重。此中著力，亦怒聲也。①

“輕重”相當於“清濁”，這裏指的是聲調的“陰陽”，“怒聲”是指次濁。從《悉曇藏》的描述來看，同一聲調的陰陽兩類是有區別的。不過這個時期濁聲母還没有清化，陰陽調類出現的條件是互補的，陰調衹出現在清聲母中，陽調衹出現在濁聲母中，因而陰陽調類的區别不是音位性的。從《廣韻》的反切來看，反切下字完全没有區分陰陽調類的跡象，比如“東，德紅切”，清聲母字用濁聲母字做下字；“紅，户公切”，濁聲母字用清聲母字做下字。可見在當時漢族人的語感中，這種差别並不是區别性的。所以從音位的角度來看，《廣韻》的調類還是平、上、去、入四個。

以上討論的是調類的問題。至於調值，由於缺乏可靠的資料，雖然也有學者做過一些推測，但是還没有公認的結論。

## 思考與練習

一、用系聯法分析《廣韻》正齒音和喻母的反切上字。

二、借助《廣韻聲系》分析正齒音的諧聲關係，看看“側、初、士、所、俟”和“之、昌、時、式、食”兩類在諧聲上有什麽區別。

三、借助《廣韻聲系》分析喻母的諧聲關係，看看“于”和“以”兩類在諧聲上有什麽區别。

四、《廣韻》三十七聲母中哪些可以與四等韻相拼？哪些可以與二等韻相拼？哪些衹與三等韻相拼？哪些不與三等韻相拼？

---

① 引文參看：平山久雄．日僧安然《悉曇藏》裏關於唐代聲調的記載//平山久雄語言學論文集．北京：商務印書館，2005：113－141．承和、元慶是日本年號，承和爲834—848年，元慶爲877—885年。

五、從《韻鏡》中查出下列音韻地位的代表字並將音韻地位改寫成“聲韻呼等調攝”的格式。

1. 外轉第三開覺韻二等喉音濁　　2. 內轉第八開之韻三等半齒音清濁
3. 外轉第二十合物韻三等唇音清　　4. 外轉第四十合豔韻四等喉音清
5. 外轉第十四合隊韻一等喉音清　　6. 外轉第十七開真韻三等半齒音清濁
7. 內轉第十二合虞韻三等唇音清濁　　8. 外轉第二十四合線韻三等牙音濁

六、查出下列音韻地位在《韻鏡》中的代表字，並注出中古擬音。

1. 幫東合三平通　2. 以鍾合三平通　3. 生江開二平江　4. 邪支合三平止
5. 精之開三平止　6. 疑語開三上遇　7. 明模合一平遇　8. 從海開一上蟹
9. 心齊開四平蟹　10. 從質開三入臻　11. 見文合三平臻　12. 並阮合三上山
13. 匣先合四平山　14. 定豪開一平效　15. 端歌開一平果　16. 見麻開二平假
17. 昌麻開三平假　18. 崇漾開三去宕　19. 禪昔開三入梗　20. 澄尤開三平流
21. 影侵開三平深　22. 匣咸開二平咸　23. 來談開一平咸　24. 曉蒸開三平曾

第三章

# 《廣韻》音系與普通話音系的比較

# 第一節
# 《廣韻》聲母與普通話聲母的比較

## 一、《廣韻》聲母的演變

從《廣韻》音系到現代漢語普通話，聲母主要發生了以下變化：

第一，全濁聲母清化。《廣韻》的“並、定、澄、從、邪、崇、俟、禪、船、群、匣”等十一個全濁聲母在現代漢語中全部演變爲清聲母，其中塞音、塞擦音的平聲字變爲送氣音，仄聲字變爲不送氣音。

第二，唇音分化。《廣韻》的“幫、滂、並、明”到三十六字母分化出“非、敷、奉、微”四個輕唇音，條件是“東$_{\text{三}}$、鍾、微、虞、廢、文、元、陽、尤、凡”十個三等韻系。“非、敷、奉”在現代漢語中變爲［f］，微母變爲零聲母。

第三，舌上音與正齒音合流。《廣韻》的莊、章兩組聲母到三十六字母已經合併爲一組，知組聲母後來也併入其中，形成現代漢語的捲舌音聲母［tʂ，tʂʰ，ʂ，ɻ］。

第四，齒頭音和牙音的細音合流。《廣韻》精組和見組的細音都變爲舌面音［tɕ，tɕʰ，ɕ］。音韻學上將來自精組的舌面音稱爲“尖音”，來自見組的舌面音稱爲“團音”。

第五，零聲母範圍擴大。《廣韻》的匣母三等到三十六字母與以母合流爲喻母，後來影母、疑母和微母也變成零聲母。

下面按發音部位依次介紹《廣韻》聲母演變的詳細情況。每個聲母下先列讀音的演變規則，後舉例字。同一聲母有多種演變的分列，在例字前說明條件，輕重唇音直接分作兩類。三等中的重紐兩類在聲母的演變上沒有分別，爲簡化演變條件，統稱爲三等。例外音變如果涉及常見字也列出，加星號以示區別。

### （一）唇音

1. 幫母

①［p］→［p］

幫：八扒捌巴芭笆豝茇把鈀靶爸霸灞百柏捭擺拜敗$_{\text{敗他}}$扳班般斑煸攽頒阪坂板版鈑蝂半扮絆靽邦梆浜幫榜牓蒡謗包苞胞褒保堡葆飽褓緥寶豹趵報爆陂杯盃桮悲北背貝狽誖輩奔賁本苯畚笨祊崩繃菶琫迸偪逼鎞匕妣沘彼秕俾啚筆鄙必邲毖珌庇狴閉湢皕畀痹箅蓖篦裨辟壁嬖薜臂璧襞躄鈊閟碧蔽鷩畢蓽篳蹕韠砭編蝙鯿鞭鞭箯邊籩扁匾惼碥稨褊窆貶遍徧緶變杓彪幖標熛驃鑣瀌猋飆驫表裱褾俵憋鼈別$_{\text{區別}}$彆邠彬斌賓儐濱豳擯殯鬢冰兵栟秉丙邴

昞柄炳餅并併摒波剥盋鉢播皤撥鱍伯博搏鎛餺髆駁襮跛簸檗逋晡卜補不布佈

→ [p$^h$]*：轡羆迫譜圃蹼

→ [m]*：秘

② [p] → [f]

非：發髮法藩蟠蕃反返眅販方邡坊枋蚄鈁昉倣舫放飛非扉緋蜚騑鯡匪棐榧誹篚沸痱費廢分玢粉份僨奮糞瀵風楓封葑覂諷俸缶否夫玞肤趺柎跗膚弗紼鬃市芾帗紱韍黻枹幅福蝠輻斧府俯腑甫脯簠黼付傅富腹複賦

2. 滂母

③ [p$^h$] → [p$^h$]

滂：葩帊怕拍派湃潘攀判泮盼襻肨雱滂霶抛脬炮$_{\text{火炮}}$泡奅肧衃醅沛霈帔配噴怦抨砰澎捧丕伾坯批披狓紕鈚鈹劈霹錍匹庀仳癖噽屁淠媲睥辟僻澼譬扁$_{\text{扁舟}}$偏篇翩片漂縹螵飄瞟僄嫖慓瞥嫳姘品娉聘俜坡頗叵珀粕破魄剖抔鋪仆撲璞普浦溥

→ [p]*：鏢怖

④ [p$^h$] → [f]

敷：番幡旛翻藩轓飜釩繙嬔芳妨仿彷紡訪髣妃菲霏騑朏悱斐肺費芬氛紛棻雰忿丰峯烽蜂鋒豐酆灃蘴賵稃孵敷麩鄜孚俘郛佛拂茀泭袚颰鬃拊撫簠赴副蝮覆

3. 並母

⑤ [b] → [p$^h$]

並平聲：爬杷琶俳徘排棑牌棨盤磐縏蟠蹣逄旁螃龐咆庖狍炮$_{\text{炮製}}$袍匏跑$_{\text{跑地}}$陪培毰裴盆芃朋堋弸棚鵬蓬篷彭膨皮疲紕枇毗蚍郫陴埤椑蜱鼙琵膍貔圮擗甓便$_{\text{便宜}}$胼駢蹁剽螵飄瓢薸貧嬪頻顰蘋平評坪苹枰屏萍凭瓶缾荓憑婆鄱皤抔掊裒菩匍蒱蒲酺

少數仄聲字*：叛畔佩珮旆殍牝僕

⑥ [b] → [p]

並仄聲：拔茇胈菝跋魃罷白敗唄稗扮伴拌辧瓣傍蚌棒雹抱鮑虣背邶倍蓓悖誖被備憊坒笨埲菶鼻柲泌邲苾陛婢萆敝弼愎幣獘斃欿駜髲薜避躃贔奰弁卞忭抃汴便$_{\text{方便}}$辨辮辯摽鰾別$_{\text{離別}}$蹩癟臏髕並病孛脖餑誖勃渤帛舶泊箔亳颮鈸僰踣薄礴餔哺捕步瓿部蔀篰簿

⑦ [b] → [f]

奉：乏罰伐垡栰筏閥帆番蕃燔璠膰繙蹯藩煩緐繁蘩樊礬泛氾犯范笵範梵飯房坊防肪魴肥淝腓翡吠狒費痱汾蚡鼢坋棼焚墳憤馮逢縫奉俸鳳佛伏茯扶蚨芙苯罘怫服菔箙鵩苻符枹浮罦蜉桴匐涪颰梟幞襆釜滏腐輔父附坿袝駙鮒阜負婦馥復覆蝮縛賻

4. 明母

⑧ [m] → [m]

明：媽麻蟆馬碼禡罵埋霾買賣脉霢麥邁瞞饅鰻蠻滿曼墁嫚幔慢漫蔓縵謾忙邙盲芒硭鋩茫尨牻莽漭蟒貓毛茅髳旄蛑髦卯茆昴貿芼旄耄袤冒媢帽瑁瞀貌懋枚眉郿嵋湄楣鶥脥莓梅脢媒煤禖黴每美妹沬昧寐魅袂媚門捫璊悶懣氓甿萌盟甍蝱蒙幪濛朦檬矇艨猛艋蜢懵蠓孟迷謎彌縻縻麋靡蘼米眯弭瀰濔汨宓密蜜謐覓幎眠棉綿緜免勉娩冕丏沔眄偭勔愐湎緬面麵苗描杪秒眇渺淼藐邈妙廟滅蔑篾蠛衊民岷珉緡忞旻皿泯敃愍敏慜閔憫黽閩明名茗銘鳴冥溟暝榠瞑螟酩命繆謬摸嫫模膜謨摩磨魔抹末沫眛秣韎没歿陌貊莫寞漠貘鏌驀瘼墨默某

母姆拇牡姥木沐霂慕暮募墓幕

普夢牧目苜睦穆牟侔眸麰謀鍪矛蝥蝱①

⑨ [m] → [ø]

微：襪挽晚輓万萬亡网罔惘輞魍妄忘望微薇尾娓亹未味文紋蚊雯聞刎吻紊汶問璺巫誣無蕪毋武侮舞嫵廡憮鵡勿芴物戊務婺霧鶩騖

## (二) 舌音

1. 端母

⑩ [t] → [t]

褡答妲怛靼打帶戴丹担眈耽酖單鄲儋擔殫疸亶黕膽旦甔當襠擋黨讜檔刀忉魛倒島擣禱到得德扽登燈簦等凳嶝磴鐙低羝隄堤滴磾鏑嫡氐邸坻底抵柢牴觝詆骶玓的帝諦蔕蝃蝃傎滇蹎顛巔癲典點店坫玷奠殿墊刁凋彫琱雕貂蛁弔釣喋丁仃叮玎耵酊釘靪頂鼎定錠訂飣冬東涷棟兜篼斗阧抖枓蚪陡鬥鬪都督堵睹賭篤妒肚妬蠹耑端短碫鍛斷堆碓對惇敦墩頓多咄裰掇朵

→ [n]*：鳥蔦

2. 透母

⑪ [$t^h$] → [$t^h$]

他它塔獺遢榻踏撻闥台胎邰鮐太汰泰態貪攤灘坦菼毯炭探歎湯鏜帑儻戃弢絛掏滔縚韜饕洮討忒慝鼜梯踢剔體涕剃洟倜逖惕逷替殢薙趯天添忝淟腆靦挑祧朓眺糶怗貼鐵帖餮汀町聽廳通捅桶統痛偷斢透禿土吐兔菟湍疃彖推蓷腿退蜕吞暾拖託脫佗橐妥橢拓唾蘀籜

→ [t]*：貸聃

3. 定母

⑫ [d] → [$t^h$]

平聲：臺薹擡檯談倓錟郯痰覃潭譚壇檀曇墰彈彈琴唐塘搪溏糖餹螗棠堂螳掏濤燾咷桃逃鞉鼗匋陶啕萄綯檮疼騰滕縢幐籐螣藤啼蹄提緹醍騠題蹏銻鮷鵜田畋甜恬湉填闐條調調整蜩迢髫廷庭蜓霆亭停仝同桐酮銅筒筩佟彤童僮潼曈橦瞳投骰頭涂酴荼途塗屠瘏圖團慱摶漙隤樻頹屯忳豘飩豚臀陀沱跎酡駝鮀駞鼉

少數仄聲字*：特悌殄挺梃鋌慟腯

⑬ [d] → [t]

仄聲：達大代岱袋黛待迨怠殆軑隶逮靆但啗啖淡萏誕噉髧彈彈丸憚澹禫宕蕩盪盪導蹈悼盜道稻纛蹬鄧狄荻籴迪笛頔滌敵糴覿地弟娣睇第杕棣締禘遞佃鈿甸淀奠殿澱電墊簟掉蓧調跌迭瓞垤絰耋喋堞惵牒蝶諜蹀疊定錠訂洞峒恫胴動豆荳逗脰竇毒瀆櫝牘黷犢讀獨髑杜肚度渡鍍段椴緞斷隊憝鐓囤沌鈍盾遁奪踱鐸垛舵柁惰墮馱

4. 泥母

⑭ [n] → [n]

那娜衲納捺乃迺嬭奈柰耐鼐男南楠腩難囊曩猱猱撓嚶堖惱腦訥餒内嫩能泥鬢怒溺拈

---

① 東三和尤韻系的明母字不變微母。

年鮎撚捻念嫋裹嬲尿捏涅苶籋寧嚀濘佞扭農儂噥憹膿穠耨鎒奴孥駑努弩砮怒衄暖挪儺搦諾懦

5. 來母

⑮ [l] → [l]

拉邋剌瘌蝲臘蠟鑞來崍徠淶萊鶆睞賚賴瀨癩籟婪嵐藍襤闌㦨攔瀾蘭爛欄籣懶覽攬欖纜濫爛郎狼桹琅廊榔瑯朗閬埌浪撈勞癆牢醪老潦烙酪嫪澇仂泐勒樂雷羸纍壘藟櫐纝耒誄垒磊蕾儡壘藟儽肋淚累酹類纇棱稜楞冷梨莉棃犂黎藜漓璃縭醨離籬罹狸釐蠡劙驪纚鸝李里俚娌理鯉裏澧禮醴鱧力立吏丽利痢例荔栗慄溧笠粒涖莅戾唳凓詈厲勵礪曆歷櫪瀝靂癘隸櫟礫躒轢瓅麗儷酈連漣鰱槤璉蓮匳憐廉簾蠊鐮臉斂蘞楝練殮鍊瀲戀良踉涼粱粱量糧兩緉蜽魎亮諒聊寥廖蓼嘹僚嫽寮遼燎繚了尥料瞭劣列冽洌烈埒捩裂鴷獵躐鬣鱲林淋琳霖粼鄰嶙潾遴燐璘瞵磷轔麟鱗臨廩凜廩懍吝藺伶囹泠苓柃玲瓴笭羚翎聆舲蛉齡鴒零凌陵淩菱稜綾鯪酃櫺醽靈領嶺令溜留遛榴瑠鎦餾瘤流硫旒塗劉瀏鏐柳綹六磟霤隆癃窿龍瀧籠聾隴壟攏婁僂嘍蔞樓瞜耬螻髏嶁摟漊簍陋漏瘻鏤盧壚廬瀘蘆櫨爐臚轤鱸鸕鹵滷虜擄艣魯櫓陸录渌菉箓逯琭睩碌騄祿録簶鹿漉簏麓轆僇勠戮賂輅路潞璐露鷺閭櫚驢呂侶旅膂履褸縷律葎綠慮鑢孌巒孿欒癵灤鑾鸞卵亂掠略鋝侖倫淪綸$_{\text{經綸}}$輪論捋羅儸蘿邏籮螺騾蠃蓏裸瘰羸羸洛珞絡駱雒落摞犖

→ [n]*：犖弄

6. 知母

⑯ [ʈ] → [tʂ]

剳吒咤奓摘沾霑鱣展輾站張長$_{\text{成長}}$漲帳脹朝$_{\text{朝夕}}$啁罩蜇哲輒磔謫珍砧貞湞楨禎碪紾鎮徵癥丁$_{\text{伐木聲}}$知蜘縶黹陟致輊銍窒蛭智置質躓中忠衷冢塚輈盩肘咮晝邾株蛛誅豬潴櫫竹竺瘃斸拄住註駐著箸筑築檛簻轉囀追綴醊迍窀卓倬桌涿啄琢諑茁斲

→ [tʂ$^{h}$]*：啅輟惙

→ [t]*：爹

7. 徹母

⑰ [ʈ$^{h}$] → [tʂ$^{h}$]

扠鍤侘詫蠆覘蕆諂倀昶鬯悵暢超徹撤抻郴琛疢趁掌瞠赬檉蟶裎逞騁癡笞摛螭魑絺郗恥褫彳抶敕飭傺眙$_{\text{眙目}}$忡惷寵抽紬瘳惆丑杻$_{\text{刑具}}$摴樗褚亍怵畜$_{\text{牲畜}}$滀黜矗搋闖椿踔逴辵

8. 澄母

⑱ [ɖ] → [tʂ$^{h}$]

平聲：茶瀍纏躔長$_{\text{長短}}$萇場朝$_{\text{朝代}}$潮晁鼂沉陳塵呈程裎酲澄橙澂懲持池馳踟遲篪褫沖种$_{\text{姓}}$重$_{\text{重疊}}$蟲紬稠裯綢儔幬懤疇躊籌除滁篨躇廚躕儲傳$_{\text{傳說}}$幢椽槌鎚錘

少數仄聲字*：澈

⑲ [ɖ] → [tʂ]

仄聲：宅翟湛綻丈仗杖召$_{\text{召見}}$兆旐棹肇趙櫂蟄謫轍陣朕紖鴆鄭直值植姪躑豸帙秩紩豒治峙庤痔彘稚雉滯緻擲躑仲重妯軸宙胄紂酎籀逐舳蠋躅朮住柱杼佇苧竚紵著箸筯瑑篆傳$_{\text{傳記}}$幢撞墜縋窀濁鐲擢濯

→ [ts]*：澤擇①

9. 娘母

⑳ [ɳ] → [n]

拏吶肭嬭喃赧呶獶撓譊鐃淖鬧尼呢怩蚭旎昵匿暱膩黏粘碾輾娘孃釀聶躡鑷獰薴檸忸扭狃杻紐鈕噥濃穠醲女籹恧衄搦

## （三）齒音

1. 精母

㉑ [ts] → [ts]

一等：帀拶災哉栽烖宰載再簮昝贊臧贓髒葬遭糟鑿早蚤棗澡璪藻躁竈則曾~曾祖~增憎矰罾嶒陬緅諏走奏左佐作柞宗綜椶騣傯粽糉租卒鏃祖組鑽纂攥朘晬最尊罇撙捘

止攝開口三等：仔孜咨姿粢資茲嗞孳嵫滋鎡貲鼒子耔虸姊秭梓呰啙紫訾恣

通止臻合口三等：蹤縱足卒嶲醉檇遵②

→ [tsʰ]*：踧蹙皻

㉒ [ts] → [tɕ]

三等：積即楫蝍踖脊蹐祭穄跡稷鯽尖煎湔殲剪翦戩漸箭濺將漿螿蔣槳獎醬椒焦僬蕉鐎鷦湫剿勦醮皭接嗟婕睫姐借津盡晉搢瑨縉浸進晶旌精睛鶄菁啾酒苴罝沮咀爵爝鐫俊焌晙餕駿朘儁寯

四等：績勣賷齏濟擠躋箋淺~流水聲~湔濺薦僭湫節

→ [tɕʰ]*：雀

2. 清母

㉓ [tsʰ] → [tsʰ]

一等：猜采彩採綵菜蔡餐參~參與~驂慘憯黲粲燦璨倉滄蒼鶬操糙草慅蹭湊腠輳蔟搓磋蹉撮錯剒厝措脞剉囪怱葱熜聰驄粗麄麤猝醋蔟簇竄爨縗崔催漼璀皠郕村忖刌寸

止攝開口三等：雌此泚跐次佽刺

通止蟹臻合口三等：從~從容~樅瑽鏦促蹴脆毳翠皴

㉔ [tsʰ] → [tɕʰ]

三等：七桼鄌桼漆葺磧僉遷韆籤淺~深淺~倩塹槧斨槍瑲蹌蹡鏘搶悄幧鍫愀俏陗峭帩且妾侵親駸梫寑鋟唚沁清請秋楸鞦鰍蛆覰磧鵲趨取娶趣悛荃筌痊詮銓逡

四等：妻萋凄淒悽沏戚慼砌千仟阡芊倩蒨茜切竊青蜻鯖

→ [tɕ]*：狙睢疽竣

3. 從母

㉕ [dz] → [tsʰ]

一等平聲：才材財裁纔殘慚蠶藏~收藏~曹嘈漕槽艚螬層曾~曾經~淙琮賨叢徂殂摧存瘥嵯鹺痤矬

止攝開口三等平聲：疵觜茈茨瓷慈餈薋鶿

① 北京話“擇”字白讀 zhái。

② 臻攝合口三等變舌尖音的衹是一部分。清母、心母亦同。

通攝合口三等平聲：从從$_{\text{跟從}}$

少數止攝合口三等仄聲字*：悴萃瘁顇

㉖ [dz] → [ts]

一等仄聲：雜載在暫蹔鏨瓚藏$_{\text{寶藏}}$奘阜造笮賊鰂贈鯫族罪辠蕞鱒昨阼祚胙坐座鑿鬃

止攝開口三等仄聲：自字牸眥胔漬

通攝合口三等仄聲：從$_{\text{從橫}}$

㉗ [dz] → [tɕʰ]

三等平聲：錢潛灊槧戕嬙薔檣牆戕憔樵譙顦愀誚秦蓁情晴鰌酋遒蝤全泉

四等平聲：齊臍蠐前

㉘ [dz] → [tɕ]

三等仄聲：集疾嫉蒺瘠輯籍漸$_{\text{逐漸}}$賤踐餞匠僬嶕噍疌倢捷藉盡賮阱穽浄静婧靖靚就鷲沮嚼爝聚雋絶

四等仄聲：寂劑癠穧鱭薺湔荐截

4. 心母

㉙ [s] → [s]

一等：鞁颯薩塞顋鰓賽三弎傘散繖饊糝桑磉顙喪搔騷臊繅掃埽嫂僧宋送嗽嗾叟瞍擻藪酥窣穌蘇素嗉訴泝涑速塑遡愬膆蔌餗狻痠酸祘筭蒜算碎誶孫猻蓀飧損唆梭蓑娑挲索瑣鎖

止攝開口三等：司厶私思虒斯廝澌凘絲罳死四泗駟伺笥覗肆

通止蟹臻合口三等：娀崧淞菘鬆嵩悚竦慫聳夙涑宿粟肅驌鷫荽眭睢濉雖綏髓祟歲睟誶邃繐笋隼筍簨

→ [ts]*：燥噪譟

→ [ʂ]*：珊跚姍

㉚ [s] → [ɕ]

三等：息熄瘜悉蟋窸昔惜腊$_{\text{腊肉}}$膝霫卌舄瀉仙銛暹躚纖鮮獮燹蘚綫相廂湘葙箱緗襄瓖鑲驤想鯗削宵消逍硝綃銷霄蛸魈小肖笑些寫卸离紲媟渫緤褻瀉心辛新薪囟信顖騂省$_{\text{自省}}$姓性羞修脩滫秀琇繡宿$_{\text{星宿}}$胥諝湑糈醑戌須需繻嬃鬚卹恤賉稸絮癬薛訊宣瑄選雪峋恂洵荀珣詢郇迅

止攝開口三等*：枲徙葸璽

四等：西析淅菥晳犀錫洗銑細先躚跣燹霰蕭翛筱篠嘯楔偰揳屑屟榍屧燮躞星惺猩腥醒堦

→ [tɕ]*：浚峻濬

→ [tɕʰ]*：棲鞘

5. 邪母

㉛ [z] → [s]

止攝開口三等：寺巳汜祀兕似姒耜嗣飼

→ [tsʰ]*：詞辭

通止合口三等：松淞訟頌誦俗隋隨遂隧燧檖穗

㉜ [ʑ] → [ɕ]

夕汐穸席習霫鰼隰襲涎羨庠祥翔詳象像橡邪斜榭謝岫袖徐敘漵序緒續旋璇璿鏇巡尋鄩潯樳鱏旬洵徇殉循馴

→ [tɕ]*：燼賮

→ [tɕʰ]*：囚泅

6. 莊母

㉝ [tʂ] → [tʂ]

渣樝皻札眨鮓痄蚱詐榨齋窄債祭$_{\text{姓}}$瘵斬琖盞蘸爪笊蓁榛臻溱争狰箏諍櫛甃皺縐抓髽妝莊裝壯捉茁斮

→ [ts]*：紮$_{\text{紮起}}$舴責嘖簀仄緇輜笫滓鄒緅鄹騶菹阻詛

→ [tsʰ]*：側①

7. 初母

㉞ [tʂʰ] → [tʂʰ]

叉杈臿插艖鍤察衩剎差釵瘥攙剗鏟懺羼抄鈔吵炒磣齓櫬襯讖鐺搊篘初芻楚礎齼憷矗揣嘬窗瘡創愴娖齪

→ [tsʰ]*：參$_{\text{參差}}$惻測廁策差$_{\text{參差}}$篡毳衰$_{\text{衰絰}}$

→ [tʂ]*：柵

8. 崇母

㉟ [dʐ] → [tʂʰ]

平聲：查茬槎柴豺儕孱僝潺巉讒饞巢崇愁鉏鋤雛牀勬

→ [tsʰ]*：岑涔

㊱ [dʐ] → [tʂ]

仄聲：蜡煠牐乍砦寨棧峥驟助撰譔饌籑狀浞鋜鷟

→ [ʂ]*：士仕事柹

→ [ts]*：賾齰齰

9. 生母

㊲ [ʂ] → [ʂ]

沙砂殺紗裟鎩鯊傻歃煞箑霎篩曬山删芟杉衫釤潸汕疝訕捎梢稍筲蛸潲莘參$_{\text{人參}}$滲瘮生牲笙甥省$_{\text{簡省}}$眚師獅蝨鰤釃史使駛瘦梳蔬數刷衰$_{\text{衰弱}}$帥率蟀栓涮霜雙孀騻鷞爽朔槊

→ [s]*：灑色②嗇瑟濇澀穡森螄搜蒐謏縮所

→ [tʂʰ]*：産

→ [ɕ]*：屣蓰纚

10. 俟母

㊳ [ʐ] → [s]

漦③俟竢涘騃

① 北京話“側”字白讀 zhāi。

② 北京話“色”字白讀 shǎi。

③ “漦”又音 chí。

11. 章母

㊴ [tɕ] → [tʂ]

占詹瞻譫旃栴氈饘鸇颭戰章鄣彰漳獐樟璋麞仉掌障嶂瘴釗招昭沼詔照遮折$_{\text{折斷}}$哲摺襵讋者赭柘浙蔗鷓真針斟甄禛箴鍼枕胗畛疹袗紾診軫稹縝鬒顛振賑震怔烝蒸鉦拯整正政証證之芝卮汁支枝肢脂隻梔織侄執職跖摭蹠止阯址沚芷趾只咫枳軹旨恉指紙袛抵汦志誌痣炙至郅桎蛭寘制製幟質礩摯贄騭終螽鍾鐘腫種踵衆州洲舟周賙粥帚呪朱侏珠硃諸燭蠾主渚麈屬$_{\text{連屬}}$囑矚注炷蛀註祝翥鑄專甎膞顓隹錐騅惴贅肫諄准準拙灼酌斫禚

→ [tʂʰ]*：顫

12. 昌母

㊵ [tɕʰ] → [tʂʰ]

幨襜燀闡昌猖菖閶敞廠鼚倡唱弨怊車掣嗔瞋稱偁秤眵蚩嗤媸鴟尺侈齒叱斥赤瘛熾充憧衝銃犨醜臭出杵俶處觸啜川穿舛喘釧吹炊春惷蠢綽婥歠

→ [ʂ]*：瀋樞姝

13. 禪母

㊶ [dʑ] → [tʂʰ]

平聲：單$_{\text{單于}}$嬋禪$_{\text{禪宗}}$蟬蟾常徜嘗償臣忱訦辰宸晨諶丞承成郕城宬誠盛$_{\text{盛放}}$匙豉酬讎蜍啜踹圌遄篅垂陲純蒓淳醇鶉

→ [tʂ]*：茱銖洙

→ [∅]*：慵

㊷ [dʑ] → [ʂ]

仄聲：單$_{\text{姓}}$禪$_{\text{禪讓}}$墠剡善膳饍繕擅嬗蟺贍上尚勺杓芍召$_{\text{召公}}$劭卲邵紹折$_{\text{折本}}$社涉甚腎慎蜃晟盛$_{\text{興盛}}$十什石拾寔湜氏市示侍恃是逝誓視筮噬澨受授綬售壽淑孰塾熟屬$_{\text{屬於}}$蜀署薯曙墅豎澍樹睡妁碩

少數平聲字*：韶時塒鰣殳殊誰

→ [tʂ]*：植殖埴

→ [ɻ]*：瑞

14. 書母

㊸ [ɕ] → [ʂ]

煽埏羴羶閃睒苫扇商傷殤觴湯$_{\text{湯湯}}$賞燒少奢賒畲$_{\text{畲族}}$捨舍設赦攝歙$_{\text{歙縣}}$身申伸呻紳娠深沈哂矧審升昇陞聲勝聖詩失尸屍鳲施絁葹蓍濕識矢豕始屎室勢式拭栻試軾飾適螫釋收手首守狩獸書叔菽紓舒輸倏儵暑黍鼠戍束恕庶水帨稅舜瞬說$_{\text{說話}}$爍鑠

→ [tʂʰ]*：弛翅啻春惷

→ [ɕ]*：餉

15. 船母

㊹ [ʑ] → [tʂʰ]

平聲：晨乘$_{\text{乘坐}}$塍船脣漘

㊺ [ʑ] → [ʂ]

仄聲：舌射麝葚乘$_{\text{車乘}}$剩食蝕蒔實示賒舐謚抒贖述術秫沭吮楯順

少數平聲字*：蛇神繩

16. 日母

㊻［ȵ］→［ɻ］

然燃髯冉蚺苒染禳瓤穰壤攘讓蕘橈饒嬈擾遶繞惹熱人仁壬忍荏稔刃軔靭認任妊衽恁餁扔仍礽日馹戎絨氄宂柔揉蹂輮鞣肉如茹儒嚅孺濡蠕襦擩汝乳辱入洳蓐褥縟耎軟蕤惢縈蘂汭枘芮蜹閏潤若箬弱

→［n］*：廿囁

㊼［ȵ］→［∅］

止攝開口：兒而胹鮞鴯爾邇耳洱珥餌駬二貳刵

## （四）牙音

1. 見母

㊽［k］→［k］

一等：該賅陔垓改溉蓋槩乾（乾燥）干杆玕肝竿甘泔柑苷敢橄笴感旰紺幹榦贛灨岡剛綱鋼崗皋高膏篙羔餻櫜杲槀縞告郜誥哥歌戈胳割閤鴿格閣葛哿舸各个個根跟亘艮工功攻肱公蚣貢溝篝句（姓）鉤狗枸苟耇笱垢姤夠雊菁媾搆遘構覯估姑沽蛄鴣辜酤呱觚孤菰箍轂鶻古牯詁鈷罟汩谷股骨羖鼓瞽縠鹽蠱賈（商賈）固故梏痼錮雇顧冠官倌棺觀莞管輨錧館毌貫祼盥灌瓘鸛光洸胱廣瑰劊檜衮緄輥鯀郭聒鍋礦國幗果菓槨裹過

合口二等：觚瓜刮鴰緺騧剮寡卦挂詿乖枴夬怪關鰥丱慣摜獷蟈幗摑漍膕聝馘綸（綸巾）

梗攝開口二等：革格隔①膈骼更②庚賡鶊耕③羹哽埂耿梗綆骾鯁

通止蟹宕合口三等：弓躬宮供恭龔拱栱珙輁巩鞏獷逛規嬀龜歸庋詭佹陒垝姽庪軌氿宄匭鬼癸晷簋貴劌鱖

蟹攝合口四等：圭邽珪閨桂筀炅（姓）炔（姓）

少數開口二等*：尬尷肛釭港杠

→［$k^h$］*：柯會（會計）鄶膾鱠誑礦鄺愧憒昆鵾鯤褌

→［∅］*：媧蝸

㊾［k］→［tɕ］

開口二等：加迦枷珈痂笳袈家佳夾筴袷蝦猳葭裌嘉戛跲甲胛斝賈架駕假嫁稼價姦菅監緘艱柬揀減簡鐧鰜鹼閒諫鑑鑒江豇茳耩講降（下降）洚絳交郊茭蛟鮫鵁膠轇角佼狡筊絞鉸攪窖教較校（校刊）酵街皆階喈堦稭秸袺頡解戒誡居介玠界疥骱秔粳④玨桷嗀覺

三等：姬几肌虮飢基箕奇（奇偶）畸機嘰璣禨磯譏饑鞿羈吉伋汲級急亟（亟待）殛棘己紀幾蟣洎記寄既概冀驥厥覬季犍鞬檢瞼謇蹇建腱劒姜僵薑殭礓韁繮嬌驕鷮腳矯揭孑劫訐羯巾斤金今矜衿筋襟巹緊堇謹槿錦勁禁靳京荊兢驚景憬璟儆墽頸警敬竟境獍鏡究鳩糾赳樛鬮九韭

① 北京話"隔"字白讀 jié、jiè。

② 北京話"更"字白讀 jīng。

③ 北京話"耕"字白讀 jīng。

④ "秔""粳"是梗攝字。

久灸玖疚救廄居琚腒裾拘匊掬鞠鞫菊橘莒筥舉櫸矩榘倨据踞鋸據鐻句俱屨屩蹻卷捲桊眷睠絹鄄撅厥蕨橜蹶孓矍攫钁君軍皸均鈞鮶捃麕

四等：笄擊稽激雞計薊髻繫繫帶繼莢蛺鋏頰肩堅兼蒹縑鰜鶼趼筧峴繭見澆皎敫徼噭繳叫拮袺結桔潔巠涇經剄徑炅坰扃駉炯熲溴鶪蠲涓鵑狷獧抉決玦觖訣駃鴂潏譎

→［$tɕ^h$］*：訖襁畎榷

→［ɕ］*：驍梟

→［$tʂ^h$］*：吃口吃

2. 溪母

⑩［$k^h$］→［$k^h$］

一等：開凱愷鎧闓慨嘅欬愾刊栞勘堪戡龕坎侃埳顑看瞰闞康慷穅亢伉抗炕閌尻攷考栲犒靠坷珂軻磕科棵稞窠蝌顆髁可渴課刻克剋恪悫溘肯墾懇齦彄摳口叩扣寇空倥崆悾箜孔控鞚矻枯哭堀窟苦庫焅袴絝酷嚳挎胯跨凷塊寬髖欵款窾壙曠纊悝盔魁坤髡悃閫壼困蛞廓鞹闊

合口二等：夸姱誇胯跨蒯快噲喟蕢簣

蟹梗開口二等：揩楷鍇客①坑硜硜鏗

通止宕合口三等：恐匡劻恇洭筐框眶窺虧闚巋跬喟

蟹攝合口四等：睽奎刲

→［x］*：恢詼

⑪［$k^h$］→［$tɕ^h$］

開口二等：掐恰髂慳鴿嵌歉腔羥敲磽巧墒搉確愨

三等：欺崎碕跂乞企屺芑杞玘豈起綺气氣棄泣契惕器憩亟屢次愆儥褰騫遣繾譴欠羌蜣橇蹺蹻轎怯朅衾欽嶔卿輕傾頃慶檾銎穹丘邱蚯恒糗曲區嶇毆驅軀屈詘麴齲去佉胠袪弮棬綣券勸缺闕卻囷

四等：启啓棨綮契栔岍汧牽謙慊膁歉竅挈愜篋鍥磬罄苘檾闃犬缺闋

→［ɕ］*：溪②隙綌墟

→［$tʂ^h$］*：喫

3. 群母

⑫［g］→［$k^h$］

止宕合口三等平聲：誆狂鵟逵頄馗揆葵戣楑騤夔

少數止攝合口三等仄聲字*：饋匱蕢簣餽

⑬［g］→［k］

通止宕合口三等仄聲：共倔跪櫃

⑭［g］→［$tɕ^h$］

平聲：期祁岐芪祇其淇琪祺旗騏鯕麒碁綦奇奇異崎琦碕錡騎歧蚑跂圻祈旂頎蘄耆鰭鬐俟万俟掮虔乾犍犍爲鈐鉗箝黔芡強荍喬僑蕎橋翹茄芹芩琴勤禽擒檎刵勍黥擎檠邛惸蛩惸窮藭蔓

① 北京話“客”字白讀 qiě。
② 北京話“溪”字舊讀 qī。

瓊求俅逑毬球裘賕銶虯仇姓犰艽觓璆渠蕖磲軥鴝璩蘧籧瞿臞癯衢鸜拳蜷踡鬈權顴瘸囷群宭帬

→ [tʂʰ]*：仇

㊺ [g] → [tɕ]

仄聲：屐及笈佶姞極伎妓技芰忌跽垍洎悸塈鬾儉件健楗腱鍵㛦弶嶠轎杰桀傑榤碣竭楬鮚僅瑾饉廑近墐殣覲噤唫倞痙競窘臼舅咎柩舊局侷跼渠具巨拒苣炬秬詎距鉅虡劇勮遽遽鐻醵窶懼倦圈闌圈倔崛掘噱橛橜蹶菌郡

少數平聲字*：畿鯨

4. 疑母

㊻ [ŋ] → [ø]

皚騃艾礙犴岸昂敖嗷獒遨熬聱螯謷鰲鼇翱傲鏊鶩㚔俄蛾鵝娥莪吪囮訛額譌鄂諤鍔顎鰐鶚餓噩鑩偶耦藕藕瓦外刓忨抏玩頑翫巍危洈桅嵬隗魏我臥吴蜈吾梧齬五伍午仵忤迕捂牾悟晤寤兀屼杌誤牙芽厓崖涯睚衙疋雅迓訝芫言妍研掔顔嚴巖眼甗巘彦喭諺唁硯雁贗驗釅讞仰堯鹼業鄴沂宜儀疑嶷鸃蟻乂刈仡屹羿義議詣埶藝囈毅誼劓鶂鷁吟垠狺唫崟鄞誾銀嚚齗齦憖迎硬喁顒娛虞禺隅愚魚漁俁語圄齬圉玉寓遇御馭獄元沅黿原嫄源豲愿願月刖抈玥跀鈅軏岳嶽樂音樂

→ [n]*：倪婗猊蜺輗鯢霓麑擬逆睨隉臬嵲孽齧凝牛虐瘧①

→ [ɻ]*：阮

## (五) 喉音

1. 影母

㊼ [ʔ] → [ø]

阿哀埃挨欸毐矮藹靄隘嗌愛薆曖璦靉安庵菴媕罯盦諳俺按案暗黯盎凹鏖拗媼襖坳奥澳懊婀惡堊厄阸呃遏搤閼恩區姓歐毆甌謳鷗嘔漚哇娃蛙洼窪鼃崴剜惋蜿踠彎灣盌宛婉惋涴菀椀琬畹綰腕汪枉尪威葳逶偎隈煨鰃委萎痿猥碨畏尉蔚慰餧温轀穩翁瓮甕倭渦踒沃偓幄握渥斡汙圬杇屋烏鄔鳴鎢塢鋈丫押椏鵶鴨壓啞瘂窅亞婭掗咽烟胭崦淹腌醃閹湮煙焉鄢嫣奄弇偃掩鄾揜蝘鼴厭餍魘黶宴晏堰燕讌醼鴳央泱殃秧鞅鴦怏幺夭妖腰邀杳殀咬窅窈要噎謁靨一弌壹伊咿衣依緊鷖醫揖禕漪噫黟乙倚椅旖扆抑邑悒挹浥益縊螠意億憶薏臆瘱瘞噎殪瞖翳饐懿因姻茵氤裀駰音殷陰喑愔瘖堙歅禋闉蔭飲隱檃印窨癊英媖瑛罃鎣鶯罌嬰嚶攖櫻瓔纓鸚應膺鷹瑩縈影瘿映瀯雍擁饔邕嗈雝癰呦幽麀憂優耰黝幼蚴迂紆淤瘀於郁彧饇嫗隩薁燠鬱冤淵蜎鴛眢鵷苑怨約贇氳惲熨愠緼薀醞蘊轀

→ [x]*：泓滃䨴薈穢恚臒蠖

→ [tɕ]*：娟

2. 曉母

㊽ [h] → [x]

一等：哈海醢蚶頇鼾憨罕喊焊漢暵熯蒿薅好郝欱喝呵訶壑黑烘薨齁吼呴忽惚呼虖嘑

① 北京話“瘧”字白讀 yào。

滹虎琥滸戽笏歡懽獾貛讙驩貆奐喚渙煥肓荒慌謊灰虺悔晦賄誨噦翽䁤昏婚惛閽剨豁擢火貨霍藿

合口二等：訇擌轟花譁化剨

梗摄开口二等：赫嚇恐嚇亨

止蟹宕合口三等：恍謊撝揮暉煇翬輝麾徽隳毀燬譭虺卉喙諱

蟹摄合口四等：嘒嚖

⑲ [h] → [ɕ]

开口二等：呷嚇嚇唬罅虓虓孝哮

三等：吸希唏悕晞欷睎稀豨肸熙僖嘻嬉熹翕歙羲曦犧喜憙禧艴戲虩餼薹杴掀蹇險嶮獫玁憸憲獻香鄉薌嚮響饗鄉向枵鴞歊蠍脅屓忻昕欣歆衅焮亹釁興兄凶匈恟洶胷詾訩詗休咻庥貅髹鵂朽虛噓歔吁盱訏頊許栩詡旭昫煦洫勗慉畜畜養蓄軒喧萱暄諠諼翾烜靴謼熏勳壎獯薰曛纁醺訓

四等：醯鬩祆蜆顯曉擷馨詗絢血

3. 匣母

⑳ [ɦ] → [x]

一等：孩亥害醢邗邯含浛函涵寒扞汗旱垾悍捍菡憾撼翰瀚頷迒杭航頏沆毫豪壕濠号昊浩鎬滈號顥灝合河何荷劾曷盍闔涸盒頜貉齕禾和盉龢賀褐鶴痕很恨恒弘虹紅葒洪蕻葓鴻訌閧澒侯喉猴瘊睺篌糇餱后逅郈垕厚後候堠乎虖弧狐斛槲壺胡湖猢葫瑚糊醐餬鶘互户戽岵怙祜瓠扈滬護滑徊洹桓萑緩綄浣换澣皇凰隍徨惶湟遑煌篁艎蝗黄潢璜癀簧蟥鱑晃幌滉榥回洄茴迴蛕匯會繪繢渾琿餛圂溷慁混活夥或惑禍穫鑊

合口二等：横呟宏竑翃鈜閎黌華滑猾鏵驊划話畫劃樺淮槐踝懷壞寰還環闤鬟晥幻宦患豢擐鯇蝗鍠鐄嚄獲

蟹攝合口四等：慧惠憓蟪潓蕙

少數三等字*：彙彗

→ [ø]*：完丸芄

㉑ [ɦ] → [ɕ]

開口二等：蝦鰕霞遐暇瑕匣狎峽狹硤牽轄鎋黠下夏咸鹹銜閑嫺鷴限莧陷粯降降服巷項崤淆殽洨効效校傚斆鞋諧械解姓獬邂蟹薤瀣行行走幸倖荇杏莕學嶨

四等：兮奚蹊傒鼷蠵觿覡檄系繫聯繫禊俠弦絃舷蚿嫌賢蜆峴晛現携絜協勰頡擷襭纈陘刑邢形型硎鉶婞懸玄泫炫眩衒鉉穴滎

少數三等字*：鴞雄熊

㉒ [ɦ] → [ø]

三等：王往旺爲韋幃圍違闈帷偉葦暐煒瑋緯韙洧痏鮪位胃渭蝟謂衛讆焉炎曄燁饁矣熠瑩永咏泳尤肬疣郵友有又右佑祐侑囿宥迂于邘盂竽雩羽雨禹鄅瑀吁芋域棫煜罭蜮魆垣袁猿轅員圓圜爰援遠院媛瑗曰粤戉鉞越樾籰云芸紜耘妘沄雲澐蕓筠鄖涢篔隕殞鄆運暈韗韻

→ [ɻ]*：榮嶸蠑

4. 以母

㊾ [Ø] → [Ø]

唯惟維濰沿延筵蜒閻檐簷鹽兖衍扊棪琰演焰焱餤爓艷羊佯徉洋烊陽揚暘楊煬瘍鍚颺痒養恙樣漾姚珧搖謠傜媱猺遥窯繇舀曜燿耀鷂藥鑰耶椰也冶野曳夜掖液腋葉匜夷姨胰荑痍移迻扅栘怡眙貽飴遺頤彝已以苡弋杙異翼佚役疫佾易埸蜴亦奕弈枻翊翌逸軼溢鎰肄裔熠嶧懌斁繹譯驛寅夤淫霪尹引蚓靷盈楹塋瑩蠅嬴瀛籯贏郢潁穎媵庸傭鄘墉甬俑勇涌慂蛹踴用攸悠由油柚蚰游猶楢猷輶蝣卣酉羑莠槱牖狖誘鼬余餘艅予妤舁俞崳愉揄覦踰畬逾榆歈瑜窬褕蝓腴諛歟璵輿與庾窳聿育毓昱浴欲裕鴿喻諭愈瘉煜豫預澦蕷鸒矞遹鷸籥鳶掾悅閱龠瀹爚籥躍允狁孕

→ [ɻ]*：容蓉溶瑢鎔融肜銳蚋睿

→ [tɕ]*：捐

→ [tɕʰ]*：鉛

## 二、普通話聲母的來源

普通話共 22 個聲母（包括零聲母），中古來源如下：

(1) [p] 的來源是幫$_{\text{幫}}$母（規則①）和並$_{\text{並}}$母仄聲（規則⑥）。

(2) [pʰ] 的來源是滂$_{\text{滂}}$母（規則③）和並$_{\text{並}}$母平聲（規則⑤）。

(3) [m] 的來源是明$_{\text{明}}$母（規則⑧）。

(4) [f] 的來源是幫$_{\text{非}}$母（規則②）、滂$_{\text{敷}}$母（規則④）和並$_{\text{奉}}$母（規則⑦）。

(5) [t] 的來源是端母（規則⑩）和定母仄聲（規則⑬）。

(6) [tʰ] 的來源是透母（規則⑪）和定母平聲（規則⑫）。

(7) [n] 的來源是泥母（規則⑭）和娘母（規則⑳）。

(8) [l] 的來源是來母（規則⑮）。

(9) [k] 的來源是見母一等、合口二等、梗攝開口二等、通止蟹宕合口三等、蟹攝合口四等（規則㊽）和群母通止宕合口三等仄聲（規則㊸）。

(10) [kʰ] 的來源是溪母一等、合口二等、蟹梗開口二等、通止宕合口三等、蟹攝合口四等（規則㊿）和群母止宕合口三等平聲（規則㊷）。

(11) [x] 的來源是曉母一等、合口二等、梗攝開口二等、止蟹宕合口三等、蟹攝合口四等（規則㊸）和匣母一等、合口二等、蟹攝合口四等（規則㊿）。

(12) [tɕ] 的來源是精母三、四等（規則㉒），從母三、四等仄聲（規則㉘），見母三、四等和開口二等（規則㊾），群母仄聲（規則㊺）。

(13) [tɕʰ] 的來源是清母三、四等（規則㉔），從母三、四等平聲（規則㉗），溪母三、四等和開口二等（規則㊶），群母平聲（規則㊹）。

(14) [ɕ] 的來源是心母三、四等（規則㉚），邪母（規則㉜），曉母三、四等和開口二等（規則㊾），匣母四等和開口二等（規則㊶）。

(15) [tʂ] 的來源是知母（規則⑯）、澄母仄聲（規則⑲）、莊母（規則㉝）、崇母仄聲（規則㊱）和章母（規則㊴）。

（16）[$tʂ^h$] 的來源是徹母（規則⑰）、澄母平聲（規則⑱）、初母（規則㉞）、崇母平聲（規則㉟）、昌母（規則㊵）、禪母平聲（規則㊶）和船母平聲（規則㊹）。

（17）[ʂ] 的來源是生母（規則㊲）、禪母仄聲（規則㊷）、書母（規則㊸）和船母仄聲（規則㊺）。

（18）[ɻ] 的來源是日母（規則㊻）。

（19）[ts] 的來源是精母一等、止攝開口三等、通止臻合口三等（規則㉑）和從母一等、止攝開口三等、通攝合口三等仄聲（規則㉖）。

（20）[$ts^h$] 的來源是清母一等、止攝開口三等、通止蟹臻合口三等（規則㉓）和從母一等、止攝開口三等、通攝合口三等平聲（規則㉕）。

（21）[s] 的來源是心母一等、止攝開口三等、通止蟹臻合口三等（規則㉙），邪母止攝開口三等、通止合口三等（規則㉛），俟母（規則㊳）。

（22）[Ø] 的來源是明$_{微}$母（規則⑨）、日母止攝開口三等（規則㊼）、疑母（規則㊽）、影母（規則㊾）、匣母三等（規則㊿）和以母（規則㊱）。

# 第二節
# 《廣韻》韻母與普通話韻母的比較

## 一、《廣韻》韻母的演變

從《廣韻》音系到現代漢語普通話，韻母主要發生了以下變化：

第一，韻基大幅度合併。宋代出現的十六攝大體反映了韻基合併的趨勢。

第二，同一韻攝中，重韻合併，一、二等韻合併，三、四等韻（包括重紐三四等）合併。

第三，有些韻攝進一步合併：宕、江合併，山、咸合併，臻、深合併，曾、梗、通合併，蟹攝細音併入止攝。

第四，韻尾-m 變爲-n。

第五，入聲韻尾-p、-t、-k 消失。

第六，介音由開合、四等演變爲開、齊、合、撮四呼。基本規律如表 3－1 所示：

表 3-1 開合、四等到四呼的演變

<table>
<tr><th rowspan="2"></th><th rowspan="2">一等</th><th colspan="2">二等</th><th rowspan="2">三等</th><th rowspan="2">四等</th></tr>
<tr><th>舌齒脣音</th><th>牙喉音</th></tr>
<tr><td>開口</td><td colspan="2">開口呼</td><td colspan="3">齊齒呼</td></tr>
<tr><td>合口</td><td colspan="3">合口呼</td><td colspan="2">撮口呼</td></tr>
</table>

同攝的韻，韻基的演變基本一致。掌握了韻基的演變，再結合等、呼的條件就可以推出韻母的演變。不過，介音的演變還有幾條特殊的規則。按照表 3-1 推出介音後，如果遇到某些聲母或韻母的條件，還需要依照以下幾條規則做進一步的推導①：

A. -i- → -Ø-/R，F_

B. -u- → -Ø-/P_

C. -y- → -u-/R_

D. -y- → -Ø-/F_

E. -y- → -u-/_ i，aŋ

公式中，斜綫後面是音變條件，下劃綫表示音變對象出現的位置。以公式 A 爲例，表示齊齒呼在捲舌音和脣齒音後變爲開口呼。

此外，有些韻母的開合或者洪細發生了轉化，有些韻基在某些條件下又發生了變化，具體的情況將在下文的演變規則中介紹。

下面按韻攝依次介紹《廣韻》韻母演變的詳細情況。每個韻攝先概括韻基的演變情況，然後按等呼條件分別列出音變規則，還有進一步演變條件的在規則下加以説明。由於是直接歸納從《廣韻》到普通話的演變，略過了中間環節，所以這裏説的“音變規則”嚴格地講其實相當於“對應規則”。同一韻基在不同條件下的變體可以通過音系規則推導出來，還有一些韻母發生了比較特殊的變化，這些都在括號中注明。每條規則下給出例字，括注所屬之韻。三等中的重紐兩類在演變上没有分别，爲簡化演變條件，統稱爲三等。例外音變如果涉及常見字也列出，加星號以示區别。

## （一）通攝

通攝包括“東、董、送、屋”“冬、宋、沃”“鍾、腫、用、燭”三個韻系，十一個韻。陽聲韻基演變爲［əŋ］，具體如下：

1. 合口一等陽聲韻

①→［uŋ］（［uəŋ］→［uŋ］/C _）

囪忽葱聰驄叢東工功攻公蚣烘洪紅虹鴻空崆箜瀧曨朧櫳瓏礱籠聾通仝同桐銅酮童僮潼曈橦瞳檬駿（東）侗動汞澒孔籠攏捅桶偬（董）恫洞胴凍棟貢哄烘虹蕻閧控弄鬆送衕

① 公式中聲母使用如下縮寫：P 代表重脣音，F 代表輕脣音，T 代表舌頭音，Tr 代表舌上音，S 代表齒頭音，Sr 代表正齒音，K 代表牙音，H 代表喉音（包括零聲母）。另外，P 可以代表包括重脣音和輕脣音的脣音，T 可以代表包括舌頭音和舌上音的舌音，S 可以代表包括齒頭音和正齒音的齒音，R 可以代表舌上音和正齒音合流之後的捲舌音，C 代表不包括零聲母在内的任意聲母，I 代表包括零聲母在内的任何聲母。

痛慟偬粽（送）悰淙琮賨冬鼕攻農儂噥膿鬆佟彤宗鬃（冬）宋統綜（宋）

翁（東）甕（送）

②→［əŋ］（［uəŋ］→［əŋ］/P _，介音規則 B）

唇音：蒙幪濛朦檬曚艨鸏懞芃蓬篷（東）

2. 合口三等陽聲韻

③→［yŋ］（←［yəŋ］）

喉音：雄熊（東）邛銎蛩凶兇訩匈洶恟胷邕噰雝癰庸傭鄘墉慵雍噰壅饔（鍾）擁甬俑埇涌踊蛹勇恿慂（腫）用（用）

少數牙音字：穹窮藭芎（東）喁顒①（鍾）

④→［uŋ］（←［uəŋ］）

舌齒音：充茺忡沖翀种$_{\text{姓}}$崇蟲隆癃窿戎彤融絨娀崧菘嵩中$_{\text{中間}}$忠盅衷終螽衆（東）銃中$_{\text{中的}}$仲衆（送）舂惷憧衝从從樅瑽鏦龍蘢籠襱醲忪松淞鬆穜鍾鐘重$_{\text{重疊}}$蹤（鍾）寵隴壠鞏溶氄宂悚竦慫聳冢塚腫種$_{\text{種子}}$踵（腫）訟頌誦種$_{\text{種植}}$重$_{\text{重量}}$縱（用）

牙音：弓躬宫（東）供$_{\text{供應}}$恭龔（鍾）巩拱栱珙輁鞏（腫）供$_{\text{口供}}$共恐（用）

以母陽平：容溶蓉瑢鎔

⑤→［əŋ］（［yəŋ］→［əŋ］/F _，介音規則 D）②

唇音：風楓豐酆灃馮瞢（東）鳳賵諷夢（送）丰封葑峯鋒烽蜂逢縫（鍾）覂奉（腫）俸（用）

入聲韻有文、白兩種演變規則，文讀韻基演變爲［u］，白讀韻基演變爲［ou］，具體如下：

3. 合口一等入聲韻

⑥→［u］

醭卜蔟簇獨瀆櫝牘犢讀髑黷谷轂瞉縠斛槲縠哭录淥琭禄睩碌箓鹿漉簏轆麓木沐霂撲僕濮樸蹼瀑曝涑速蔌餗禿屋族鏃（屋）督毒篤鵠梏牿酷嚳僕鏷（沃）

→［uo］*：沃

4. 合口三等入聲韻

⑦→［y］（←［iu］）

牙喉音：匊掬鞠鞫菊鵴麴畜$_{\text{畜牧}}$蓄育郁彧昱堉淯煜毓隩薁燠鬻（屋）谷挶梮鋦局侷跼曲頊旭勗玉浴欲獄鴝（燭）

少數舌齒音字：恧衄蓿（屋）菉緑續（燭）

⑧→［u］

舌齒唇音：俶矗蹴蹙顣伏洑茯栿匐服菔箙鵩幅福蝠輻複復腹蝮馥陸蓼僇剹勠戮牧目苜睦穆仆叔淑菽倏儵孰塾熟夙宿$_{\text{宿舍}}$肅驌鸕謖畜$_{\text{牲畜}}$竹竺逐筑築舳（屋）歜觸促幞襆淥逯醁騄籙辱鄏溽蓐褥縟贖蜀束俗涑粟瘃燭蠋躅屬囑矚足（燭）

→［uo］*：縮（屋）

⑨→［iou］（白讀）

六宿$_{\text{一宿}}$（屋）

---

① 北京話“顒”字舊讀 róng。

② 明母不變微母，但韻母的演變與輕唇音一致。參考聲母規則⑧。

⑩→ [ou]（[iou] → [ou] /R _，介音規則 A；白讀）

知章組：粥軸妯肉（屋）

## (二) 江攝

江攝衹有“江、講、絳、覺”一個韻系，四個韻。陽聲韻基演變爲 [aŋ]，具體如下：

1. 開口二等陽聲韻

⑪→ [aŋ]

脣音：邦梆龙牻胮逄龐（江）蚌棒（講）胖（絳）

部分牙音：肛缸矼釭杠扛（江）港（講）

⑫→ [iaŋ]

牙喉音：江茳豇腔降$_{\text{降服}}$（江）講耩項鿍（講）降$_{\text{降落}}$絳洚巷衖（絳）

⑬→ [uaŋ]（轉爲合口）

舌齒音：窗摐噇雙樁幢$_{\text{幢旗}}$（江）戇幢撞（絳）

入聲韻有文、白兩種演變規則，文讀韻基演變爲 [ɤ]，且由開口轉爲合口，白讀韻基演變爲 [au]，具體如下：

2. 開口二等入聲韻

⑭→ [o]（[ɤ] → [o] /P _；文讀）

脣音：剥瓟駁（覺）

⑮→ [ye]（← [yɤ]；文讀，轉爲合口）

牙喉音：角$_{\text{角逐}}$桷珏瑴覺$_{\text{覺悟}}$樂确推榷確愨墧學嶨岳嶽（覺）

→ [ɤ]*：殼（覺）

⑯→ [uo]（← [uɤ]；文讀，轉爲合口）

舌齒音：踔逴娖齪犖搦數朔蒴槊矟喔偓幄握渥齷卓倬桌捉浞涿啄諑琢斮斲鋜濁鐲擢濯鷟（覺）

⑰→ [au]（白讀）

脣音：剥雹（覺）

⑱→ [iau]（白讀）

牙喉音：角$_{\text{牛角}}$殼（覺）

個別脣音字*：邈

## (三) 止攝

止攝包括“支、紙、寘”“脂、旨、至”“之、止、志”“微、尾、未”四個韻系，十二個韻，韻基演變爲 [i]。具體如下：

1. 開口三等

⑲→ [i]

裨$_{\text{裨益}}$畸觭羈離攡蘺籬漓璃醨罹蠡劙驪鸝鄽糜縻醾蘼彌獼瀰披狓紕鈹錍皮疲裨$_{\text{裨將}}$郫陴

埤蜱羆奇崎琦碕錡騎歧岐蚑跂芪衹疷羲曦犧戲褘漪儀匜杝池宜迻㢊栘移簃（支）彼俾婢庳伎妓技靡䃺弭敉瀰旎埤庀企綺倚椅旑螘蟻（紙）髲避臂芰寄荔詈譬跂屣戲倚易容易義議誼縊螠（寘）机肌飢虮梨棃犂荎麋尼怩蜺丕伾邳怌紕鈚芘枇毗蚍琵貔祁耆鬐鰭郗伊咿黟夷咦姨荑胰痍彝（脂）匕比妣沘秕啚鄙几麂跽圮痞嚭（旨）鼻比妣庇郊毖閟畀痹箅濞奰贔地垍洎冀驥暨概覬利痢隶泣莅泌祕膩屁淠弃器屓貤肆劓饐懿（至）姬基箕錤狸漦嫠犛釐期欺魌其淇萁琪祺碁旗綦騏鮮麒蘄僖熙嘻嬉熹譆禧噫毉醫圯怡眙貽飴頤疑嶷鬚（之）己紀李里俚娌理裏鯉擬屺芑杞玘起喜憙已以矣苡（止）忌記吏異意（志）幾幾乎機璣禨磯譏饑鞿畿圻祈旂頎蘄崎碕豈俟万俟希悕晞欷睎稀豨衣依沂（微）幾幾多蟣扆螘顗（尾）既曁气氣炁餼毅（未）

→［ei］/少數唇音字*：陂（支）被帔（寘）悲眉郿嵋湄楣鶥黴（脂）美（旨）備糒媚寐魅轡（至）

⑳→［ɿ］（［i］→［ɿ］/S_）

**精組**：詞辭辭慈鶿司絲思楒罳颸孜兹孳滋鎡薾（之）巳汜祀耜似姒子仔耔蚝梓（止）字牸（志）疵雌虒斯澌廝貲（支）茈此泚跐呰呰紫呰（紙）刺賜眥眥漬（寘）茨瓷餈資厶私咨姿粢資赼（脂）死兕姊秭呰（旨）次佽刺四泗駟肆自恣（至）

**部分莊組字**：蓁淄緇輜錙鯔（之）俟涘竢滓（止）剚胾（志）差參差齜（支）蛳（脂）笫（旨）

→［i］*：徙屣璽（紙）枲（止）

㉑→［ʅ］（［i］→［ʅ］/R_）

**知莊章組**：蚩笞嗤媸痴癡持詩時塒蒔鰣之芝（之）恥褫齒史使始駛士仕恃市柿止阯址沚芷祉趾峙庤痔（止）事侍弑試寺飤伺笥嗣飼志誌痣治置幟（志）眵摛螭魑池馳匙踟篪施氏支枝肢知蜘祇卮梔（支）弛侈褫豕氏是舐視紙只咫枳軹豸（紙）豉翅啻智寘（寘）絺鴟遲尸屍鳲師獅蓍鰤祇胝脂（脂）矢屎眎眡視旨恉指黹溡雉（旨）示視謚至致輊稚摯（至）

㉒→［ɚ］

**日母**：兒（支）爾邇（紙）而洏栭胹輀鮞鴯（之）耳洱駬（止）洱珥餌刵（志）二貳樲（至）

2. 合口三等

㉓→［uei］（←［ui］；［yi］→［ui］，介音規則 E）

吹炊垂陲箠錘規嬀撝麾隳虧窺闚衰衰絰眭睢隋隨危逶爲作爲（支）庋佹陒垝姽庪詭跪跬毀燬譭惢縈蘂髓委骫觜（紙）恚瑞睡爲因爲萎諉餧惴腄縋（寘）槌鎚龜巋逵馗葵楑騤夔桵綏蕤誰睢睢濉雖荽綏唯唯一帷惟維濰追隹椎錐騅（脂）宄氿軌匭晷簋癸揆喟愧饋匱惢縈水唯唯唯洧痏鮪（旨）悴萃瘁粹翠頯櫃彗篲祟穗遂隧燧襚邃位遺贈給墜醉（至）歸揮暉翬輝徽威葳微薇巍韋圍幃湋違闈（微）鬼虫虺尾娓偉葦暐煒瑋韙韡亹（尾）貴卉彙諱緯未味畏胃渭謂蝟尉蔚慰魏（未）

→［i］*：遺遺留（脂）季悸（至）

→［uai］*：揣（紙）衰衰弱（脂）帥率（至）

㉔→［ei］

微韻系脣音（[uei］→［ei］/f _，介音規則B）：飛妃非菲扉緋霏騑肥淝腓（微）誹悱菲斐棐蜚匪榧篚朏（尾）翡沸狒疿費痱芾（未）

來母（［uei］→［ei］/l _，轉爲開口）：羸（支）累$_{\text{積累}}$（紙）累$_{\text{連累}}$（寘）纍虆欙纝儽（脂）耒誄壘蘽（旨）淚類（至）

## (四) 遇攝

遇攝包括“魚、語、御”“虞、麌、遇”“模、姥、暮”三個韻系，九個韻，韻基演變爲［u］。具體如下：

1. 合口一等

㉕→［u］

逋晡粗麁麤徂殂都鍍姑沽蛄軲辜酤鴣觚軱罛苽呱孤菰箛乎呼虖軤嘑滹幠弧狐壺胡湖猢葫瑚糊醐餬鶘枯盧壚瀘蘆櫨爐矑纑罏艫轤鑪顱鱸鸕模$_{\text{模樣}}$奴孥駑鋪匍菩蒲酺酥穌蘇涂荼途塗屠瘏圖菟圬污杇烏鄔嗚吴蜈吾郚梧鼯租（模）補簿部堵睹賭杜肚估股羖古牯罟詁鈷盬鼓瞽蠱虎琥滸户岵怙祜戽扈滬賈$_{\text{商賈}}$苦楛姥鹵滷魯櫓虜擄艣努弩圃浦溥普譜土吐五伍午仵祖組（姥）餔哺捕布佈怖步醋妒度渡鍍蠹惡$_{\text{厭惡}}$故固痼錮雇顧互戽瓠護苦庫袴絝賂路輅潞璐露鷺募墓慕暮怒鋪圃泝訴素塑遡愬膆吐兔菟忤迕捂牾悟晤寤誤（暮）

→［uo］*：措阼祚（暮）

→［o］*：模$_{\text{模式}}$謨嫫（模）

2. 開口三等（轉爲合口）、合口三等

㉖→［y］（←［iu］）

居椐琚腒裾狙苴疽趄雎閭櫚驢胠袪蛆渠蕖磲璩蘧籧胥虚嘘墟歔諝徐湑淤予妤於舁余餘狳艅魚漁歟璵輿旟（魚）咀沮齟莒筥舉櫸巨拒苣炬秬粔詎距鉅虡鐻吕侶旅膂穭女籹許湑糈醑盨序敘漵緒與嶼予$_{\text{給予}}$語鋙齬圄圉（語）倨踞鋸詎據勴濾遽醵鐻慮鑢去覷絮瘀與御飫馭豫預澦蕷（御）拘跔俱瞿區嶇毆軀驅趨劬鴝鼩蘧欋臞癯蠷衢鸜娶繻盱訏需須嬃鬚迂于邘竽雩盂虞娛禺愚隅嵎諛腴俞崳愉揄榆逾歈瑜窬褕蝓覦踰（虞）矩榘蒟窶褸縷取齲栩詡煦羽雨俁庾禹鄅瑀窳（麌）句具聚屨懼趣昫煦酗芋喻諭裕寓遇嫗籲（遇）

㉗→［u］（［y］→［u］/R _，F _）

脣音：夫玞肤趺稃孵敷膚跗鄜麩扶芙蚨泭苻符坿孚俘郛莩桴罦枹鳧巫誣毋無蕪（虞）甫脯輔䩉簠黼府拊俯腑腐斧釜滏撫父武侮舞嫵廡憮鵡（麌）付附坿祔駙鮒賻傅賦赴務婺霧鶩騖（遇）

知莊章組：初摴除滁蜍篨鉏鋤躇儲廬蘆臚如茹書紓舒梳蔬諸豬瀦䕩菹（魚）杵處$_{\text{處置}}$褚楚礎齼憷汝抒暑黍鼠癙墅渚苧杼詝佇苧竚紵貯阻（語）處$_{\text{處所}}$洳署薯曙恕庶助著筯箸翥（御）廚櫥躕芻雛儒嚅濡襦殳姝殊輸樞汙朱侏邾洙茱株珠硃蛛誅銖（虞）乳擩數裋豎樹主拄麈柱（麌）孺戍數$_{\text{數量}}$澍樹住注炷疰蛀註駐鑄（遇）

→［uo］*：所（語）

## （五）蟹攝

蟹攝包括“齊、薺、霽”“祭”“泰”“佳、蟹、卦”“皆、駭、怪”“夬”“灰、賄、隊”“咍、海、代”“廢”九個韻系，十九個韻。蟹攝韻基發生了分化，二等和開口一等韻基演變爲［ai］，三、四等和合口一等（包括開口一等唇音字）韻基演變爲［i］。具體如下：

1. 開口一等

㉘→［ai］

哀埃欸皚猜才材財裁纔陔垓荄絯該豥咍孩開來崍徠淶萊棶鶆顋鰓胎駘台邰苔臺儓擡薹檯災哉栽烖（咍）毒采彩採綵待迨怠殆改海醢亥凱愷鎧闓乃迺鼐宰載$_{記載}$在（海）愛薆曖璦靉礙菜代岱袋貸黛埭逮靆戴瑇溉槩慨鎧闓欬愾徠睞賚癩耐鼐塞$_{邊塞}$賽態載$_{裝載}$再（代）藹靄艾蔡大$_{大夫}$軑帶蓋害賴瀨癩籟奈柰太汰泰（泰）

2. 合口一等

㉙→［uei］（←［ui］）

崔催摧縗堆瑰灰恢詼回迴洄茴蛕蛕悝盔魁推蓷隤頹偎隈煨桅嵬朘（灰）璀皠悔匯賄隗猥碨頠餧罪（賄）啐淬焠綷隊對憝鐓晦誨繢靧潰碎誶退晬（隊）劊會$_{集會}$澮薈繪噦翽蜕最（泰）

→［uai］*：會$_{會計}$儈鄶獪膾鱠外（泰）

㉚→［ei］

唇音（［uei］→［ei］/P _，介音規則 B)：杯枚莓梅脢媒煤禖肧衃醅陪培裴（灰）每餒（賄）背邶孛悖誖輩妹昧痗佩珮配（隊）

開口一等唇音字轉入：倍蓓（海）沛（代）貝狽鋇芾旆沛霈（泰）

泥、來母（［uei］→［ei］/n，l _，轉爲開口)：雷罍（灰）磊蕾儡（賄）内酹纇（隊）

3. 開口二等

㉛→［ai］

舌齒唇音：差$_{差遣}$豺儕埋霾俳排牌齋（皆）湃祭$_{姓}$瘵（怪）釵柴牌（佳）捭擺買賣嬭（蟹）稗瘥賣派曬債（卦）唄敗蠆邁寨（夬）

→［a］*：罷（蟹）

㉜→［ie］（←［iai］）

牙喉音：皆階喈堦湝稭偕諧（皆）介玠界芥疥居戒誡械薤瀣齘（怪）街鞋（佳）解$_{解釋}$槲嶰澥獬蘚蟹（蟹）解$_{姓}$懈邂薢廨（卦）

→［ai］*：骸揩（皆）挨騃駭楷鍇（駭）矮（蟹）隘（卦）

→［ia］*：佳涯崖（佳）

→［a］*：尬（怪）

4. 合口二等

㉝→［uai］

膗乖淮槐懷（皆）怪壞蒯（怪）枴（蟹）噲夬快噲獪（夬）

→ [ua]*：䆺（佳）卦挂絓詿畫（卦）話（夬）

5. 開口三等

㉞→ [i]

乂刈（廢）敝幣蔽獘斃偈祭穄厲例厲勵癘礪糲蠣愒憩栧袣泄洩裔蓺藝囈瘞（祭）

→ [ei] /少數唇音字*：袂（祭）

→ [ie]*：曳（祭）

㉟→ [ʅ]（[i] → [ʅ] /R _）

知章組：㡽瘛逝誓筮噬滋勢貰制製㲱滯（祭）

6. 合口三等

㊱→ [uei]（← [ui]；[yi] → [ui]，介音規則 E）

喙穢（廢）脆毳劌鱖彗槥篲汭枘芮蜹睿叡鋭帨税説游説歲繐衛綴贅（祭）

㊲→ [ei]

唇音（[uei] → [ei] /f _ ，介音規則 B）：廢吠肺（廢）

7. 開口四等

㊳→ [i]

鎞狴蓖篦低羝隄堤磾氐笄嵆稽賷雞躋擠齎齏犂黎黧驪迷泥泥土倪郳婗猊蜺輗鯢霓麛鬻箄批鈚錍膍鼙妻棲悽淒齊臍蠐梯銻提綈緹嗁蹄題醍騠鵜鵜荑兮屖西栖奚蹊徯溪谿䝵醯郎嫛緊黟鷖翳（齊）陛梐底邸坻抵柢牴觝詆弟娣綈稽濟濟南薺鱭蠡劙鱺澧禮醴鱧禰米洣眯啓棨綮薺體悌涕洗（薺）閉箅嬖薜濞骴杕帝第禘締諦睇棣遞蔕蝃蝃踶計劑薊髻濟濟世癠穧霽繫繼戾唳綟荔涖隸麗儷謎泥拘泥睨媲睥契砌剃悌涕替殢薙嚏系係細禊繄羿詣曀殪縊瞖翳（霽）

→ [ʅ]*：㺳（齊）

→ [y]*：埍（霽）

8. 合口四等

㊴→ [uei]（← [ui]；[yi] → [ui]，介音規則 E）

圭邽珪閨刲奎蝰睽眭（齊）桂筀炔炅姓慧嘒惠憓潓蕙蟪（霽）

→ [i]*：畦鑴蠵

→ [ie]*：攜

## （六）臻攝

臻攝包括“真、軫、震、質”“諄、準、稕、術”“臻、櫛”“文、吻、問、物”“欣、隱、焮、迄”“魂、混、慁、没”“痕、很、恨”七個韻系，二十五個韻。陽聲韻基演變爲 [ən]，具體如下：

1. 開口一等陽聲韻

㊵→ [ən]

痕跟根恩（痕）齦啃懇墾很（很）恨艮茛（恨）

→ [uən]*：吞

2. 合口一等陽聲韻

㊶→ [uən]

邨村存敦墩蹲燉琿昏婚惛閽渾餛坤昆崐琨蜫錕鯤鵾褌髠掄論$_{論語}$孫猻蓀飧屯忳豘飩豚臀温轀尊罇（魂）忖囤沌盾遁衮緄輥鯀混悃閫壼損穩鱒（混）寸遁鈍頓圂溷慁困論$_{討論}$（慁）

→ [yn]*：遜巽（慁）

㊷→ [ən]

脣音（[uən] → [ən] /P _ ，介音規則 B）：奔$_{奔跑}$犇賁門捫璊亹噴盆湓（魂）本苯畚笨（混）奔$_{投奔}$悶懣噴（慁）

泥母（ [uən] → [ən] /n _ ）：嫩

3. 開口三等陽聲韻

㊸→ [in]（← [iən]）

彬斌賓儐濱豳邠巾津矜粼鄰嶙潾燐璘瞵磷轔麟鱗麐民岷珉緡忞旻閩貧嬪頻顰蘋親秦辛新薪因姻洇茵氤裀駰湮堙歅禋闉銀垠囩狺寅夤鄞誾嚚（真）臏髕盡緊泯敃愍敏閔憫牝引蚓靷螾（軫）擯殯鬢璡僅廑瑾饉殣覲進晉搢瑨縉賮藎燼璡吝藺囟信衅釁印憖（震）斤筋芹勤懃忻昕欣訢炘殷溵慇垠狺鄞齦（欣）巹堇槿謹近隱檃（隱）近靳焮（焮）

→ [yn]*：訊（震）

㊹→ [ən]（ [iən] → [ən] /R _ ，介音規則 A）

知莊章組：嗔瞋臣辰晨宸陳塵人仁紉身娠申伸呻紳神胂珍真禛甄（真）忍哂矧腎蜃胗畛疹袗紾診軫稹縝鬒黰紖（軫）疢趁齔儭櫬櫬襯刃仞牣訒軔韌認慎蜃陣振賑震鎮（震）莘侁詵駪籸甡燊蓁榛臻溱（臻）

4. 合口三等陽聲韻

㊺→ [yn]（← [yən]）

麇贇筠（真）菌殞隕（軫）均鈞竣巡循旬峋恂洵荀珣詢馴（諄）允狁（準）俊峻浚焌晙駿儁寯濬迅徇殉（稕）君軍熏勳獯薰曛纁醺云妘沄芸紜耘雲澐蕓鄖氳（文）惲蘊轀（吻）郡捃攈薰訓鄆運暈慍緼韻（問）

㊻→ [uən]

知章組（[yən] → [uən] /R _ ，介音規則 C）：春椿純蒓脣漘淳醇錞鶉迍肫諄（諄）惷蠢吮楯準（準）順舜瞬閏潤（稕）

來母（ [yən] → [uən] /l _ ）：侖倫淪綸$_{經綸}$輪（諄）

文韻系明$_{微}$母：文紋蚊汶雯聞（文）刎吻（吻）紊汶問璺（問）

少數精組字*：皴遵（諄）隼筍簨（準）

㊼→ [ən]（ [yən] → [ən] /f _ ，介音規則 D）

文韻系脣音：分芬氛紛棻雰汾蚡棼焚墳豶鼢（文）粉憤（吻）分$_{分外}$忿奮糞（問）

入聲韻的韻基發生了分化，開口一等演變爲 [ɤ]，合口一等演變爲 [u]，開口三等演變爲 [i]，合口三等演變爲 [y]。具體如下：

5. 開口一等入聲韻

㊽→ [ɤ]

紇齕（没）

6. 合口一等入聲韻

㊾→［o］（唇音與開口一類）

唇音（［ɤ］→［o］/P _）：脖餑孛勃渤馞没殁哱（没）

㊿→［u］

猝艴骨鶻汩忽惚淴昒笏堀窟窣凸突葖腯兀屼扤杌卒（没）

7. 開口三等入聲韻

51→［i］

筆必邲苾珌鉍馝駜弼鷩畢蓽篳蹕韠唧吉佶姞疾嫉蒺栗溧慄溧泌宓密蜜謐昵暱匹七桼泰漆膝肸悉窸蟋一弌壹乙佚泆逸軼佾溢鎰（質）乞汔迄訖肸仡屹（迄）

52→［ʅ］（［i］→［ʅ］/R _）

知莊章組：叱日馹失實室侄姪帙秩紩蛭銍窒螲質騭礩（質）蝨櫛（櫛）

→［ɤ］*：瑟（櫛）[1]

8. 合口三等入聲韻

53→［y］

橘律葎戌恤賉卹聿矞遹燏鷸（術）屈詘尉$_{\text{尉遲}}$蔚$_{\text{姓}}$鬱（物）

→［ye］*：崛倔（物）

54→［u］（［y］→［u］/R _，F _）

知章組：出怵絀黜秫沭述術术（術）

莊組：→［uai］*：蟀（質）

文韻系唇音：弗佛$_{\text{仿佛}}$刜彿怫拂茀紼艴市芾袚紱韍黻勿芴物（物）

→［o］*：佛$_{\text{佛陀}}$（物）

## （七）山攝

山攝包括“元、阮、願、月”“寒、旱、翰、曷”“桓、緩、换、末”“刪、潸、諫、鎋”“山、産、襇、黠”“先、銑、霰、屑”“仙、獮、線、薛”七個韻系，二十八個韻。陽聲韻基演變爲［an］，具體如下：

1. 開口一等陽聲韻

55→［an］

安峯餐殘丹單鄲殫癉簞胆撣彈$_{\text{彈琴}}$乾$_{\text{乾燥}}$干玕肝竿骭邯寒汗刊栞看闌欄攔瀾蘭籣難蟠姍珊跚攤灘壇檀（寒）亶担但誕秆罕旱焊侃嬾懶傘散繖饊膻坦袒（旱）犴岸按案粲燦璨厂旦但彈$_{\text{彈丸}}$憚杆旰骭幹榦扞汗垾悍捍閈漢暵熯翰瀚侃看爛難散炭歎贊（翰）

2. 合口一等陽聲韻

56→［uan］

端官冠倌棺觀獾歡貛讙驩貆寬髖巒鑾鸞欒灤狻痠酸湍團慱摶溥剜蜿豌丸汍紈完忨抏莞（桓）短緞斷筦管輨錧緩浣瘓澣款窾卵暖算疃盌脘椀纂（緩）竄爨段椴碫鍛斷冠觀$_{\text{道觀}}$

[1] 當是文讀，但是不成系統，所以不單立一條規則。

館毌貫祼盥灌瓘鸛奐喚換渙煥漶亂筭蒜彖玩翫惋琓腕鑽（換）

(57)→［an］（［uan］→［an］/P _，介音規則 B）

唇音：般瘢番瞞饅蔓謾潘蟠槃盤磐蹣（桓）伴拌滿（緩）半伴絆幔漫縵謾鏝判泮叛畔（換）

3. 開口二等陽聲韻

(58)→［an］

舌齒唇音：刪濟（刪）赧（潸）汕疝訕棧（諫）孱孱僝潺斕山羴（山）剗産滻鏟孱汕琖醆棧（産）扮辦辦盼綻（襇）

(59)→［ian］

牙喉音：姦菅顔（刪）閒$_{\text{離閒}}$諫晏堰雁鴳贗（諫）艱閒$_{\text{中閒}}$慳閑嫻癇鷳殷$_{\text{殷紅}}$（山）柬揀簡限眼（産）閒覵莧（襇）

4. 合口二等陽聲韻

(60)→［uan］

關寰還環轘闤鬟彎灣（刪）莞睆鯇皖綰撰饌（潸）串篡丱慣摜繯轘宦患豢擐涮（諫）鰥綸$_{\text{綸巾}}$頑（山）幻（襇）

(61)→［an］

唇音（［uan］→［an］/P _，介音規則 B）：扳班斑頒蠻謾攀（刪）阪板版鈑蝂（潸）嫚慢縵謾襻（諫）

5. 開口三等陽聲韻

(62)→［ian］

犍韃掀騫焉言甗（元）蹇幰偃蝘鼴巘（阮）建健腱憲獻郾堰（願）編箯鞭鯾扁便煎連漣鏈楝棉綿緜偏篇翩愆訔遷韆褰騫虔乾錢仙鮮躚涎焉鄢嫣延綖蜒（仙）褊辨辯剪翦戩謇蹇件踐鍵餞璉丏沔免俛勉娩冕偭勔愐湎緬黽輦諞搴淺遣繾鮮獮癹蘚衍演甗巘讞（獮）卞汴弁變便箭諓賤餞濺面譴線羨延衍甗彥唁喭諺堰（線）

(63)→［an］（［ian］→［an］/R _，介音規則 A）

知莊章組：單$_{\text{單于}}$嬋禪$_{\text{禪宗}}$蟬鋋潺潹纏躔然燃埏煽羴羶扇旃氈饘鱣鸇（仙）蕆闡善鄯墡蟺鱓展搌輾（獮）顫扇單$_{\text{姓}}$禪$_{\text{禪讓}}$嬗擅膳繕饍戰（線）

6. 合口三等陽聲韻

(64)→［yan］

喧暄諠萱諼冤眢鴛鵷元沅垣爰原袁猿援轅猨媛嫄源蝷黿（元）遠苑（阮）券勸怨愿願（願）娟捐鐫悛全佺荃痊筌詮輇銓泉蜷踡拳權顴宣瑄儇翾譞旋璇鏇璿蜎鳶員圓（仙）卷捲雋圈選（獮）卷捲倦睠眷狷絹院（線）

→［ian］*：鉛沿（仙）戀（線）

→［uan］*：宛婉菀琬畹（阮）

(65)→［uan］

知莊章組（［yan］→［uan］/R _，介音規則 C）：川穿船遄傳椽拴栓專甎顓（仙）舛喘軟蝡輭瑑篆譔（獮）傳釧轉譔饌囀篹（線）

來母（［yan］→［uan］/l _）：孿（仙）孌攣（線）

元韻系明$_{\text{微}}$母：挽晚輓（阮）万萬（願）

⑯→ [an]（[yan] → [an] /f _，介音規則 D）

元韻系唇音：番幡旛翻藩煩樊蕃燔璠蹯緐繁蘩（元）反返（阮）販飯嬔（願）

7. 開口四等陽聲韻

⑰→ [ian]

編偵滇蹎顛巔癲佃鈿肩堅箋研濺蓮憐眠年胼駢千仟阡芊牽前淺天田畋填闐先袄躚弦絃舷蚿賢咽烟胭湮煙妍研掔燕（先）扁匾惼碥稨緶辮典趼繭丏眄撚殄腆洗銑跣燹顯蝘宴（銑）遍佃鈿甸唸淀奠殿電澱見荐薦濺練鍊麪片茜倩蒨蜆現霰咽宴硯燕讌醼（霰）

8. 合口四等陽聲韻

⑱→ [yan]

涓鵑蠲睊玄懸淵蜎（先）犬畎泫鉉（銑）狷炫眩衒絢（霰）

→ [ian]*：縣（霰）

入聲韻的韻基發生了分化，開口一等舌齒音和二等演變爲 [a]，開口一等牙喉音和合口一等演變爲 [ɤ]，三、四等演變爲 [e]。具體如下：

9. 開口一等入聲韻

⑲→ [a]

舌齒音：妲怛靼達躂剌瘌蝲捺薩獺撻闥（曷）

⑳→ [ɤ]

牙喉音：遏閼割葛喝曷鞨鶡褐磕渴（曷）

10. 合口一等入聲韻

㉑→ [uo]（← [uɤ]）

撮咄剟裰掇敓奪聒豁活括栝筈蛞闊捋适捝脫斡（末）

㉒→ [o]（[uo] → [o] /P _，介音規則 B）

唇音：盋鉢撥鱍鈸帗末沫眛秣靺鏺（末）

11. 開口二等入聲韻

㉓→ [a]

舌齒唇音：捌剎獺（鎋）八拔察殺鎩煞紮扎札（黠）

㉔→ [ia]

牙喉音：舝轄鎋（鎋）戛黠揠軋（黠）

12. 合口二等入聲韻

㉕→ [ua]

刮鴰姡刷（鎋）滑猾空（黠）

13. 開口三等入聲韻

㉖→ [ie]

憋鷩別偈揭孑杰桀傑訐碣竭列洌烈裂滅苶孼糱瞥朅离渫緤褻（薛）揭碣竭羯朅歇蠍猲暍謁（月）

→ [ye]*：薛（薛）

㉗→ [ɤ]（← [e] / R _；[ie] → [e] /R _，介音規則 A）

知莊章組：掣徹撤澈熱舌設蜇折哲晰轍浙（薛）

14. 合口三等入聲韻

⑱→［ye］

絶蹶鋝缺雪悦閲（薛）撅孓掘厥蕨橛蹶闕曰月刖軏粤戉鉞越樾（月）

→［ie］*：劣（薛）

⑲→［uo］（←［ue］；［ye］→［ue］/R _ ，介音規則 C）

知莊章組：啜惙輟歠掇爇説拙茁（薛）

⑳→［a］

元韻系脣音：發伐筏閥罰髮（月）

㉑→［ua］

元韻系明微母：襪（月）

15. 開口四等入聲韻

㉒→［ie］

蹩瘪跌迭垤瓞絰耋螂拮袺結桔節截潔頡蔑篾蠛巇捏涅苶臬嵲鶂齧瞥切挈竊鐵餮楔絜擷襭纈屑頁噎（屑）

16. 合口四等入聲韻

㉓→［ye］

抉決玦觖訣駃鴂潏譎鐍缺闋穴血（屑）

## （八）效攝

效攝包括“蕭、篠、嘯”“宵、小、笑”“肴、巧、效”“豪、晧、號”四個韻系，十二個韻，韻基演變爲［au］。具體如下：

1. 開口一等

㉔→［au］

敖嗷獒遨熬聱螯謷鰲鼇翱鏖褒操曹嘈漕槽艚螬刀叨忉魛高膏篙羔餻皐槔櫜蒿薅毫豪壕濠號尻撈牢勞醪毛旄毦髦猺猱撓嚶袍搔臊騷弢掏絛搯滔縚韜濤饕咷洮逃桃陶啕萄綯檮鼗遭糟（豪）媪襖保堡葆褓緥寶抱艸草倒島擣禱道稻杲槀稾縞鎬好昊浩顥灝攷考栲老惱腦掃嫂討早蚤棗澡璪藻皁造燥（晧）傲奡奥澳懊鏊驁報暴虣糙幬導蹈到悼盜纛告郜誥好号犒靠潦嫪澇耄眊耄冒媢帽瑁腦掃造慥噪譟躁竈（号）

2. 開口二等

㉕→［au］

舌齒脣音：包苞胞抄鈔巢嘲貓茅蝥鐃拋脬咆庖狍炮匏跑鞘捎梢筲（肴）飽鮑吵炒卯茆昴爪（巧）豹爆皃貌淖鬧奓礮稍潲笊棹罩櫂（效）

㉖→［iau］

牙喉音：佼狡筊絞鉸攪巧齩（巧）教窖較酵覺孝哮效効校傚斆（效）交郊姣茭胶蛟跤鮫鵁膠轇教敲磽虓洨崤淆爻肴殽餚咬（肴）

3. 開口三等

㉗→［iau］

杓猋標熛鏢瀌鑣藨飆飍摽椒焦嶕蕉鐎鷦嬌驕鷮燎苗描剽漂螵飄瓢薸嫖劁橇鍫蹺荍喬僑橋蕎憔樵譙顦翹陶枵鴞宵消逍硝綃銷霄魈踋夭妖要腰邀姚珧傜媱搖猺遥窰繇謡（宵）膘表剽勡矯杪秒眇渺淼藐殍瞟悄愀小夭舀（小）驃裱俵摽嶠轎醮皭妙玅廟俏陗峭帩誚鞘䩫翹肖笑要曜燿耀鷂（笑）

⑱→［au］（［iau］→［au］/R _，介音規則 A）

知莊章組：弨超朝潮晁鼂蕘橈饒燒韶招昭釗（宵）嬈擾遶少紹兆旐詔照肇趙（小）少劭卲邵哨召（笑）

4. 開口四等

⑲→［iau］

瀌飍刁凋彫琱雕鯛貂澆僥徼嶠聊僚嘹嫽寮撩獠遼繚鷯瞭翹佻挑祧調蜩條迢苕髫跳梟蕭驍幺堯嶢（蕭）掉皎皦繳憭撩了鳥蔦嬲褭嫐挑窕筱篠曉杳窅竂（篠）弔掉釣調敫徼叫鐐尥料尿竅眺糶嘯（嘯）

## （九）果攝

果攝包括“歌、哿、箇”“戈、果、過”兩個韻系，六個韻，韻基演變爲［ɤ］。具體如下：

1. 開口一等

⑳→［ɤ］

牙喉音：阿文俄娥莪蛾鵝哥歌呵訶何河荷荷花苛柯牁珂軻（歌）哿舸荷負荷可岢（哿）餓个個箇賀（箇）

→［a］*：阿白

㉑→［uo］（←［uɤ］，轉爲合口）

舌齒音：搓磋蹉嵯醝多羅儸蘿籮鑼饠挪儺娑挲佗陀沱跎酡駝鮀鼉（歌）舵柁左（哿）馱佐作柞（箇）

個別牙音字*：我（哿）

→［a］*：他它（歌）大那（箇）

2. 合口一等

㉒→［uo］（←［uɤ］）

痤矬鍋過姓腡螺騾羸唆梭倭渦（戈）脞朵埵惰墮果菓蜾裹火夥禍蓏裸瘰嬴臝瑣鎖妥橢坐（果）剉挫銼剁惰過貨摞唾臥座（過）

㉓→［o］（［uo］→［o］/P _，介音規則 B）

唇音：波玻摩磨魔坡頗婆鄱皤（戈）跛簸叵（果）播簸磨破（過）

㉔→［ɤ］（轉爲開口）

部分牙喉音字：吪訛囮戈禾和龢盉科蝌稞窠髁（戈）顆（果）和唱和課（過）

3. 開口三等

㉕→［ie］（←［iɤ］）

茄伽（戈）

4. 合口三等

⑯→［ye］（←［yɤ］）

瘸靴（戈）

## （十）假攝

假攝衹有“麻、馬、禡”一個韻系，三個韻。假攝韻基發生了分化，二等演變爲［a］，三等演變爲［e］。具體如下：

1. 開口二等

⑰→［a］

舌齒唇音：巴芭爸豝鈀叉杈查茶差麻拏葩杷爬琶沙砂紗裟鯊渣楂皻（麻）把馬碼灑（馬）靶霸灞奼侘詫蜡禡罵帕怕吒乍爹詐榨（禡）

⑱→［ia］

牙喉音：家加迦枷珈痂笳跏嘉袈葭蝦遐瑕霞丫椏鴉牙芽衙（麻）𧗠斝賈假下車下夏夏朝啞雅（馬）假價嫁稼架駕暇下下降夏夏天嚇罅亞迓訝（禡）

2. 合口二等

⑲→［ua］

瓜花華譁鏵驊划夸姱誇媧洼蛙窪檛簻髽（麻）剮寡瓦（馬）化華樺胯跨瓦（禡）

→［a］*：傻（馬）

3. 開口三等

⑳→［ie］

爹嗟些邪斜耶椰（麻）姐乜且寫也冶野（馬）借藉藉口褯卸榭謝瀉夜（禡）

㉑→［ɤ］（←［e］/ R _；［ie］→［e］/R _，介音規則 A）

章組：車奢賒畬蛇遮（麻）惹捨社者赭（馬）舍赦射麝柘蔗鷓（禡）

## （十一）宕攝

宕攝包括“陽、養、漾、藥”“唐、蕩、宕、鐸”兩個韻系，八個韻。陽聲韻基演變爲［aŋ］，具體如下：

1. 開口一等陽聲韻

㉒→［aŋ］

肮昂幫倉滄蒼鶬藏當璫襠岡剛綱鋼崗行迒杭航康穅糠亢郎狼廊琅榔瑯邙忙芒茫囊雱滂霶旁螃髈桑喪湯棠堂螳唐塘搪溏瑭糖螗餹臧贓（唐）榜牓黨讜蕩盪盪沆慷朗莽漭蟒曩髒顙帑儻（蕩）盎傍謗當宕亢伉抗炕閌閬浪喪藏葬奘（宕）

2. 合口一等陽聲韻

㉓→［uaŋ］

光胱肓荒皇凰隍徨惶湟遑煌篁艎蝗黃潢璜癀簧蟥恍尪汪（唐）廣慌謊晃幌滉榥鄺（蕩）擴曠纊（宕）

3. 開口三等陽聲韻

⑩→ [iaŋ]

姜僵薑疆將漿螿良粱粱涼輬量糧娘孃羌戕斨蜣槍蹌蹡鏘強墻嬙薔檣搶香相廂湘箱緗鄉襄瓖鑲驤庠祥翔詳央泱殃秧鴦羊佯徉洋陽揚暘楊瘍颺（陽）蔣槳獎兩魎搶繈襁想鯗響饗象像橡鞅仰痒養（養）匠弶將醬踉兩亮量諒釀蹡餉嚮向相仰怏恙樣漾（漾）

⑩→ [aŋ]（[iaŋ] → [aŋ] /R，f _ ，介音規則 A）

知章組：昌猖閶鯧倀長萇徜常裳嘗償場瑒蘘穰瓤禳商傷殤觴張章鄣彰漳獐樟璋麞（陽）昶敞廠鱉壤攘賞上尚仉長掌丈仗杖（養）鬯倡唱悵暢讓尚漲帳脹障嶂瘴（漾）

唇音：方邡坊芳枋蚄鈁防妨房肪魴（陽）仿彷昉倣紡髣放（養）舫訪放（漾）

⑩→ [uaŋ]（轉爲合口）

莊組：創瘡牀霜孀騻驦鷞鸘妝莊裝（陽）爽（養）創愴壯狀（漾）

明微母：亡（陽）网罔惘輞魍（養）妄忘望（漾）

4. 合口三等陽聲韻

⑩→ [uaŋ]（[yaŋ] → [uaŋ]，介音規則 E）

匡筐框眶狂鵟王（陽）獷迋怳謊往枉（養）誆誑況貺旺（漾）

入聲韻有文、白兩種演變規則，文讀韻基演變爲 [ɤ]，白讀韻基演變爲 [au]。具體如下：

5. 開口一等入聲韻

⑩→ [ɤ]（文讀）

牙喉音：惡垩鄂崿愕蘁遌諤鍔顎鰐鶚噩鑩胳格閣各硌鉻涸貉壑鶴恪愙（鐸）

個別舌音字*：樂（鐸）

⑩→ [o]（[ɤ] → [o] /P _ ；文讀）

唇音：亳泊箔博搏膊鎛餺髆薄礴摸莫寞漠瘼粕（鐸）

→ [u]*：幕（鐸）

⑪ [uo]（← [uɤ]；文讀，轉爲合口）

舌齒音：剒錯厝度踱鐸洛落珞絡烙雒駱諾索託飥橐拓擲昨作（鐸）

⑪→ [au]（白讀）

薄郝貉酪烙落落枕樂鑿（鐸）

→ [a]*：落落下（鐸）

6. 合口一等入聲韻

⑫→ [uo]（← [uɤ]）

郭槨霍藿臒穫蠖鑊廓鞹（鐸）

7. 開口三等入聲韻

⑬→ [ye]（← [yɤ]；文讀，轉爲合口）

爵嚼爝噱掠略虐卻雀碏鵲削謔約龠瀹爚鑰籥躍（藥）

⑭→ [uo]（← [uɤ]；[yɤ] → [uɤ] /R _ ，介音規則 C；文讀）

知莊章組：辵逴綽婥若弱蒻箬妁爍鑠着灼酌斫斱禚（藥）

⑮→ [u]

脣音：縛（藥）

⑯→［iau］（白讀）

脚嚼削瘧藥鑰（藥）

⑰→［au］（［iau］→［au］/R _，介音規則 A；白讀）

知章組：勺芍着（藥）

8. 合口三等入聲韻

⑱→［ye］（←［yɤ］）

矍攫钁彠籰

## （十二）梗攝

梗攝包括“庚、梗、映、陌”“耕、耿、諍、麥”“清、静、勁、昔”“青、迥、徑、錫”四個韻系，十六個韻。陽聲韻基演變爲［əŋ］，具體如下：

1. 開口二等陽聲韻

⑲→［əŋ］

祊瞠鎗澄更庚賡鶊羹亨珩衡蘅坑磕棚彭澎膨生牲笙甥峥（庚）哽埂梗綆骾鯁冷猛艋蜢省眚（梗）牚更孟（映）繃橙耕牼硜鏗氓甿萌甍訇怦抨砰棚争峥狰箏錚丁伐木聲（耕）耿（耿）迸諍（諍）

→［aŋ］*：盲（庚）浜（耕）

⑳→［iŋ］（←［iəŋ］）

部分牙喉音字：粳行（庚）杏荇（梗）莖櫻鸚嚶鶯（耕）幸倖（耿）硬（諍）

2. 合口二等陽聲韻

㉑→［uŋ］（←［uəŋ］）

觵鬨（庚）訇揈轟泓吰宏竑翃鋐閎（耕）

→［əŋ］*：横（庚）

→［uaŋ］*：礦（梗）

3. 開口三等陽聲韻

㉒→［iŋ］（←［iəŋ］）

兵荆京鯨驚明鳴平坪苹枰評卿剠勍黥擎檠英媖瑛霙迎（庚）丙邴昞炳秉景璟儆憼璥警境影（梗）柄病敬竟鏡競命慶映（映）栟并旌晶菁睛精令名洺屏清輕情晴騂嬰攖瓔纓盈楹嬴瀛嬴（清）餅阱穽頸痙靖静領嶺請省郢癭（静）并併摒婧凈令娉姓性（勁）

→［əŋ］*：盟（庚）

㉓→［əŋ］（［iəŋ］→［əŋ］/R _，介音規則 A）

知莊章組：赬蟶成誠郕城宬呈程裎酲鯖聲盛怔鉦正（清）逞逞騁睁整（静）晟盛聖正政証鄭（勁）

→［ən］*：貞偵楨禎（清）

4. 合口三等陽聲韻

㉔→［yŋ］（←［yəŋ］）

兄（庚）永（梗）泳咏詠（映）觉惸瓊蔓（清）詗敻（勁）

→［iŋ］*：瑩（庚）憬璟（梗）傾坔營縈（清）頃潁穎（静）

⑫→［uŋ］（［yŋ］→［ɻuŋ］/陽平）

榮嶸蠑（庚）

5. 開口四等陽聲韻

⑯→［iŋ］（←［iəŋ］）

丁叮玎釘訂巠涇經伶囹岭泠苓柃玲瓴笭羚翎聆舲蛉鈴零鴒齡靈酃櫺醽冥溟蓂暝瞑螟榠銘寧嚀聹僜屏泍瓶萍青蜻鯖汀町聽廳廷庭亭停渟葶蜓霆星惺猩腥陘刑邢形型硎鉶（青）並併酊頂鼎訂剄脛茗酩濘挺鋌醒婞（迥）釘矴訂飣定錠經徑逕脛令佞濘磬罄（徑）

6. 合口四等陽聲韻

⑰→［yŋ］（←［yəŋ］）

坰扃駉（青）炅絅泂迥炯詗熲熲褧（迥）

→［iŋ］*：熒螢熒（青）

入聲韻的韻基發生了分化，二等文讀演變爲［ɤ］，白讀演變爲［ai］；三等和開口四等演變爲［i］；合口四等演變爲［y］。具體如下：

7. 開口二等入聲韻

⑱→［ɤ］（文讀）

額格骼鉻赫客嚇迮舴嘖擇澤齚齰磔（陌）策厄戹阸呃搤革鬲隔嗝滆槅膈核翮覈責嘖幘簀賾咋謫讁（麥）

⑲→［o］（［ɤ］→［o］/P＿；文讀）

唇音：帛伯柏舶鮊陌貊貘驀迫珀魄（陌）檗脈$_{脈脈}$眽（麥）

⑳→［ai］（白讀）[1]

白百佰柏拍迫$_{迫擊炮}$宅翟窄（陌）麥脈霢摘擇$_{擇菜}$（麥）

8. 合口二等入聲韻

㉛→［uo］（←［uɤ］，文讀）

虢漷嚄（陌）蟈幗摑漍膕聝馘剨獲（麥）

9. 開口三等入聲韻

㉜→［i］

屐戟逆郤隙綌虩（陌）萆辟碧壁襞躃迹積瘠踖蹐籍脊跡蹟鯽藉闢擗癖僻夕汐穸昔惜席蓆舃瀉亦奕弈益易埸晹蜴嶧懌斁繹譯驛（昔）

㉝→［ʅ］（［i］→［ʅ］/R＿）

知章組：尺彳赤石跖適螫釋隻跖摭蹠躑擲炙擿（昔）

→［uo］*：碩（昔）

10. 合口三等入聲韻

㉞→［i］

役疫（昔）

---

① 北京話部分開口二等牙喉音字白讀［ie］（←［iai］），如“隔”字白讀 jié、jiè，“客”讀 qiě。

11. 開口四等入聲韻

⑬→［i］

壁滴鏑狄荻迪笛頔滌嫡敵糸糴覿的勣擊墼激績寂鬲曆歷瀝櫪靂櫟瓅礫躒轢汨覓幎惄溺劈霹癖僻澼甓戚慼鏚鬄踢倜逖惕逷趯析淅菥晳錫覗檄鬩鶂鷁鷊（錫）

→［ʅ］*：喫

12. 合口四等入聲韻

⑬→［y］

狊鶪闃（錫）

## （十三）曾攝

曾攝包括“蒸、拯、證、職”“登、等、嶝、德”兩個韻系，八個韻。陽聲韻基演變爲［əŋ］，具體如下：

1. 開口一等陽聲韻

⑬→［əŋ］

崩層登燈恒棱稜楞瞢能朋堋棚鵬僧鼟滕縢螣藤騰籐藤曾增憎矰罾（登）等（等）蹭蹬凳鄧嶝磴鐙贈（嶝）

→［ən］*：肯（登）亙（嶝）

2. 合口一等陽聲韻

⑬→［uŋ］（←［uəŋ］）

肱薨弘

3. 開口三等陽聲韻

⑬→［iŋ］（←［iəŋ］）

冰兢陵凌淩裬綾鯪菱凝凭憑興應（蒸）膺鷹蠅興媵應譍（證）

→［in］*：矜（蒸）

→［yn］*：孕（證）

⑭→［əŋ］

知章組（［iəŋ］→［əŋ］/R _，介音規則A）：稱偁丞承乘塍澂懲澄扔仍礽升昇澠繩勝烝蒸徵癥（蒸）拯（拯）乘秤剩勝證（證）

精組*：嶒繒（蒸）甑（證）

入聲韻的韻基發生了分化，一等文讀演變爲［ɤ］，白讀演變爲［ei］；開口三等莊組文讀演變爲［ɤ］，白讀演變爲［ai］，其他演變爲［i］；合口三等演變爲［y］。具體如下：

4. 開口一等入聲韻

⑭→［ɤ］（文讀）

得德劾克剋刻仂芀玏泐勒肋塞特忒慝則（德）

⑭→［o］（［ɤ］→［o］/P _；文讀）

唇音：棘踣墨默纆万万俟（德）

⑭→［ei］（白讀）

北得黑勒肋賊鰂（德）

5. 合口一等入聲韻

⑭→［uo］（←［uɤ］，文讀）

國或惑（德）

6. 開口三等入聲韻

⑮→［i］

偪逼愊湢腷愎皕喞即亟極殛棘稷鯽力匿息熄絁蠹嶷鬵抑弋杙翊翌億憶薏臆癔翼（職）

⑯→［ʅ］（［i］→［ʅ］/R _ ）

知章組：敕飭食寔湜蝕識式拭栻軾飾織職直埴植殖陟（職）

⑰→［ɤ］（文讀）

莊組：側惻測色嗇濇穡仄（職）

⑱→［ai］（白讀）

莊組：側側歪色（職）

7. 合口三等入聲韻

⑲→［y］

洫域棫罭蜮魊（職）

## （十四）流攝

流攝包括“尤、有、宥”“侯、厚、候”“幽、黝、幼”三個韻系，九個韻，韻基演變爲［ou］，具體如下：

1. 開口一等

⑮→［ou］

兜篼溝篝鉤枸夠齁侯喉猴瘊睺篌糇餱彄摳瞘婁僂嘍蔞樓瞜耬螻髏摟區歐甌謳鷗漚抔掊裒偷媮投骰頭郰緅諏鯫（侯）陡斗阧抖枓蚪斜岣狗枸耇笱苟垢吼郈厚垕後口叩敂釦嶁漊簍某嘔偶耦藕剖掊叟嗾擻藪走（厚）湊腠輳豆荳逗脰竇鬥鬭佝姤茾媾搆遘構覯購瞉詬雊厚後后逅鮜候堠黌扣寇蔻鷇陋漏瘻鏤槈鎒漚嗽透奏（候）

→［u］*：瓿蔀篰母拇牡（厚）姆戊（候）

→［au］*：茂貿袤楙（候）

2. 開口三等

⑮→［iou］

啾鳩鬮流硫旒留遛榴瑠瘤鎦餾飀騮鶹劉瀏塗鏐牛龜龜茲丘邱蚯秋萩楸鞦鰍鰌鰌囚泅仇姓犰桸求俅逑毬球裘賕璆酋遒蝤觓休咻庥貅髹鵂羞修脩攸悠麀憂優鄾耰尤疣由油蚰郵猶斿游遊蝣猷蕕輶（尤）九久灸玖韭酒臼咎舅柳綹扭狃杻紐鈕糗朽友有卣酉羑莠槱牖黝誘（有）究灸疚柩救就僦廄舊鷲溜餾霤宿星宿秀岫袖褎繡柚又右佑祐侑囿宥狖鼬（宥）摎鏐鷚蚪璆呦幽（幽）糾赳黝蚴（黝）謬幼（幼）

→［iau］*：彪滮驫（幽）

→［au］*：矛蟊（尤）

→［ou］*：仇仇敵（尤）

⑮→［ou］(［iou］→［ou］/R，F _，介音規則 A)

知莊章組：抽紬搊瘳犨讎愁惆稠裯綢酬儔幬懤疇籌躊醻鍪柔揉蹂輮鰇收搜蒐州洲舟侜輈周賙盩謅媰鄒騶緅（尤）丑醜糅煣手守首壽受綬帚箒肘紂（有）臭粿輮煣狩售授綬壽瘦獸呪宙胄晝酎皺縐簉驟（宥）

部分尤韻系唇音：牟侔眸麰謀[1]（尤）缶否（有）

⑮→［u］（併入虞韻）

部分尤韻系唇音：芣罘浮桴蜉罦涪枹（尤）阜婦負蝜（有）副富復覆（宥）

## (十五）深攝

深攝衹有“侵、寑、沁、緝”一個韻系，四個韻。陽聲韻基演變爲［ən］，具體如下：

1. 開口三等陽聲韻

⑮→［in］(←［iən］)

金今衿禁襟林淋琳霖臨侵衾欽嶔芩琴禽擒檎恁心歆陰音喑愔瘖吟唫婬淫霪（侵）錦凜廩懍品寑梫鋟飲（寑）浸祲禁噤賃吣沁窨喑蔭飲癊（沁）

→［yn］*：尋[2]鄩潯樳鱘（侵）

→［iŋ］*：稟（寑）

⑮→［ən］(［iən］→［ən］/R _，介音規則 A)

知莊章組：岑涔郴綝琛沉忱訦諶壬任紝森參深砧針斟碪箴鍼（侵）訦磣荏稔恁袵葚餁沈審瀋諗瞫甚瘮枕朕（寑）讖任妊衽甚滲譖鴆（沁）

入聲韻基演變爲［i］，具體如下：

2. 開口三等入聲韻

⑮→［i］

緝及伋汲岌笈級急集輯給供給立笠粒泣葺吸翕噏歙習霫鰼隰襲卌揖邑唈悒挹浥熠（緝）

莊組*：戢霵（緝）

→［ɤ］*：澀（緝）[3]

→［ei］*：給（緝）

⑮→［ɿ］(［i］→［ɿ］/R _)

知章組：濕十什拾汁執縶（緝）

→［ɤ］*：蟄（緝）

→［u］*：入（緝）

→［ian］*：廿（緝）

---

① 明母字聲母未變微母。參看聲母演變部分規則⑧。

② “尋”字在部分口語詞（如“尋思”）中讀 xín。

③ 當是文讀，但是不成系統，所以不單立一條規則。

## （十六）咸攝

咸攝包括“覃、感、勘、合”“談、敢、闞、盍”“鹽、琰、豔、葉”“添、忝、㮇、帖”“咸、豏、陷、洽”“銜、檻、鑑、狎”“嚴、儼、釅、業”“凡、范、梵、乏”八個韻系，三十二個韻。陽聲韻基演變爲［an］，具體如下：

1. 開口一等陽聲韻

⑱→［an］

庵媕腤盦諳參驂蠶眈耽酖甔含函涵堪戡龕埁嵐男南楠毿篸貪覃潭譚曇壜探撢鐔簪（覃）唵晻揞慘噆憯黲默萏髧禫感鱤菡撼頷坎埳欿顑漤腩糝篸醰昝（感）暗賧淦紺贛灨淦琀憾勘轗篸撢（勘）慚聃僋擔澹甔甘坩泔苷柑蚶酣憨邯藍襤三弎倓郯痰談錟（談）埯黲膽黵啖啗敢橄喊罱覽攬欖菼毯鏨（敢）擔啖啗淡澹瀲瞰闞纜濫暫蹔鏨（闞）

2. 開口二等陽聲韻

⑲→［an］

舌齒唇音：讒饞喃摻杉（咸）斬湛（豏）站蘸（陷）攙巉鑱芟衫（銜）濫（檻）涉懺釤（鑑）

⑳→［ian］

牙喉音：涵瑊緘櫼鰜鵮咸鹹（咸）減鰜鹼臉歉（豏）歉陷（陷）監嵌銜巖（銜）檻（檻）艦監鑑鑒（鑑）

→［an］*：㺝（咸）黯（豏）

3. 開口三等陽聲韻

㉑→［ian］

砭尖熸殲漸匳廉鐮簾蠊鬑鐮黏僉籤拑鉗箝鈐黔潛銛暹纖撏崦淹醃閹懕炎閻檐簷鹽（鹽）晻貶儉撿檢瞼漸斂蘞瀲芡槧險嶮獫玁奄掩弇揜裣棪琰魘黶（琰）窆殮瀲塹槧焰燄厭爓饜驗豔（豔）杴腌醃嚴（嚴）儼广（儼）釅（釅）劍欠（梵）

㉒→［an］（［ian］→［an］/R _，介音規則 A）

知莊章組：覘襜幨襜蟾柟蚺髯痁苫占沾霑詹瞻（鹽）諂冉苒染閃睒剡颭（琰）韂苫贍掞占（豔）

4. 合口三等陽聲韻

㉓→［an］（［yan］→［an］/f _，介音規則 D）

帆颿凡（凡）釩犯范笵範（范）氾汎泛梵（梵）

5. 開口四等陽聲韻

㉔→［ian］

战兼蒹縑鰜鶼溓鬑拈鲇謙添黇恬甜湉嫌（添）點玷簟慊賺嗛歉忝銛（忝）坫店墊僭念埝（㮇）

入聲韻的韻基發生了分化，開口一等演變爲［a］（舌齒音）和［ɤ］（牙喉音），開口二等演變爲［a］，開口三、四等演變爲［e］，合口三等（唇音）演變爲［a］。具體如下：

6. 開口一等入聲韻

⑯⑤→［a］

舌齒音：褡沓答蛤鉿哈拉硌衲納靸颯趿漯遝踏帀雜（合）搭褡邋邋遢臘蠟鑞靸塔鰨搨遢榻蹋闒（盍）

⑯⑥→［ɤ］

牙喉音：鴿閤欱合郃盒頜溘（合）蓋姓盍闔榼磕嗑（盍）

7. 開口二等入聲韻

⑯⑦→［a］

舌齒音：臿插鍤歃霎箑劄煠牐眨（洽）閘霅（狎）

⑯⑧→［ia］

牙喉音：夾裌郟袷跲掐恰洽陜峽狹陿（洽）甲胛鉀呷匣狎押鴨壓（狎）

8. 開口三等入聲韻

⑯⑨→［ie］

接疌倢婕捷睫獵躐鬣鱲聶囁躡鑷妾楪葉曄燁饁靨（葉）劫怯脅業鄴（業）

⑰⓪→［ɤ］（←［e］/R _ ；［ie］→［e］/R _ ，介音規則 A）

知章組：涉慴懾攝灄歙摺輒襵讋（葉）

9. 合口三等入聲韻

⑰①→［a］

乏法瀍（乏）

10. 開口四等入聲韻

⑰②→［ie］

喋堞惵揲牒蝶諜蹀疊苶薾篛愜篋怗貼跕帖協叶勰屧燮躞（帖）

## 二、普通話韻母的來源

普通話共 38 個韻母，中古來源如下：

（1）［ɿ］的來源是止攝開口三等精組和部分莊組（規則⑳）。

（2）［ʅ］的來源是止攝開口三等知莊章組（規則㉑），蟹攝開口三等知章組（規則㉟），臻攝開口三等入聲知莊章組（規則52），梗攝開口三等入聲知章組（規則133），曾攝開口三等入聲知章組（規則146），深攝開口三等入聲知章組（規則157）。

（3）［ɚ］的來源是止攝開口三等日母（規則㉒）。

（4）［i］的來源是止攝開口三等（規則⑲），蟹攝開口三等（規則㉞）和開口四等（規則㊳），臻攝開口三等入聲（規則51），梗攝三等入聲（規則132 134）和開口四等入聲（規則135），曾攝開口三等入聲（規則145），深攝開口三等入聲（規則156）。

（5）［u］的來源是遇攝合口一等（規則㉕），三等唇音和知莊章組（規則㉗）；部分流攝開口三等尤韻系唇音字（規則153）；通攝合口一等入聲（規則⑥），合口三等入聲舌齒音（規則⑧）；臻攝合口一等入聲（規則50）；合口三等入聲唇音和知莊章組（規則

㊺)；宕攝三等入聲唇音（規則⑮）。

(6)［y］的來源是遇攝三等（規則㉖），通攝合口三等入聲牙喉音（規則⑦），臻攝合口三等入聲（規則㊸），梗攝合口四等入聲（規則㊱），曾攝合口三等入聲（規則㊾）。

(7)［a］的來源是假攝開口二等舌齒唇音（規則㊼）；山攝開口一等入聲舌齒音（規則㊹），開口二等入聲舌齒唇音（規則㊸），合口三等月韻唇音（規則㊵）；咸攝開口一等入聲舌齒音（規則㊺），開口二等入聲舌齒音（規則㊼），合口三等乏韻唇音（規則㉛）。

(8)［ia］的來源是假攝開口二等牙喉音（規則㊽），山攝開口二等入聲牙喉音（規則㊹），咸攝開口二等入聲牙喉音（規則㊽）。

(9)［ua］的來源是假攝合口二等（規則㊾）；山攝合口二等入聲（規則㊺），合口三等月韻明$_{微}$母（規則㊶）。

(10)［o］的來源是果攝合口一等唇音（規則㊸），江攝開口二等入聲唇音文讀（規則⑭），臻攝合口一等入聲唇音文讀（規則㊾），山攝合口一等入聲唇音（規則㉜），宕攝開口一等入聲唇音文讀（規則⑲），梗攝開口二等入聲唇音文讀（規則㉙），曾攝開口一等入聲唇音文讀（規則㊷）。

(11)［uo］的來源是果攝合口一等（規則㊷），開口一等舌齒音（規則㊶）；江攝開口二等入聲舌齒音文讀（規則⑯）；山攝合口一等入聲（規則㉑），合口三等入聲知莊章組（規則㊹）；宕攝合口一等入聲（規則⑫），開口一等入聲舌齒音（規則⑩），開口三等入聲知莊章組文讀（規則⑭）；梗攝合口二等入聲（規則㉛）；曾攝合口一等入聲（規則㊹）。

(12)［ɤ］的來源是果攝開口一等牙喉音（規則㊵），合口一等部分牙喉音字（規則㊹）；假攝開口三等章組（規則⑪）；臻攝開口一等入聲（規則㊽）；山攝開口一等入聲牙喉音（規則㉚），開口三等入聲知莊章組（規則㉗）；梗攝開口二等入聲文讀（規則㉘）；曾攝開口一等入聲文讀（規則㊶），開口三等入聲莊組文讀（規則㊼）；咸攝開口一等入聲牙喉音（規則㊻），開口三等入聲知章組（規則㉚）；宕攝開口一等入聲牙喉音文讀（規則⑱）。

(13)［ie］的來源是蟹攝開口二等牙喉音（規則㉜）；假攝開口三等（規則⑩）；果攝開口三等（規則㊺）；山攝開口三等入聲（規則㊻），開口四等入聲（規則㊷）；咸攝開口三等入聲（規則㊾），開口四等入聲（規則㉜）。

(14)［ye］的來源是果攝合口三等（規則㊻）；江攝開口二等入聲牙喉音文讀（規則⑮）；山攝合口三等入聲（規則㊽），合口四等入聲（規則㊸）；宕攝開口三等入聲文讀（規則⑬），合口三等入聲（規則⑱）。

(15)［ai］的來源是蟹攝開口一等（規則㉘），開口二等舌齒唇音（規則㉛）；梗攝開口二等入聲白讀（規則㉚）；曾攝開口三等入聲莊組白讀（規則㊽）。

(16)［uai］的來源是蟹攝合口二等（規則㉝）。

(17)［ei］的來源是止攝合口三等來母和微韻系唇音（規則㉔），蟹攝一等唇音和泥、來母（規則㉚），合口三等廢韻唇音（規則㊲）；曾攝開口一等入聲白讀（規則㊸）。

(18)［uei］的來源是止攝合口三等（規則㉓）；蟹攝合口一等（規則㉙），合口三等

（規則㊱），合口四等（規則㊴）。

（19）[au] 的來源是效攝開口一等（規則㉔），開口二等舌齒唇音（規則㉕），開口三等知莊章組（規則㉘）；江攝開口二等入聲唇音白讀（規則⑰）；宕攝開口一等入聲白讀（規則⑪），開口三等入聲知章組白讀（規則⑰）。

（20）[iau] 的來源是效攝開口二等牙喉音（規則㊳），開口三等（規則㊲），開口四等（規則㊴）；江攝開口二等入聲牙喉音白讀（規則⑱）；宕攝開口三等入聲白讀（規則⑯）。

（21）[ou] 的來源是流攝開口一等（規則⑮），開口三等知莊章組和尤韻系唇音（規則⑮）；通攝合口三等入聲知章組白讀（規則⑩）。

（22）[iou] 的來源是流攝開口三等（規則⑮），通攝合口三等入聲白讀（規則⑨）。

（23）[an] 的來源是山攝開口一等（規則㊿），合口一等唇音（規則㊿），開口二等舌齒唇音（規則㊿），合口二等唇音（規則㊿），開口三等知莊章組（規則㊿），合口三等元韻系唇音（規則㊿）；咸攝開口一等（規則⑮），開口二等舌齒唇音（規則⑮），開口三等知莊章組（規則⑯），合口三等凡韻系唇音（規則⑯）。

（24）[ian] 的來源是山攝開口二等牙喉音（規則㊾），開口三等（規則㊿），開口四等（規則㊿）；咸攝開口二等牙喉音（規則⑯），開口三等（規則⑯），開口四等（規則⑯）。

（25）[uan] 的來源是山攝合口一等（規則㊿），合口二等（規則㊿），合口三等知莊章組（規則㊿）。

（26）[yan] 的來源是山攝合口三等（規則㊿），合口四等（規則㊿）。

（27）[ən] 的來源是臻攝開口一等（規則㊵），合口一等唇音（規則㊷），開口三等知莊章組（規則㊹），合口三等文韻系唇音（規則㊼）；深攝開口三等知莊章組（規則⑮）。

（28）[in] 的來源是臻攝開口三等（規則㊸），深攝開口三等（規則⑮）。

（29）[uən] 的來源是臻攝合口一等（規則㊶），合口三等知章組和來母以及文韻系明$_{微}$母（規則㊻）。

（30）[yn] 的來源是臻攝合口三等（規則㊺）。

（31）[aŋ] 的來源是江攝開口二等唇音和部分牙音字（規則⑪）；宕攝開口一等（規則⑩），開口三等知章組和唇音（規則⑩）。

（32）[iaŋ] 的來源是江攝開口二等牙音（規則⑫）；宕攝開口三等（規則⑩）。

（33）[uaŋ] 的來源是江攝開口二等舌齒音（規則⑬）；宕攝合口一等（規則⑩），開口三等莊組和明$_{微}$母（規則⑩），合口三等（規則⑩）。

（34）[əŋ] 的來源是通攝合口一等唇音（規則②），合口三等唇音（規則⑤）；梗攝開口二等（規則⑪），開口三等知莊章組（規則⑫）；曾攝開口一等（規則⑬），開口三等知章組（規則⑭）。

（35）[iŋ] 的來源是梗攝開口二等部分牙喉音字（規則⑫），開口三等（規則⑫），開口四等（規則⑫）；曾攝開口三等（規則⑬）。

（36）[uəŋ] 的來源是通攝合口一等影母字（規則①）。

(37)［uŋ］的來源是通攝合口一等（規則①），合口三等舌齒音和部分牙音（規則④）；梗攝合口二等（規則⑫1）（原書圈碼121），合口三等匣母平聲字（規則⑫5）；曾攝合口一等（規則⑬8）。

(38)［yŋ］的來源是通攝合口三等喉音和部分牙音字（規則③）；梗攝合口三等（規則⑫4），合口四等（規則⑫7）。

# 第三節
# 《廣韻》聲調與普通話聲調的比較

中古的四聲在普通話裏演變爲陰平、陽平、上聲、去聲四個聲調。(1) 古平聲清聲母字今讀陰平，濁聲母字今讀陽平。(2) 古上聲清聲母和次濁聲母字今讀上聲，全濁聲母字今讀去聲。(3) 古去聲字不論清濁今讀均爲去聲。(4) 古入聲全濁聲母字今讀陽平，次濁聲母字今讀去聲，清聲母字今讀派入陰平、陽平、上聲、去聲四聲。需要説明一點，匣母屬於全濁聲母，但是匣母三等（云母）到三十六字母時已經與喻母合併，所以在聲調的演變上與次濁是一類。四聲的演變以及古今聲調的對照見表 3－2。

**表 3－2　四聲的演變和古今聲調對照**

<table>
<tr><th colspan="2">古</th><th>例字</th><th>今</th><th>例字</th><th colspan="2">古</th></tr>
<tr><td rowspan="3">平</td><td>清</td><td>般非都歸基栽支湘申雖</td><td>陰平</td><td>剥滴割鞠匝蜇濕歇</td><td rowspan="2">清</td><td rowspan="9">入</td></tr>
<tr><td>全濁</td><td>盤肥圖葵棋才持詳神隨</td><td rowspan="2">陽平</td><td>博鏑革菊則哲察脅</td></tr>
<tr><td>次濁</td><td>瞞違奴爲疑來兒羊人唯</td><td>薄笛　局雜轍食協</td><td>全濁</td></tr>
<tr><td rowspan="3">上</td><td>清</td><td>飽典感久子展好顯首所</td><td rowspan="2">上聲</td><td rowspan="2">筆百法鐵骨戟尺雪</td><td rowspan="5">清</td></tr>
<tr><td>次濁</td><td>滿禮染遠女覽友眼領以</td></tr>
<tr><td>全濁</td><td>抱辨稻件舅柱士似父旱</td><td rowspan="4">去聲</td><td rowspan="3">必的各祝觸促速赫</td></tr>
<tr><td rowspan="3">去</td><td>全濁</td><td>暴汴盜健舊住事寺附汗</td></tr>
<tr><td>清</td><td>報變到建救注試四傅漢</td></tr>
<tr><td>次濁</td><td>願望鋭利讓位浪漫命運</td><td>木襪納六月域育日</td><td>次濁</td></tr>
</table>

從表 3－2 可以看出：(1) 普通話的陰平來自古清聲母平聲字和部分清聲母入聲字；(2) 普通話的陽平來自古濁聲母平聲字、全濁聲母入聲字和部分清聲母入聲字；(3) 普通話的上聲來自古清聲母、次濁聲母上聲字和部分清聲母入聲字；(4) 普通話的去聲來自古去聲字、全濁聲母上聲字、次濁聲母入聲字和部分清聲母入聲字。

以上講的是調類的演變。至於調值，由於中古四聲的調值目前還不清楚，演變的情況也就無從説起。

## 思考與練習

一、舉例説明普通話捲舌音聲母的來源。

二、舉例説明普通話舌面音聲母的來源。

三、舉例説明普通話零聲母的來源。

四、舉例説明普通話舌尖元音韻母的來源。

五、舉例説明中古四聲到普通話的演變規律。

六、下列漢字《廣韻》的反切用普通話不能直接拼出正確的讀音，請解釋其原因。

| | | | |
|---|---|---|---|
| 1. 東，德紅切 | 2. 江，古雙切 | 3. 支，章移切 | 4. 齊，徂奚切 |
| 5. 皆，古諧切 | 6. 山，所間切 | 7. 豪，胡刀切 | 8. 石，常隻切 |
| 9. 談，徒甘切 | 10. 岐，巨支切 | 11. 董，多動切 | 12. 講，古項切 |
| 13. 蟹，鞋買切 | 14. 小，私兆切 | 15. 馬，莫下切 | 16. 蕩，徒朗切 |
| 17. 染，而琰切 | 18. 兒，汝移切 | 19. 眉，武悲切 | 20. 缶，方久切 |

# 第四章

# 上古音概要

# 第一節
# 古韻分部的沿革

上古音的研究是從古韻分部開始的。由於語音的變化，《詩經》中的很多詩篇魏晉以後讀起來就不押韻了。在很長一段時期裏，人們對語音的發展變化没有清楚的認識，於是提出了“叶音”（又稱“叶韻”“協句”）、“韻緩”等解釋。比如《邶風・燕燕》第三章：“燕燕于飛，上下其音。之子于歸，遠送于南。瞻望弗及，實勞我心。”《經典釋文》在“南”字下注：“如字。沈云：協句，宜乃林反。今謂古人韻緩，不煩改字。”沈重認爲如果要讀起來押韻的話，“南”應該讀成乃林反。而陸德明認爲古人用韻比較寬，所以不需要改讀。可見“叶音”就是爲求押韻和諧而改變漢字的讀音。

宋代朱熹在《詩集傳》《楚辭集注》中大量採用了叶音的辦法。如《周南・關雎》第三章：“參差荇菜，左右采之。窈窕淑女，琴瑟友之。”朱熹《詩集傳》在“采”字下注“叶此履反”（用音標表示即［tsʰi］），在“友”字下注“叶羽已反”（用音標表示即［ji］）。叶音説爲求押韻臨時改變漢字讀音，有時不可避免造成一個字不止一種叶音。如《召南・騶虞》第一章：“彼茁者葭，壹發五豝。于嗟乎騶虞。”朱熹在“虞”字下注“叶音牙”（用音標表示即［ŋa］）。第二章：“彼茁者蓬，壹發五豵。于嗟乎騶虞。”朱熹在“虞”字下注“叶五紅反”（用音標表示即［ŋoŋ］）。由於朱熹的倡導，叶音説在後世影響很大。

宋代開始有學者對古韻進行分部。鄭庠將古韻分爲六部：

第一部　東冬鍾江陽唐庚耕清青蒸登
第二部　支脂之微齊佳皆灰咍
第三部　魚虞模歌戈麻
第四部　真諄臻文欣元魂痕寒桓删山先仙
第五部　蕭宵肴豪尤侯幽
第六部　侵覃談鹽添咸銜嚴凡

由於没有擺脱叶音説的背景，鄭庠的分部注定是失敗的。正如江有誥在《音學十書・古韻凡例》中所批評的，鄭庠的分部“專就《唐韻》求其合，不能析《唐韻》求其分”，所以“雖分部至少，而仍有出韻”。如上舉《關雎》第三章“采”“友”爲韻，而依鄭氏分部，“采”在第二部，“友”在第五部。

到了明代，焦竑（1540—1620）、陳第（1541—1617）開始批判叶音説。陳第在《毛詩古音考》中指出：“時有古今，地有南北，字有更革，音有轉移。”明確地認識到語音是發展變化的，這就爲科學的古音研究奠定了理論基礎。

## 一、顧炎武的十部

科學的古韻分部始於明末清初的顧炎武。顧炎武（1613—1682），字寧人，號亭林，江蘇昆山人。古音學著作有《音學五書》，包括《音論》《詩本音》《易音》《唐韻正》《古音表》。他將古韻分爲十部[①]。

第一部　東冬鍾江

第二部　支半脂之微齊佳皆灰咍祭泰夬廢尤半　質術櫛昔半職物迄屑薛錫半月没曷末黠鎋麥半德屋半

第三部　魚虞模麻半侯　屋半沃半燭覺半藥半鐸半陌麥半昔半

第四部　真諄臻文欣元魂痕寒桓删山先仙

第五部　蕭宵肴豪尤半幽　屋半沃半覺半藥半鐸半錫半

第六部　歌戈麻半支半

第七部　陽唐庚半

第八部　庚半耕清青

第九部　蒸登

第十部　侵覃談鹽添咸銜嚴凡　緝合盍葉帖洽狎業乏

顧炎武的十部是第一個真正意義上的上古韻部系統。顧炎武最大的功績是創立了“離析《唐韻》”的方法，使得古韻研究走上科學的道路。他把“支、麻、尤、庚、屋、沃、覺、藥、鐸、麥、昔、錫”等各析爲二（或三），分屬不同韻部，這是以《詩經》用韻的實際情況爲根據的。如尤韻分屬第二部和第五部，從《詩經》用韻來看，兩部分字界限分明。以《國風》用韻爲例，“友、有、訧、否、久、謀、尤、丘、玖、右、裘”等屬第二部：

《周南·關雎》四章“采友”；
《周南·芣苢》一章“苢采有”；
《邶風·綠衣》三章“絲治訧”；
《邶風·匏有苦葉》四章“子否否友”；
《邶風·旄丘》二章“久以”；
《邶風·泉水》一章“淇思姬謀”；
《鄘風·載馳》四章“子尤思之”；
《衛風·氓》一章“蚩絲絲謀淇丘期媒期”；
《衛風·木瓜》一章“李玖”；
《王風·葛藟》二章“涘母母有”；
《王風·丘中有麻》三章“李子子玖”；
《秦風·蒹葭》三章“采已涘右沚”；

① 下引韻目舉平賅上去。後文所舉諸家韻部同此例。

《秦風·終南》一章“有梅止裘哉”；
《豳風·七月》四章“狸裘”。

“鳩、洲、逑、流、求、仇、裯、猶、誘、舟、憂、酒、遊、游、救、讎、售、悠、醜、慒、秋、狩、首、手、阜、𩪃、瘳、休、杻、褎、究、收、鞗、缶、懰、受、壽、韭、銶、遒”等屬第五部：

《周南·關雎》一章“鳩洲逑”，二章“流求”；
《周南·兔罝》二章“逵仇”；
《召南·小星》二章“昴裯猶”；
《召南·野有死麕》一章“包誘”；
《邶風·柏舟》一章“舟流憂酒遊”；
《邶風·谷風》四章“舟游求救”，五章“讎售”；
《邶風·泉水》四章“漕悠遊憂”；
《鄘風·墻有茨》一章“埽道道醜”；
《鄘風·載馳》一章“悠漕憂”；
《衛風·竹竿》四章“慒舟遊憂”；
《王風·黍離》一章“憂求”，二章“憂求”，三章“憂求”；
《王風·采葛》二章“蕭秋”；
《鄭風·叔于田》二章“狩酒酒好”；
《鄭風·大叔于田》三章“鴇首手阜”；
《鄭風·遵大路》二章“手𩪃好”；
《鄭風·風雨》二章“瀟膠瘳”；
《唐風·蟋蟀》三章“休慆憂休”；
《唐風·山有樞》二章“栲杻埽考保”；
《唐風·羔裘》二章“褎究好”；
《秦風·駟驖》一章“阜手狩”；
《秦風·小戎》一章“收鞗”，二章“阜手”；
《陳風·宛丘》三章“缶道翿”；
《陳風·月出》二章“皓懰受慅”；
《豳風·七月》六章“棗稻酒壽”，八章“蚤韭”；
《豳風·破斧》三章“銶遒休”。

顧炎武的分部還不夠精密，有待後人修正，但是他的首創之功是不可磨滅的。

## 二、江永的十三部

江永（1681—1762），字慎修，江西婺源人。古音學著作有《古韻標準》。江永將古韻分爲十三部。

第一部　東冬鍾江
第二部　分支　脂之微　齊佳皆灰咍　分尤　祭泰夬廢
第三部　魚　分虞　模　分麻
第四部　真諄臻文殷魂痕　分先
第五部　元寒桓刪山　分先　仙
第六部　分蕭　宵　分肴　分豪
第七部　歌戈　分麻　分支
第八部　陽唐　分庚
第九部　分庚　耕清青
第十部　蒸登
第十一部　分尤　侯　幽　分虞　分蕭　分肴　分豪①
第十二部　侵　分覃　分談　分鹽
第十三部　分覃　分談　分鹽　添咸銜嚴凡

江永的主要貢獻有：(1) 將顧炎武第三部中的虞韻的一部分和侯韻分出，離析了虞韻。這部分字應當是獨立的一部（侯部），而江永將其歸到第十一部（幽部），是其不足。(2) 將顧炎武的第四部分爲第四（真部、文部）和第五（元部）兩部，離析了先韻。(3) 將顧炎武的第五部分爲第六（宵部）和第十一（幽部）兩部，離析了蕭、肴、豪三韻。(4) 將顧炎武的第十部分爲第十二（侵部）和第十三（談部）兩部，離析了覃、談、鹽三韻。

江永還將入聲分爲八部。

第一部　屋　分沃　燭　分覺
第二部　質術櫛物迄没　分屑　分薛
第三部　月曷末黠轄　分屑　分薛
第四部　藥鐸　分沃　分覺　分陌　分麥　分昔　分錫
第五部　分麥　分昔　分錫
第六部　分麥　職德
第七部　緝　分合　分葉　分洽
第八部　分合　盍　分葉　帖業　分洽　狎乏

江永主張"數韻共一入"，所以他的入聲韻部實際上是獨立的。

清代古音學分爲考古和審音兩派，考古派單純從歸納《詩經》用韻建立上古韻部，審音派則結合音理分析韻部。江永精通等韻學，長於審音，是清代古音學審音派的先驅。

## 三、段玉裁的十七部

段玉裁（1735—1815），字若膺，號懋堂，江蘇金壇人。古音學著作有《六書音均

① 江永《古韻標準》第十一部原有"分宵"，衹有"陶儦"二字。這兩個字都有問題。爲照顧系統性，這裏不列"分宵"。參看：王力．漢語語音史．濟南：山東教育出版社，1987：42.

表》。段玉裁將古韻分爲十七部。

第一部　之咍　職德
第二部　蕭宵肴豪
第三部　尤幽　屋沃燭覺
第四部　侯
第五部　魚虞模　藥鐸
第六部　蒸登
第七部　侵鹽添　緝葉帖
第八部　覃談咸銜嚴凡　合盍洽狎業乏
第九部　東冬鍾江
第十部　陽唐
第十一部　庚耕清青
第十二部　真臻先　質櫛屑
第十三部　諄文欣魂痕
第十四部　元寒桓山仙
第十五部　脂微齊皆灰　祭泰夬廢　術物迄月没曷末黠鎋薛
第十六部　支佳　陌麥昔錫
第十七部　歌戈麻

雖然没有像顧炎武、江永那樣注出“某半”或“分某”，但是段玉裁一樣離析了《唐韻》，這在他的《詩經韻分十七部表》中反映得非常清楚。

段玉裁的主要貢獻有：(1) 將顧炎武、江永的第二部分爲第一（之部）、第十五（脂部、微部）和第十六（支部）三部。(2) 將江永的第四部分爲第十二（真部）和第十三（文部）兩部。(3) 將江永的第十一部分爲第三（幽部）和第四（侯部）兩部。(4) 在韻部的排列次序上，顧炎武、江永大體沿用《廣韻》韻目的次序，段玉裁開始按照上古韻部的遠近關係排列，這就進一步突破了《廣韻》的樊籬。(5) 提出“凡同諧聲者必同部”的原則，將諧聲分析的方法系統化。

## 四、戴震的二十五部

戴震（1723—1777），字東原，安徽休寧人。著有《聲韻考》《聲類表》《答段若膺論韻》等。戴震是江永的弟子、段玉裁的老師，但是其古音學説發表得比段玉裁要晚。戴震最初將古韻分爲七類二十部，後來改爲九類二十五部。

第一類：阿第一　歌戈麻
　　　　烏第二　魚虞模
　　　　堊第三　鐸
第二類：膺第四　蒸登

噫第五　之咍
億第六　職德
第三類：翁第七　東冬鍾江
謳第八　尤侯幽
屋第九　屋沃燭覺
第四類：央第十　陽唐
夭第十一　蕭宵肴豪
約第十二　藥
第五類：嬰第十三　庚耕清青
娃第十四　支佳
戹第十五　陌麥昔錫
第六類：殷第十六　真諄臻文殷魂痕
衣第十七　脂微齊皆灰
乙第十八　質術櫛物迄没
第七類：安第十九　元寒桓刪山先仙
靄第二十　祭泰夬廢
遏第二十一　月曷末黠鎋屑薛
第八類：音第二十二　侵
邑第二十三　緝
第九類：醃二十四　覃談鹽添咸銜嚴凡
諜二十五　合盍葉帖洽狎業乏

戴震的主要貢獻有：（1）分出一個靄部（祭部）。（2）入聲韻部獨立，陰、陽、入三聲相配。戴震是繼江永之後清代古音學審音派的重要代表。

戴震的不足：（1）不承認段玉裁第三（幽部）和第四（侯部）分立、第十二（真部）和第十三（文部）分立。這與他的陰、陽、入三聲相配的理論有關。（2）陰、陽、入三聲相配不盡準確，特别是將歌部歸入陽聲韻是完全錯誤的。

## 五、孔廣森的十八部

孔廣森（1752—1786），字衆仲，山東曲阜人，戴震弟子。著有《詩聲類》，將古韻分爲十八部。

原類第一　　歌類第十
丁類第二（辰通用）　支類第十一（脂通用）
辰類第三　　脂類第十二
陽類第四　　魚類第十三
東類第五　　侯類第十四

| | |
|---|---|
| 冬類第六 | 幽類第十五 |
| 侵類第七 | 宵類第十六 |
| 蒸類第八 | 之類第十七 |
| 談類第九 | 合類第十八 |

第一至第九爲陽聲韻，第十至十八爲陰聲韻，依次相配。

孔廣森的主要貢獻有：（1）東、冬分立，離析了東韻。段玉裁在晚年給江有誥的信中接受了這個意見（見《答江晉三論韻》）。（2）提出“陰陽對轉”的理論。陰陽對轉的理論對於研究古韻的系統性非常重要。孔廣森認爲陰陽對轉是方言現象，他説：“分陰分陽，九部之大綱；轉陽轉陰，五方之殊音。”這也是非常可貴的。此外，他還將入聲合部獨立出來，儘管他把合部看作陰聲韻，但這對考古派來説也是一個突破。

孔廣森的不足：（1）真、文不分。這與他的陰陽對轉理論相關，因爲真、文都與脂相配，這就又回到江永的老路上去了。到後來脂、微分開以後，這就不成問題了。（2）宵、侵、合、談四部的對轉關係不夠準確，特别是把合部看作陰聲韻是完全錯誤的。

## 六、王念孫的二十一部

王念孫（1744—1832），字懷祖，號石臞，江蘇高郵人，戴震弟子。著有《古韻譜》，將古韻分爲二十一部。

| | | | | |
|---|---|---|---|---|
| 東第一 | 平 | 上 | 去 | |
| 蒸第二 | 平 | 上 | 去 | |
| 侵第三 | 平 | 上 | 去 | |
| 談第四 | 平 | 上 | 去 | |
| 陽第五 | 平 | 上 | 去 | |
| 耕第六 | 平 | 上 | 去 | |
| 真第七 | 平 | 上 | 去 | |
| 諄第八 | 平 | 上 | 去 | |
| 元第九 | 平 | 上 | 去 | |
| 歌第十 | 平 | 上 | 去 | |
| 支第十一 | 平 | 上 | 去 | 入 |
| 至第十二 | | | 去 | 入 |
| 脂第十三 | 平 | 上 | 去 | 入 |
| 祭第十四 | | | 去 | 入 |
| 盍第十五 | | | | 入 |
| 緝第十六 | | | | 入 |
| 之第十七 | 平 | 上 | 去 | 入 |
| 魚第十八 | 平 | 上 | 去 | 入 |

| | | | | |
|---|---|---|---|---|
| 侯第十九 | 平 | 上 | 去 | 入 |
| 幽第二十 | 平 | 上 | 去 | 入 |
| 宵第二十一 | 平 | 上 | 去 | 入 |

同段玉裁的十七部相比，王念孫的二十一部多出了至、祭、盍、緝四部。祭部包括戴震的靄、遏兩部，比戴説更爲合理。至部是王念孫的創見。他看到了至部的獨立性，這是對的，但是没有理清至部同脂部的關係。孔廣森分出獨立的入聲合部，王念孫進一步將其分成盍、緝兩部。這兩部没有陰聲韻相配，所以考古派能夠將其獨立出來。王念孫晚年接受了孔廣森的意見，將東、冬兩部分開。

## 七、江有誥的二十一部

江有誥（？—1851），字晉三，號古愚，安徽歙縣人。著有《音學十書》，實際刊行的衹有《詩經韻讀》《群經韻讀》《楚辭韻讀》《先秦韻讀》《諧聲表》《入聲表》《唐韻四聲正》七種。江有誥將古韻分爲二十一部。

| | |
|---|---|
| 之部第一 | 之咍　職德　灰尤屋三分之一 |
| 幽部第二 | 尤幽　蕭肴豪之半　沃之半　屋覺錫三分之一 |
| 宵部第三 | 宵　蕭肴豪之　沃藥鐸之半　覺錫三分之一 |
| 侯部第四 | 侯　燭　虞之半　屋覺三分之一 |
| 魚部第五 | 魚模　陌　虞麻之半　藥鐸麥昔之半 |
| 歌部第六 | 歌戈　麻之半　支三分之一 |
| 支部第七 | 佳　齊之半　支三分之一　麥昔之半　錫三分之一 |
| 脂部第八 | 脂微皆灰　質術櫛物迄没屑　齊黠之半　支三分之一 |
| 祭部第九 | 祭泰夬廢　月曷末鎋薛　黠之半 |
| 元部第十 | 元寒桓山刪仙　先三分之一 |
| 文部第十一 | 文欣魂痕　真三分之一　諄之半 |
| 真部第十二 | 真臻先　諄之半 |
| 耕部第十三 | 耕清青　庚之半 |
| 陽部第十四 | 陽唐　庚之半 |
| 東部第十五 | 鍾江　東之半 |
| 中部第十六 | 冬　東之半 |
| 蒸部第十七 | 蒸登 |
| 侵部第十八 | 侵覃　咸凡之半 |
| 談部第十九 | 談鹽添嚴銜　咸凡之半 |
| 葉部第二十 | 葉帖業狎乏　盍洽之半 |
| 緝部第廿一 | 緝合　盍洽之半 |

江有誥考古、審音都很精通，是清代古音學的集大成者。他接受了孔廣森的意見將

東、冬（中）分開。他没有接受王念孫的至部，從考古派的角度來講也是合理的。江有誥對各韻部中入聲字的分配做了詳密的考察，這是他的重要貢獻。

## 八、古韻分部的補苴

古韻分部的工作從顧炎武開始，歷經幾代學者的努力，到王念孫、江有誥已經基本完成。近代以來在古韻分部上有所貢獻的學者主要有章炳麟、黄侃和王力。

章炳麟（1869—1936），字太炎，浙江餘杭人。古音學説主要見於《文始》和《國故論衡》。章氏將古韻分爲二十三部：在王念孫二十一部的基礎上，從孔廣森東、冬分部，又將脂部中的去入聲字分出，獨立爲一個隊部。章氏晚年主張將冬部併入侵部。[①]章炳麟主要的貢獻是分出一個隊部。至此，乙類韻部中的入聲（韻尾爲-t）祭（月）部、至（質）部、隊（物）部和丙類韻部中的入聲（韻尾爲-p）緝部、葉部全部獨立出來了，考古派能夠分出的入聲韻部最多如此。

黄侃（1886—1935），字季剛，湖北蘄春人，章炳麟弟子。黄侃在章炳麟二十三部的基礎上，將之、宵、侯、魚、支五部的入聲獨立出來，分古韻爲二十八部，並以陰、陽、入三聲相配。黄侃主要的貢獻是陰、陽、入三分，不足是没有將幽部的入聲獨立出來。

王力（1900—1986）受章炳麟隊部的啟發，將陰聲韻中的脂、微兩部分開，又從章氏晚年的意見將冬部併入侵部，分古韻爲二十三部。後來，王力將之、幽、宵、侯、魚、支六部的入聲獨立出來，將古韻分爲二十九部，並認爲到戰國時代冬部從侵部分化出來，成爲三十部。《詩經》中冬部與侵部押韻的衹有七例，見於《大雅》、《秦風》和《豳風》，可能是方言現象。而且，從諧聲來看，冬、侵兩部涇渭分明，冬部應該獨立。所以我們採用王力三十部的系統。

# 第二節
# 上古漢語三十部

傳統古音學的貢獻主要在劃分韻部上，在推測讀音方面缺乏科學的方法。陳第在《毛詩古音考》中用直音或反切給《詩經》的四百多個韻字注了古讀，如：友，音以；馬，音姥；京，音疆。清代的古音學家大體上都繼承了陳第的辦法，他們在多數韻部的

---

① 嚴可均（1762—1843）已經主張冬、侵合併。

讀音上看法與陳第一致，比如顧炎武在《詩本音》中的注音：友，古音以；馬，古音莫補反，與姥同；京，音疆。

上古一個韻部中往往包含《廣韻》中多個韻，清代古音學家的辦法就是從中選出一個“古本韻”，認爲它保存了古讀。這個方法是不科學的。第一，將問題簡單化。語音演變的情況很複雜，所謂“古本韻”不可能全部原封不動地保留下來。第二，不講音變條件。如果“友”“以”同音，“馬”“姥”同音，“京”“疆”同音，就無法解釋後來讀音的分化。第三，不注意古音的系統性。比如，魚部和陽部是對轉的，如果魚部（如“馬”字）讀［u］，陽部（如“京”字）讀［aŋ］，元音不同，如何對轉呢？

因爲没有科學的方法，陳第以及清代古音學家所推測的古讀很多都是不可靠的。比如，陳第和後來清代的學者幾乎一致認爲“馬”古讀“姥”（用國際音標寫出來就是［mu］），而根據現代學者的研究，事實恰恰相反，魚部主要元音是［a］，“馬”［ma］反而更爲接近古讀。由於方法本身的局限，有時難免會顯得技窮。支、脂、之三分是段玉裁的重要發現，但是按照他的“擬測”，這三部都應該讀［i］。這讓他迷惑不解，於是在晚年給江有誥的信中説：“能確知所以支、脂、之分爲三之本源乎？何以陳隋以前支韻必獨用，千萬中不一誤乎？足下沈潛好學，當必能窺其機倪。僕老耄，倘得聞而死，豈非大幸也！”（《答江晉三論韻》）

最早用現代語言學的方法系統地構擬漢語上古音的是瑞典漢學家高本漢（Bernhard Karlgren），其後在上古音構擬上有代表性的學者有董同龢、陸志韋、王力、周法高、李方桂、斯塔羅斯金（С. А. Старостин）、白一平（W. H. Baxter）、鄭張尚芳等。

擬測上古韻部主要從以下幾個方面入手：

其一，通過比較同一韻部中的中古韻母推測上古讀音。

其二，通過對轉關係考察同類韻部的讀音。

其三，通過韻部的遠近關係考察相鄰韻部的讀音。

比如，學者們大都認爲魚部的主要元音是［a］。這可以從幾個方面來證明。（1）魚部中有中古的魚［jo］、虞［ju］、模［u］、麻［a，ja，ua］等韻母。元音高化的音變比較常見，所以將魚部元音擬爲［a］，其他的各種中古形式都可以用元音高化來解釋。（2）跟魚部有對轉關係的陽聲韻陽部中有中古的陽［jɑŋ，juɑŋ］、唐［ɑŋ，uɑŋ］、庚［ɐŋ，jɐŋ，uɐŋ，juɐŋ］等韻母，大致都還保留着 a 類元音。此外，魚部中有一些擬聲詞，如“烏”（摹擬烏鴉叫聲，上古擬音 *ʔa）、“呱”（摹擬嬰兒啼哭聲，上古擬音 *kwa）；漢代把 Alexandria 譯成“烏弋山離”，用魚部的“烏”對譯 a。這些都説明魚部的主要元音是［a］。

段玉裁開始注意韻部的遠近關係，這對於構擬韻部的讀音非常重要。在確定魚部元音爲［a］以後，就可以依次擬測出侯［ɔ］、宵［o］、幽［u］各部的元音（這是依照江有誥的排列次序）。

上古三十韻部按照對轉關係可以分爲十一類，按照韻尾的發音部位可以分爲甲（韻尾爲舌根音）、乙（韻尾爲舌尖音）、丙（韻尾爲雙唇音）三大類。表 4－1 展示了三十韻部及其擬音（據王力《漢語語音史》）。

表 4-1　上古漢語韻部表

| | | 陰聲韻 | 入聲韻 | 陽聲韻 |
|---|---|---|---|---|
| 甲類 | 第一類 | 之 ə | 職 ək | 蒸 əŋ |
| | 第二類 | 幽 u | 覺 uk | 冬 uŋ |
| | 第三類 | 宵 o | 藥 ok | |
| | 第四類 | 侯 ɔ | 屋 ɔk | 東 ɔŋ |
| | 第五類 | 魚 a | 鐸 ak | 陽 aŋ |
| | 第六類 | 支 e | 錫 ek | 耕 eŋ |
| 乙類 | 第七類 | 歌 ai | 月 at | 元 an |
| | 第八類 | 脂 ei | 質 et | 真 en |
| | 第九類 | 微 əi | 物 ət | 文 ən |
| 丙類 | 第十類 | | 緝 əp | 侵 əm |
| | 第十一類 | | 葉 ap | 談 am |

附：上古三十韻部諧聲偏旁和《詩經》用韻舉例[①]

1. 之部［ə］

（1）聲首：

絲聲　台聲　里聲　來聲　思聲　其聲　𦣞聲　龜聲　𠂹聲　又聲　有聲
尤聲　右聲　而聲　之聲　事聲　蚩聲　市聲　某聲　才聲　𢦏聲　在聲
母聲　佩聲　久聲　臺聲　以聲　能聲　矣聲　疑聲　亥聲　郵聲　牛聲
茲聲　不聲　丕聲　甾聲　辭聲　司聲　丘聲　采聲　友聲　否聲　音聲
宰聲　啚聲　止聲　齒聲　巳聲　己聲　耳聲　士聲　喜聲　寺聲　史聲
吏聲　負聲　婦聲　舊聲　乃聲　再聲　子聲　裘聲　怪聲

（2）《詩經》用韻舉例：

采采芣苢，薄言采之。采采芣苢，薄言有之。（《周南·芣苢》一章）

氓之蚩蚩，抱布貿絲。匪來貿絲，來即我謀。送子涉淇，至于頓丘。匪我愆期，子無良媒。將子無怒，秋以為期。（《衛風·氓》一章）

2. 職部［ək］

（1）聲首：

弋聲　式聲　刻聲　畐聲　戒聲　異聲　北聲　食聲　戠聲　意聲　備聲
直聲　德聲　則聲　賊聲　革聲　或聲　或聲　息聲　亟聲　力聲　棘聲
嗇聲　色聲　塞聲　仄聲　服聲　麥聲　克聲　得聲　伏聲　牧聲　墨聲
黑聲　匿聲　畟聲　忒聲　敕聲　飾聲　螣聲

（2）《詩經》用韻舉例：

坎坎伐輻兮，寘之河之側兮，河水清且直猗。不稼不穡，胡取禾三百億兮？不狩不獵，胡瞻爾庭有縣特兮？彼君子兮，不素食兮？（《魏風·伐檀》二章）

碩鼠碩鼠，無食我麥！三歲貫女，莫我肯德。逝將去女，適彼樂國。樂國樂國，爰

① 主要依據王力《詩經韻讀》，略有修訂。

得我直。(《魏風·碩鼠》二章)

3. 蒸部［əŋ］

(1) 聲首：

丞聲　承聲　徵聲　兢聲　弘聲　肱聲　冰聲　登聲　乘聲　仍聲　爯聲
亙聲　夌聲　興聲　瘖聲　朕聲　升聲　曾聲　馮聲　凭聲　朋聲　蠅聲
弓聲　夢聲　瞢聲

(2)《詩經》用韻舉例：

捄之陾陾，度之薨薨，築之登登，削屢馮馮。百堵皆興，鼛鼓弗勝。(《大雅·緜》六章)

爾牧來思，以薪以蒸，以雌以雄。爾羊來思，矜矜兢兢，不騫不崩。麾之以肱，畢來既升。(《小雅·無羊》三章)

4. 幽部［u］

(1) 聲首：

求聲　流聲　州聲　休聲　舟聲　憂聲　斿聲　曹聲　攸聲　條聲　修聲　蕭聲
椒聲　秋聲　翏聲　舀聲　孚聲　卯聲　丣聲　留聲　壽聲　周聲　矛聲　柔聲
孜聲　包聲　匋聲　幽聲　酉聲　臭聲　叟聲　牢聲　爪聲　蚤聲　丩聲　收聲
囚聲　秀聲　冒聲　好聲　報聲　手聲　老聲　牡聲　獸聲　雔聲　帚聲　首聲
道聲　守聲　鴇聲　阜聲　缶聲　由聲　戊聲　丑聲　丂聲　考聲　保聲　簋聲
受聲　棗聲　韭聲　臼聲　咎聲　早聲　昊聲　孝聲　鳥聲　肘聲　麃聲　牟聲
彪聲　蒐聲　討聲　牖聲　幼聲　廄聲　褎聲　焦聲　薅聲

(2)《詩經》用韻舉例：

就其深矣，方之舟之。就其淺矣，泳之游之。何有何亡？黽勉求之。凡民有喪，匍匐救之。(《邶風·谷風》四章)

吉日維戊，既伯既禱。田車既好，四牡孔阜。升彼大阜，從其群醜。(《小雅·吉日》一章)

5. 覺部［uk］

(1) 聲首：

學聲　覺聲　六聲　畜聲　祝聲　匊聲　肅聲　叔聲　复聲　肉聲　毒聲　夙聲
目聲　竹聲　逐聲　𢍏聲　粥聲　昱聲　告聲　奧聲　就聲　戮聲　戚聲　迪聲
育聲

(2)《詩經》用韻舉例：

昔我往矣，日月方奧。曷云其還？政事愈蹙。歲聿云莫，采蕭獲菽。心之憂矣，自詒伊戚。念彼共人，興言出宿。豈不懷歸？畏此反覆。(《小雅·小明》三章)

父兮生我，母兮鞠我。拊我畜我，長我育我，顧我復我，出入腹我。(《小雅·蓼莪》四章)

6. 冬部［uŋ］

(1) 聲首：

中聲　躬聲　蟲聲　融聲　戎聲　冬聲　宗聲　彤聲　農聲　夅聲　隆聲

眾聲　宋聲　宮聲

(2)《詩經》用韻舉例：

于以采蘩？于澗之中。于以用之？公侯之宮。(《召南・采蘩》二章)

喓喓草蟲，趯趯阜螽。未見君子，憂心忡忡；既見君子，我心則降。赫赫南仲，薄伐西戎。(《小雅・出車》五章)

7. 宵部［o］

(1) 聲首：

爻聲　肴聲　教聲　堯聲　朝聲　要聲　票聲　麃聲　幺聲　杳聲　夭聲　囂聲

梟聲　号聲　敖聲　尿聲　交聲　尞聲　了聲　料聲　勞聲　腦聲　巢聲　喿聲

小聲　肖聲　少聲　笑聲　苗聲　猋聲　表聲　毛聲　刀聲　到聲　召聲　羔聲

盜聲　弢聲　高聲　喬聲　杲聲　兆聲　肈聲　鼂聲　䍃聲　徼聲　呶聲　傚聲

(2)《詩經》用韻舉例：

皎皎白駒，食我場苗。縶之維之，以永今朝。所謂伊人，於焉逍遥。(《小雅・白駒》一章)

鴻雁于飛，哀鳴嗷嗷。維此哲人，謂我劬勞；維彼愚人，謂我宣驕。(《小雅・鴻雁》三章)

8. 藥部［ok］

(1) 聲首：

卓聲　丵聲　暴聲　雀聲　爵聲　勺聲　約聲　釣聲　的聲　弱聲　龠聲　敫聲

覈聲　竅聲　激聲　虐聲　樂聲　隺聲　翟聲　濯聲　耀聲　糴聲　沃聲　翯聲

貌聲　駁聲　較聲　蹻聲

(2)《詩經》用韻舉例：

揚之水，白石鑿鑿。素衣朱襮，從子于沃。既見君子，云何不樂？(《唐風・揚之水》一章)

寬兮綽兮，猗重較兮。善戲謔兮，不為虐兮。(《衛風・淇奧》三章)

9. 侯部［ɔ］

(1) 聲首：

侯聲　婁聲　兜聲　寇聲　冓聲　豆聲　扇聲　禺聲　朱聲　區聲　需聲　俞聲

芻聲　臾聲　句聲　須聲　取聲　乳聲　后聲　後聲　口聲　斗聲　鬥聲　樹聲

晝聲　殳聲　裕聲　飫聲　侮聲　付聲

(2)《詩經》用韻舉例：

山有樞，隰有榆。子有衣裳，弗曳弗婁；子有車馬，弗馳弗驅。宛其死矣，他人是愉。(《唐風・山有樞》一章)

南山有枸，北山有楰。樂只君子，遐不黃耇？樂只君子，保艾爾後。(《小雅・南山有臺》五章)

10. 屋部［ɔk］

(1) 聲首：

屋聲　谷聲　殼聲　角聲　族聲　獄聲　足聲　束聲　玉聲　賣聲　辱聲　曲聲

蜀聲 木聲 录聲 粟聲 菐聲 豖聲 卜聲 局聲 鹿聲 禿聲 奏聲

(2)《詩經》用韻舉例：

誰謂雀無角？何以穿我屋？誰謂女無家？何以速我獄？雖速我獄，室家不足。(《召南・行露》二章)

益之以霢霂，既優既渥，既沾既足，生我百穀。(《小雅・信南山》二章)

11. 東部［ɔŋ］

(1) 聲首：

東聲 公聲 丰聲 奉聲 夆聲 同聲 邕聲 雍聲 豐聲 叢聲 从聲 從聲 封聲 容聲 凶聲 充聲 茸聲 舂聲 囪聲 雙聲 嵩聲 龙聲 龍聲 龎聲 孔聲 冢聲 竦聲 冗聲 共聲 工聲 送聲 弄聲

(2)《詩經》用韻舉例：

嘒彼小星，三五在東。肅肅宵征，夙夜在公。寔命不同。(《召南・小星》一章)

我車既攻，我馬既同。四牡龎龎，駕言徂東。(《小雅・車攻》一章)

12. 魚部［a］

(1) 聲首：

魚聲 車聲 且聲 于聲 夫聲 吴聲 虎聲 虞聲 壺聲 舁聲 烏聲 於聲 圖聲 乎聲 巫聲 楚聲 疏聲 居聲 初聲 古聲 与聲 與聲 巨聲 土聲 無聲 吕聲 鹵聲 女聲 處聲 羽聲 鼓聲 股聲 雨聲 五聲 吾聲 予聲 午聲 户聲 武聲 鼠聲 禹聲 旅聲 圉聲 宁聲 蠱聲 普聲 莽聲 䀠聲 下聲 舍聲 素聲 牙聲 巴聲 瓜聲 麤聲 父聲 叚聲 馬聲 夏聲 寡聲 斝聲 互聲 步聲 家聲 者聲 去聲 兔聲

(2)《詩經》用韻舉例：

山有扶蘇，隰有荷華。不見子都，乃見狂且。(《鄭風・山有扶蘇》一章)

碩人俣俣，公庭萬舞。有力如虎，執轡如組。(《邶風・簡兮》二章)

13. 鐸部［ak］

(1) 聲首：

睪聲 車聲 各聲 亞聲 惡聲 庶聲 度聲 亦聲 石聲 舄聲 夕聲 隻聲 獲聲 若聲 逆聲 朔聲 郭聲 戟聲 乇聲 宅聲 昔聲 霍聲 炙聲 白聲 尺聲 赤聲 赫聲 壑聲 隙聲 霸聲 矍聲 索聲 虢聲 乍聲 射聲 百聲 咢聲 橐聲

(2)《詩經》用韻舉例：

裳裳者華，或黄或白。我覯之子，乘其四駱。乘其四駱，六轡沃若。(《小雅・裳裳者華》三章)

執爨踖踖，爲俎孔碩。或燔或炙。君婦莫莫，爲豆孔庶。爲賓爲客，獻酬交錯。禮儀卒度，笑語卒獲。神保是格。報以介福，萬壽攸酢。(《小雅・楚茨》三章)

14. 陽部［aŋ］

(1) 聲首：

王聲 往聲 狂聲 昜聲 爿聲 方聲 亢聲 光聲 羊聲 襄聲 囊聲 畺聲

強聲　桑聲　梁聲　央聲　昌聲　倉聲　相聲　亨聲　卬聲　量聲　亡聲　香聲
尪聲　黄聲　卿聲　鄉聲　网聲　爽聲　兩聲　象聲　丈聲　上聲　向聲　尚聲
競聲　兕聲　望聲　兵聲　京聲　庚聲　唐聲　康聲　兄聲　彭聲　慶聲　羹聲
明聲　永聲　冏聲　皿聲　並聲　丙聲　秉聲　杏聲　竟聲

(2)《詩經》用韻舉例：

彼汾一方，言采其桑。彼其之子，美如英；美如英，殊異乎公行。(《魏風·汾沮洳》二章)

東方明矣，朝既昌矣。匪東方則明，月出之光。(《齊風·雞鳴》二章)

15. 支部［e］

(1) 聲首：

支聲　知聲　卑聲　斯聲　此聲　氏聲　卮聲　兒聲　規聲　醯聲　巂聲
兮聲　只聲　虒聲　豸聲　是聲　廌聲　解聲　圭聲　危聲　奚聲　谿聲
瑞聲　買聲　系聲

(2)《詩經》用韻舉例：

鹿斯之奔，維足伎伎。雉之朝雊，尚求其雌。譬彼壞木，疾用無枝。心之憂矣，寧莫之知。(《小雅·小弁》五章)

伯氏吹塤，仲氏吹篪。及爾如貫，諒不我知。出此三物，以詛爾斯。(《小雅·何人斯》七章)

16. 錫部［ek］

(1) 聲首：

易聲　朿聲　刺聲　責聲　策聲　畫聲　辰聲　派聲　脈聲　厤聲　益聲　析聲
辟聲　鬲聲　脊聲　狊聲　厄聲　狄聲　彳聲　冊聲　擊聲　謚聲　役聲

(2)《詩經》用韻舉例：

中唐有甓，邛有旨鷊。誰侜予美，心焉惕惕。(《陳風·防有鵲巢》二章)

謂地蓋厚，不敢不蹐。維號斯言，有倫有脊。哀今之人，胡為虺蜴。(《小雅·正月》六章)

17. 耕部［eŋ］

(1) 聲首：

青聲　晶聲　井聲　耕聲　形聲　争聲　生聲　星聲　省聲　正聲　定聲　熒聲
鶯聲　榮聲　盈聲　贏聲　嬰聲　幸聲　寧聲　頃聲　穎聲　磬聲　聲聲　敬聲
冋聲　迥聲　冥聲　扃聲　耿聲　鳴聲　名聲　平聲　并聲　刑聲　甹聲　靈聲
丁聲　成聲　鼎聲　貞聲　呈聲　廷聲　聽聲　巠聲　聖聲

(2)《詩經》用韻舉例：

瞻彼淇奥，緑竹青青。有匪君子，充耳琇瑩，會弁如星。(《衛風·淇奥》二章)

殖殖其庭，有覺其楹，噲噲其正，噦噦其冥。君子攸寧。(《小雅·斯干》五章)

18. 歌部［ai］

(1) 聲首：

哥聲　戈聲　我聲　義聲　羲聲　果聲　咼聲　它聲　也聲　施聲　多聲　移聲

宜聲　朵聲　妥聲　羅聲　羸聲　㽨聲　禾聲　和聲　龢聲　科聲　可聲　奇聲
臥聲　左聲　隋聲　墮聲　隨聲　惰聲　坐聲　貟聲　惢聲　沙聲　叉聲　麻聲
靡聲　摩聲　加聲　瓦聲　化聲　爲聲　皮聲　波聲　罷聲　羆聲　垂聲　唾聲
差聲　吹聲　炊聲　离聲　麗聲　詈聲　羈聲

(2)《詩經》用韻舉例：

瞻彼淇奧，綠竹猗猗。有匪君子，如切如磋，如琢如磨。(《衛風·淇奧》一章)

有兔爰爰，雉離于羅。我生之初，尚無為。我生之後，逢此百罹。尚寐無吪。(《王風·兔爰》一章)

19. 月部［at］

(1) 聲首：

月聲　曰聲　粵聲　舌聲　刷聲　殺聲　伐聲　蔑聲　罰聲　剌聲　賴聲　獺聲
辣聲　戉聲　越聲　昏聲　厥聲　闕聲　犮聲　鱖聲　肺聲　旆聲　沛聲　寽聲
劣聲　列聲　桀聲　臬聲　薛聲　孽聲　蘗聲　孑聲　絶聲　叕聲　折聲　誓聲
禼聲　雪聲　戌聲　威聲　歲聲　噦聲　竄聲　臡聲　吠聲　乂聲　艾聲　刈聲
埶聲　勢聲　熱聲　肄聲　摯聲　贅聲　鷙聲　制聲　世聲　曳聲　祭聲　蔡聲
察聲　筮聲　曷聲　丐聲　愒聲　謁聲　介聲　夬聲　決聲　快聲　害聲　割聲
轄聲　契聲　絜聲　齧聲　邁聲　厲聲　蠆聲　毳聲　脆聲　最聲　衛聲　睿聲
外聲　拜聲　會聲　貝聲　敗聲　薙聲　帶聲　兑聲　鋭聲　説聲　閲聲　脱聲
大聲　泰聲　達聲　厥聲　怛聲　癶聲

(2)《詩經》用韻舉例：

匪風發兮，匪車偈兮。顧瞻周道，中心怛兮。(《檜風·匪風》一章)

民亦勞止，汔可小愒。惠此中國，俾民憂泄。無縱詭隨，以謹醜厲。式遏寇虐，無俾正敗。戎雖小子，而式弘大。(《大雅·民勞》四章)

20. 元部［an］

(1) 聲首：

元聲　寒聲　蹇聲　安聲　晏聲　宴聲　匽聲　萑聲　寬聲　丸聲　雚聲　權聲
勸聲　完聲　夗聲　宛聲　亘聲　桓聲　嘆聲　漢聲　難聲　雁聲　彥聲　顔聲
炭聲　産聲　反聲　飲聲　乾聲　翰聲　韓聲　幹聲　旋聲　焉聲　衍聲　燕聲
羨聲　閑聲　顯聲　憲聲　縣聲　姦聲　宦聲　幻聲　獻聲　原聲　然聲　赧聲
研聲　豣聲　爰聲　遣聲　肩聲　閒聲　柬聲　練聲　建聲　見聲　干聲　旱聲
罕聲　言聲　看聲　侃聲　肙聲　官聲　貫聲　卵聲　耑聲　盥聲　喘聲　段聲
軟聲　丹聲　旦聲　亶聲　短聲　彖聲　單聲　般聲　半聲　輦聲　㒼聲　繭聲
曼聲　番聲　眷聲　卷聲　弁聲　卞聲　緜聲　邊聲　面聲　片聲　繁聲　攀聲
贊聲　散聲　潸聲　算聲　篡聲　爨聲　鮮聲　扇聲　山聲　刪聲　巽聲　選聲
專聲　袁聲　團聲　還聲　展聲　延聲　穿聲　斷聲　戔聲　前聲　全聲　廛聲
連聲　聯聲　䜌聲　亂聲　奐聲

(2)《詩經》用韻舉例：

乘彼垝垣，以望復關。不見復關，泣涕漣漣。既見復關，載笑載言。爾卜爾筮，體

無咎言。以爾車來，以我賄遷。(《衛風・氓》二章)

篤公劉，于胥斯原。既庶既繁，既順乃宣，而無詠嘆。陟則在巘，復降在原。(《大雅・公劉》二章)

21. 脂部［ei］

(1) 聲首：

旨聲 伊聲 夷聲 稽聲 卟聲 笄聲 几聲 启聲 齊聲 妻聲 屖聲 米聲
氐聲 弟聲 豊聲 黎聲 匕聲 尼聲 耆聲 比聲 師聲 眉聲 美聲 皆聲
尸聲 履聲 豕聲 矢聲 雉聲 皛聲 癸聲 示聲 私聲 兕聲 黹聲 朿聲
姊聲 二聲 次聲 貳聲 細聲 蠡聲 祁聲 死聲 爾聲 彌聲

(2)《詩經》用韻舉例：

相鼠有體，人而無禮。人而無禮，胡不遄死。(《鄘風・相鼠》三章)

既張我弓，既挾我矢。發彼小豝，殪此大兕。以御賓客，且以酌醴。(《小雅・吉日》四章)

22. 質部［et］

(1) 聲首：

質聲 必聲 一聲 抑聲 實聲 吉聲 戜聲 七聲 即聲 節聲 日聲 栗聲
桼聲 叱聲 畢聲 失聲 血聲 逸聲 乙聲 疾聲 匹聲 佾聲 穴聲 利聲
戾聲 棄聲 器聲 季聲 惠聲 彗聲 計聲 繼聲 薊聲 四聲 隶聲 閉聲
替聲 屆聲 翳聲 自聲 鼻聲 畀聲 至聲 疐聲 轡聲 奰聲 壹聲 懿聲
密聲 謐聲 瑟聲 肸聲 屑聲 悉聲 蝨聲 闋聲

(2)《詩經》用韻舉例：

阪有漆，隰有栗。既見君子，並坐鼓瑟。今者不樂，逝者其耋。(《秦風・車鄰》二章)

其未醉止，威儀抑抑。曰既醉止，威儀怭怭。是曰既醉，不知其秩。(《小雅・賓之初筵》三章)

23. 真部［en］

(1) 聲首：

真聲 㐱聲 臣聲 臤聲 塵聲 藺聲 進聲 人聲 千聲 仁聲 年聲 佞聲
申聲 陳聲 身聲 辛聲 親聲 燊聲 信聲 盡聲 津聲 晉聲 秦聲 旬聲
匀聲 寅聲 因聲 令聲 引聲 印聲 憖聲 齔聲 粦聲 命聲 民聲 頻聲
奠聲 天聲 丏聲 賓聲 虔聲 吞聲 淵聲 玄聲 牽聲 尹聲 扁聲 疢聲

(2)《詩經》用韻舉例：

乃如之人也，懷婚姻也。大無信也，不知命也。(《鄘風・蝃蝀》三章)

彼何人斯？胡逝我陳？我聞其聲，不見其身。不愧于人，不畏于天。(《小雅・何人斯》三章)

24. 微部［əi］

(1) 聲首：

敚聲 徽聲 豈聲 肥聲 尾聲 毀聲 火聲 褱聲 飛聲 罪聲 輩聲 悲聲

妃聲　韋聲　威聲　委聲　魏聲　回聲　衣聲　幾聲　歸聲　追聲　雷聲　纍聲
磊聲　耒聲　枚聲　夔聲　頪聲　遺聲　隹聲　匯聲　綏聲　衰聲　水聲　毅聲
祋聲　鬼聲　魁聲　希聲　頎聲

(2)《詩經》用韻舉例：

日居月諸，胡迭而微？心之憂矣，如匪澣衣。靜言思之，不能奮飛。(《邶風・柏舟》五章)

是以有衮衣兮，無以我公歸兮，無使我心悲兮。(《豳風・九罭》四章)

25. 物部［ət］

(1) 聲首：

勿聲　卒聲　出聲　朮聲　率聲　帥聲　兀聲　弗聲　没聲　矞聲　突聲　骨聲
鬱聲　聿聲　八聲　戛聲　气聲　既聲　愛聲　胃聲　貴聲　未聲　寐聲　位聲
退聲　祟聲　類聲　内聲　對聲　尉聲　孛聲　配聲　遂聲

(2)《詩經》用韻舉例：

日居月諸，東方自出。父兮母兮，畜我不卒。胡能有定，報我不述。(《邶風・日月》四章)

漸漸之石，維其卒矣。山川悠遠，曷其没矣。武人東征，不皇出矣。(《小雅・漸漸之石》二章)

26. 文部［ən］

(1) 聲首：

文聲　閔聲　豩聲　焚聲　分聲　貧聲　盆聲　糞聲　豶聲　奮聲　熏聲　昷聲
云聲　魂聲　允聲　夋聲　酸聲　殷聲　悤聲　君聲　軍聲　囷聲　困聲　煇聲
斤聲　旂聲　近聲　筋聲　巾聲　堇聲　屯聲　春聲　辰聲　臺聲　隼聲　準聲
寸聲　尊聲　孫聲　鯀聲　飧聲　薦聲　濬聲　卂聲　盾聲　侖聲　殿聲　臀聲
豚聲　昆聲　鰥聲　衮聲　昏聲　圂聲　門聲　聞聲　問聲　奔聲　賁聲　本聲
艮聲　豳聲　先聲　川聲　順聲　訓聲　舛聲　舜聲　存聲　員聲　典聲　殄聲
西聲　洒聲　亹聲　免聲　亜聲　刃聲　胤聲　壼聲

(2)《詩經》用韻舉例：

大車哼哼，毳衣如璊。豈不爾思，畏子不奔。(《王風・大車》二章)

旱既大甚，滌滌山川。旱魃為虐，如惔如焚。我心憚暑，憂心如薰。群公先正，則不我聞。昊天上帝，寧俾我遯。(《大雅・雲漢》五章)

27. 緝部［əp］

(1) 聲首：

咠聲　十聲　汁聲　習聲　合聲　拾聲　翕聲　濕聲　隰聲　蹈聲　沓聲
立聲　邑聲　集聲　雜聲　襲聲　讋聲　及聲　執聲　蟄聲　𦐇聲　颯聲
納聲　軜聲　入聲

(2)《詩經》用韻舉例：

中谷有蓷，暵其濕矣。有女仳離，啜其泣矣。啜其泣矣，何嗟及矣。(《王風・中谷有蓷》三章)

龍盾之合，鋈以觼軜。言念君子，温其在邑。（《秦風・小戎》二章）

28. 侵部［əm］

（1）聲首：

侵聲　寢聲　心聲　森聲　兓聲　潛聲　蠶聲　深聲　探聲　審聲　冘聲　沈聲
枕聲　耽聲　甚聲　斟聲　堪聲　壬聲　南聲　男聲　淫聲　音聲　歆聲　今聲
含聲　貪聲　金聲　禽聲　飲聲　念聲　陰聲　錦聲　銜聲　琴聲　林聲　禁聲
品聲　臨聲　參聲　三聲　尋聲　稟聲　廩聲　凡聲　風聲　咸聲　覃聲

（2）《詩經》用韻舉例：

青青子衿，悠悠我心。縱我不往，子寧不嗣音。（《鄭風・子衿》一章）

彼何人斯，其為飄風。胡不自北，胡不自南。胡逝我梁，祇攪我心。（《小雅・何人斯》四章）

29. 葉部［ap］

（1）聲首：

盍聲　枼聲　劦聲　曄聲　聶聲　業聲　燮聲　妾聲　涉聲　輒聲　巤聲
疌聲　疊聲　匝聲　劫聲　法聲　乏聲　臿聲　甲聲　夾聲　曷聲

（2）《詩經》用韻舉例：

芄蘭之葉，童子佩韘。雖則佩韘，能不我甲。（《衛風・芄蘭》二章）

戎車既駕，四牡業業。豈敢定居，一月三捷。（《小雅・采薇》

30. 談部［am］

（1）聲首：

炎聲　兼聲　廉聲　僉聲　韱聲　占聲　甜聲　冉聲　染聲　陜聲　閃聲　弇聲
奄聲　詹聲　臽聲　監聲　覽聲　欠聲　坎聲　函聲　犯聲　甘聲　恬聲　厭聲
敢聲　嚴聲　芟聲　斬聲　漸聲　毚聲

（2）《詩經》用韻舉例：

大車檻檻，毳衣如菼。豈不爾思，畏子不敢。（《王風・大車》一章）

節彼南山，維石巖巖。赫赫師尹，民具爾瞻。憂心如惔，不敢戲談。國既卒斬，何用不監。（《小雅・節南山》一章）

# 第三節
# 上古漢語的聲調

從語言的普遍性來看，聲調的區別往往是在語言的發展過程中由音質成分的區別演化而來的，並不是語言的原始特徵。對於漢語聲調的起源也有不少學者做過探討，其中影響較大的是聲調起源於輔音韻尾説。據唐作藩（2006）的統計，中古同調類的字自相押韻的在《詩經》中占80％以上。這説明中古聲調的區别在《詩經》時代已經基本形成；同時，由於同調類相押的情況並非百分之百，説明當時“聲調”的區别已經不可能是在韻尾上了，而衹能是一種“非音質”的區别。

中古四聲之中去聲的情況比較特殊。《詩經》中去聲字經常與入聲字押韻（加點字爲韻腳，其中黑體字是去聲字）：

一之日觱發，二之日栗烈。無衣無褐，何以卒**歲**。（《豳風·七月》一章）

鸛鳴于垤，婦嘆于室。灑埽穹窒，我征聿**至**。（《豳風·東山》三章）

執爨踖踖，爲俎孔碩。或燔或炙。君婦莫莫，爲豆孔**庶**。爲賓爲客，獻酬交錯。禮儀卒**度**，笑語卒獲。神保是格。報以介福，萬壽攸酢。（《小雅·楚茨》三章）

我行其野，言采其葍。不思舊姻，求爾新特。成不以**富**，亦衹以**異**。（《小雅·我行其野》三章）

間關車之舝兮，思孌季女**逝**兮。匪飢匪渴，德音來括。（《小雅·車舝》一章）

從諧聲來看，去聲字也與入聲字關係密切：

| | |
|---|---|
| 弋（入聲）—代（去聲） | 夜（去聲）—液（入聲） |
| 各（入聲）—路（去聲） | 告（去聲）—梏（入聲） |
| 北（入聲）—背（去聲） | 至（去聲）—室（入聲） |
| 折（入聲）—逝（去聲） | 祭（去聲）—察（入聲） |
| 翟（入聲）—耀（去聲） | 兑（去聲）—説（入聲） |
| 發（入聲）—廢（去聲） | 世（去聲）—泄（入聲） |
| 列（入聲）—例（去聲） | 害（去聲）—割（入聲） |

段玉裁主張古無去聲。王力認爲上古有兩種入聲：一種是長入，後來演變爲去聲；一種是短入，到中古仍爲入聲。在諧聲和押韻中常常與入聲發生關係的那部分去聲字就是上古的長入聲字。不與入聲發生關係的去聲字，王力認爲是由上古的平聲和上聲變來的：

濟濟蹌蹌，絜爾牛羊，以往烝嘗。或剥或亨，或肆或將。祝祭于祊，祀事孔明。先祖是皇，神保是饗[1]。孝孫有**慶**，報以介福，萬壽無疆。（《小雅·楚茨》二章）

爾殽既將，莫怨具**慶**。（《小雅·楚茨》六章）

以我齊明，與我犧羊，以社以方。我田既臧，農夫之**慶**。（《小雅·甫田》二章）

曾孫之稼，如茨如梁；曾孫之庾，如坻如京。乃求千斯倉，乃求萬斯箱。黍稷稻粱，農夫之**慶**。報以介福，萬壽無疆。（《小雅·甫田》四章）

裳裳者華，芸其黄矣。我覯之子，維其有章矣。維其有章矣，是以有**慶**矣。（《小雅·裳裳者華》二章）

① “饗”上古也是平聲字。

維此王季，因心則友，則友其兄，則篤其慶。載錫之光，受祿無喪，奄有四方。（《大雅・皇矣》三章）

秋而載嘗，夏而楅衡。白牡騂剛，犧尊將將。毛炰胾羹，籩豆大房。萬舞洋洋，孝孫有慶。俾爾熾而昌，俾爾壽而臧。保彼東方，魯邦是常。（《魯頌・閟宮》四章）

江有沱，之子歸，不我過。不我過，其嘯也歌。（《召南・江有汜》三章）

考槃在阿，碩人之薖。獨寐寤歌，永矢弗過。（《衛風・考槃》二章）

習習谷風，以陰以雨。黽勉同心，不宜有怒。（《邶風・谷風》一章）

君子如怒，亂庶遄沮。（《小雅・巧言》二章）

王赫斯怒，爰整其旅，以按徂旅，以篤于周祜，以對于天下。（《大雅・皇矣》五章）

憂心殷殷，念我土宇。我生不辰，逢天僤怒。自西徂東，靡所定處。多我覯痻，孔棘我圉。（《大雅・桑柔》四章）

王奮厥武，如震如怒。進厥虎臣，闞如虓虎。鋪敦淮濆，仍執醜虜。截彼淮浦，王師之所。（《大雅・常武》四章）

從《詩經》的用韻來看，不與入聲發生關係的去聲字也有自相押韻的：

如彼雨雪，先集維霰。死喪無日，無幾相見。樂酒今夕，君子維宴。（《小雅・頍弁》三章）

雝雝鳴雁，旭日始旦。士如歸妻，迨冰未泮。（《邶風・匏有苦葉》三章）

羔裘晏兮，三英粲兮。彼其之子，邦之彥兮。（《鄭風・羔裘》三章）

受天之祜，四方來賀。於萬斯年，不遐有佐。（《大雅・下武》六章）

上古漢語已經存在變調構詞，去聲在變調構詞中往往承擔滋生詞的角色。在變調構詞中，原始詞並不一定是入聲，那麼滋生詞自然也不一定是長入聲。比如“好”字，形容詞讀上聲，由變調構詞構成的動詞讀去聲，而不應該是長入聲。從《詩經》的押韻來看，形容詞的“好”一般與上聲押韻：

宜言飲酒，與子偕老。琴瑟在御，莫不靜好。（《鄭風・女曰雞鳴》二章）

緇衣之好兮，敝予又改造[1]兮。（《鄭風・緇衣》二章）

叔于狩[2]，巷無飲酒。豈無飲酒？不如叔也，洵美且好。（《鄭風・叔于田》二章）

遵大路兮，摻執子之手兮。無我魗兮，不寁好也。（《鄭風・遵大路》二章）

田車既好，四牡孔阜。東有甫草，駕言行狩。（《小雅・車攻》二章）

驕人好好，勞人草草。（《小雅・巷伯》五章）

稼穡維寶，代食維好。（《大雅・桑柔》六章）

子之茂[3]兮，遭我乎峱之道兮。並驅從兩牡兮，揖我謂我好兮。（《齊風・還》二章）

① “造”字“製作”義讀“昨早切”，上聲。

② “狩”字在上古是上聲字。

③ “茂”字在上古是上聲字。

吉日維戊，既伯既禱。田車既好，四牡孔阜。升彼大阜，從其群醜。（《小雅·吉日》一章）

動詞的“好”一般與去聲押韻：

知子之好之，雜佩以報之。（《鄭風·女曰雞鳴》三章）

羔裘豹褎，自我人究究。豈無他人？維子之好。（《唐風·羔裘》二章）

日居月諸，下土是冒。乃如之人兮，逝不相好。胡能有定？寧不我報？（《邶風·日月》二章）

可見，《詩經》時代應該已經有獨立的去聲。因此，上古漢語有五個聲調：平聲、上聲、去聲、長入聲、短入聲。上古五個聲調與中古四聲的關係如表 4－2 所示。

**表 4－2　上古和中古聲調對照表**

<table>
<tr><td rowspan="2">上古</td><td colspan="3">舒聲</td><td colspan="2">促聲</td></tr>
<tr><td>平聲</td><td>上聲</td><td>去聲</td><td>長入</td><td>短入</td></tr>
<tr><td rowspan="2">中古</td><td>平聲</td><td>上聲</td><td colspan="2">去聲</td><td>入聲</td></tr>
<tr><td colspan="4">舒聲</td><td>促聲</td></tr>
</table>

# 第四節
# 上古漢語的聲母

## 一、上古漢語的聲母系統

研究上古漢語聲母主要依據諧聲，同時參考假借、聲訓等材料。同聲符的字聲母並不一定相同，但是一定比較接近。對於諧聲字之間聲母的關係，李方桂在《上古音研究》中這樣解釋：

（一）上古發音部位相同的塞音可以互諧。

（a）舌根塞音可以互諧，也有與喉音（影及曉）互諧的例子，不常與鼻音（疑）諧。

（b）舌尖塞音互諧，不常跟鼻音（泥）諧。也不跟舌尖的塞擦音或擦音相諧。

（c）唇塞音互諧，不常跟鼻音（明）相諧。

> （二）上古的舌尖塞擦音或擦音互諧，不跟舌尖塞音相諧。①

對於舌尖塞擦音、擦音（精系）不與舌尖塞音（端系）諧聲的現象，王力從發音部位和發音方法兩個方面進行解釋：

> 古人把端系稱爲舌音，精系稱爲齒音，是不是發音部位也有所不同。現代北京話裏，精系是舌尖前音，發音時舌尖接觸門牙；端系是舌尖中音，發音時舌尖接觸齒齦。我們的古音也應該是這樣，端系和精系不但發音方法不同，而且發音部位也不同。因此，在上古時代，端系字和精系字較少通假。②

那麽，對於諧聲字之間聲母的關係可以用同一條標準來解釋，就是同聲符字聲母的發音部位相同。此外，還應該注意：同一發音部位的聲母當中，鼻音聲母一般不與非鼻音聲母諧聲。

按照上述的諧聲原則，我們在李方桂上古聲母系統的基礎上，參考其他學者的研究成果，將上古漢語聲母訂爲26個，並按照傳統音韻學的習慣給每個聲母取一個代表字：

| | | | | | | | | | |
|---|---|---|---|---|---|---|---|---|---|
| 唇音： | 幫 p | 滂 $p^h$ | 並 b | 昏 m̥ | 明 m | | | | |
| 舌音： | 端 t | 透 $t^h$ | 定 d | 妥 n̥ | 泥 n | 體 l̥ | 來 l | 失 r̥ | 以 r |
| 齒音： | 精 ts | 清 $ts^h$ | 從 dz | | | 心 s | | | |
| 牙音： | 見 k | 溪 $k^h$ | 群 g | 獻 ŋ̊ | 疑 ŋ | | | | |
| 喉音： | 影 ʔ | | | | | 兄 h | 云 ɦ | | |

同中古聲母相比，上古聲母顯著的特點有：第一，舌音和齒音都各衹有一套聲母；第二，有兩種流音；第三，有一套清響音聲母。

下面按發音部位做簡單説明。

## （一）唇音

上古唇音除了與《廣韻》音系一樣不分輕重唇音以外，還有一個清鼻音昏母。諧聲的證據有：

每（明母）— 悔誨晦（曉母）
靡（明母）— 麾（曉母）
微（明母）— 徽（曉母）
墨（明母）— 黑（曉母）
瞢（明母）— 薨（曉母）
勿（明母）— 忽智笏（曉母）
亡（明母）— 肓（曉母）

---

① 李方桂．上古音研究．北京：商務印書館，1980：10.

② 王力．王力文集：第十卷．濟南：山東教育出版社，1987：22.

這些中古曉母字不與牙喉音諧聲，而是與明母字諧聲，上古是個清鼻音。

脣音到中古的演變如下：

幫 p-→幫 p-
滂 $p^h$-→滂 $p^h$-
並 b-→並 b-
昏 m̥-→曉 h-
明 m-→明 m-

## （二）舌音

上古衹有一套舌音聲母，是舌尖音。在介音 * -j-前演變爲中古章組聲母，在介音 * -r-和 * -rj-前演變爲中古知組聲母。諧聲的證據有：

都堵睹（端母）屠（定母）— 豬（知母）著箸（澄母）— 者渚（章母）
凋雕（端母）調（定母）— 啁（知母）裯綢（澄母）— 周輈（章母）
顛滇（端母）瑱（透母）填闐（定母）— 鎮（知母）— 真禛（章母）瞋（昌母）慎（禪母）
董（端母）動（定母）— 重（澄母）— 種鍾腫（章母）衝（昌母）
囊（泥母）— 孃釀（娘母）— 穰讓（日母）
念（泥母）— 稔（日母）
女（娘母）— 汝（日母）

舌音當中還有清鼻音和清邊音。諧聲的證據有：

難（泥母）— 灘（透母）
能（泥母）— 態（透母）
餒（泥母）— 妥（透母）
紐（娘母）— 丑（徹母）
耳（日母）— 恥（徹母）
聶（娘母）— 攝（書母）
如（日母）— 恕（書母）
惄（泥母）— 叔（書母）
體（透母）— 豊禮（來母）
獺（透母）— 賴癩（來母）
蠆（徹母）— 厲（來母）
寵（徹母）— 龍（來母）
郴（徹母）— 林淋霖（來母）
瘳（徹母）— 翏寥戮（來母）
离魑螭（徹母）— 離醨縭（來母）

中古的以（喻四）母字經常與定、澄等塞音聲母字諧聲。曾運乾主張“喻四歸定”，這個看法不夠全面。李方桂將以母的上古音擬作 * r-，認爲其音值近於閃音［ɾ］。中古的邪母字一般不與其他精組字諧聲，卻常常與以母字諧聲，而且衹有三等字，李方桂認爲上古也是 * r-，由於介音 * -j-的影響演變爲中古的邪母。中古的船母字也常與以母字諧聲，而且同一韻中往往不存在船母字與邪母字的對立，所以我們假定船母與邪母有同樣的上古來源。諧聲的證據有：

悦閲鋭（以母）— 兑（定母）脱（定母、透母）蜕（透母）
易陽揚（以母）— 湯（透母）蕩（定母）腸（澄母）
佚軼（以母）— 迭（定母）秩（澄母）
弋杙釴（以母）— 代（定母）忒（透母）
夷姨（以母）— 荑（定母）銻（透母）
攸悠（以母）— 條（定母）絛（透母）
睪譯繹驛（以母）— 擇澤（澄母）蘀（透母）
易埸（以母）— 惕逿（透母）—錫（船母）
俞愉逾（以母）— 偷（透母）
延筵（以母）— 涎（邪母）— 誕（定母）
予預（以母）— 序（邪母）— 杼（澄母）
余餘（以母）— 徐斜（邪母）— 涂途（定母）除（澄母）
怡詒（以母）— 辝（邪母）— 殆（定母）治（澄母）胎（透母）
由（以母）— 袖（邪母）— 迪（定母）胄（澄母）抽（徹母）
以（以母）— 似姒（邪母）
羊（以母）— 祥詳庠（邪母）
沿（以母）— 船（船母）
允（以母）— 吮（船母）
蠅（以母）— 繩（船母）
射（以母）— 射麝（船母）— 謝（邪母）
食（以母）— 食蝕（船母）

與以母相配的同樣也有清閃音。諧聲的證據有：

失（書母）— 佚軼（以母）
倏（書母）— 攸悠（以母）
世（書母）— 泄抴（以母）
輸（書母）— 俞愉逾（以母）
始（書母）— 怡詒貽（以母）
説（書母）— 悦閲鋭（以母）
舒（書母）— 予豫預（以母）
式（書母）— 弋杙釴（以母）
傷（書母）— 易陽揚（以母）

釋（書母）— 睪譯繹驛（以母）

舌音到中古的演變如下：

| | | |
|---|---|---|
| 端 t-→端 t- | 端 tj-→章 tɕ- | 端 tr-→知 ʈ- |
| 透 th-→透 t$^{h}$- | 透 t$^{h}$j-→昌 tɕ$^{h}$- | 透 t$^{h}$r-→徹 ʈ$^{h}$- |
| 定 d-→定 d- | 定 dj-→禪 dʑ- | 定 dr-→澄 ɖ- |
| 妥 n̥-→透 t$^{h}$- | 妥 n̥j-→書 ɕ- | 妥 n̥r-→徹 ʈ$^{h}$- |
| 泥 n-→泥 n- | 泥 nj-→日 ȵ- | 泥 nr-→娘 ɳ- |
| 體 l̥-→透 t$^{h}$- | 體 l̥j-→徹 ʈ$^{h}$- | |
| 來 l-→來 l- | | |
| 失 r̥-→透 t$^{h}$- | 失 r̥j-→書 ɕ- | |
| 以 r-→以 Øj- | 以 rj-→邪 z-/船 ʑ- | |

## （三）齒音

上古齒音衹有一套，是舌尖塞擦音和擦音，在介音*-r-和*-rj-前演變爲中古莊組聲母。諧聲的證據有：

倉滄蒼槍搶蹌（清母）— 創瘡（初母）
戔（精母）淺（清母）殘賤餞（從母）— 盞醆（莊母）棧（崇母）
則（精母）賊（從母）— 側（莊母）測惻廁（初母）
祭際（精母）蔡（清母）— 祭（莊母）察（初母）
組祖（精母）徂（從母）— 阻俎（莊母）鉏助（崇母）
胥（心母）— 疏（生母）
相想湘（心母）— 霜（生母）
性姓（心母）— 生牲笙眚（生母）
叟嫂（心母）— 搜獀膄瘦（生母）

齒音到中古的演變如下：

| | |
|---|---|
| 精 ts-→精 ts- | 精 tsr-→莊 tʂ- |
| 清 ts$^{h}$-→清 ts$^{h}$- | 清 ts$^{h}$r-→初 tʂ$^{h}$- |
| 從 dz-→從 dz- | 從 dzr-→崇 dʐ- |
| 心 s-→心 s- | 心 sr-→生 ʂ- |

## （四）牙音和喉音

曾運乾主張"喻$_{三}$歸匣"，這是合理的，不過還涉及和群母的關係。中古喻$_{三}$（匣$_{三}$）母和群母都衹有三等。李方桂把喻$_{三}$、匣和群三個聲母的上古音全都擬爲舌根濁塞音*g-。

但是這樣一來就無法解釋喻$_{三}$母和群母分化的條件。根據丁邦新、邵榮芬等的研究，匣母應該分爲兩類：

一類和塞音諧聲，上古是濁塞音$^{*}$g-：

匣狎柙（匣母）— 甲（見母）

亥駭核（匣母）— 該晐（見母）

奚傒（匣母）— 雞（見母）溪（溪母）

豪鎬（匣母）— 高（見母）

胡祜怙（匣母）— 古故姑（見母）苦枯（溪母）

狐弧（匣母）— 瓜孤呱（見母）

紅虹項（匣母）— 工攻貢（見母）

何河苛（匣母）— 柯（見母）可（溪母）

一類不與塞音諧聲，上古是濁擦音$^{*}$ɦ-：

魂（匣母）— 云雲紜耘（喻$_{三}$母）

蛕（匣母）— 有洧鮪（喻$_{三}$母）

或惑（匣母）— 域棫淢（喻$_{三}$母）

滎熒（匣母）— 榮瑩（喻$_{三}$母）

緩（匣母）— 爰援媛猨（喻$_{三}$母）

桓貆（匣母）— 垣（喻$_{三}$母）

環還（匣母）— 圜（喻$_{三}$母）

部分中古章組字與見組字諧聲，這部分章組字上古是舌根音，由於介音$^{*}$-rj-的影響演變爲中古章組聲母。諧聲的證據有：

支枝肢（章母）— 技妓伎岐跂（群母）

旨脂指（章母）— 耆鮨（群母）

紙（章母）氏（禪母）— 祇軝（群母）

箴（章母）— 咸（匣母）減感（見母）

川（昌母）順（船母）—吅（見母）訓（曉母）

示（船母）視（禪母）— 祁（群母）

樞（昌母）— 區驅（溪母）

出（昌母）— 屈詘（溪母）

兒（日母）— 倪霓（疑母）

熱（日母）— 埶藝（疑母）

饒繞蕘（日母）— 堯（疑母）

部分中古曉母字、書母字和生母字祇與疑母字諧聲，這部分曉母字上古是舌根清鼻音聲母：

獻（曉母）— 甗讞（疑母）

許（曉母）— 午（疑母）

羲（曉母）— 義（疑母）
頊（曉母）— 玉（疑母）
謔（曉母）— 虐瘧（疑母）
鬩（曉母）— 倪霓（疑母）
化貨（曉母）— 吪訛囮（疑母）
勢（書母）— 埶藝（疑母）
燒（書母）— 堯（疑母）
鑠爍（書母）— 樂（疑母）
産（生母）— 彦（疑母）
朔（生母）— 屰逆（疑母）

牙音和喉音到中古的演變如下：

| | | |
|---|---|---|
| 見 k-→見 k- | 見 krj-→章 tɕ- | |
| 溪 $k^{h}$-→溪 $k^{h}$- | 溪 $k^{h}$rj-→昌 $tɕ^{h}$- | |
| 群 g-→匣 ɦ- | 群 grj-→禪 dʑ- | 群 gj-→群 g- |
| 獻 ŋ̊-→曉 h- | 獻 ŋ̊rj-→書 ɕ- | 獻 ŋ̊r-→生 ʂ- |
| 疑 ŋ-→疑 ŋ- | 疑 ŋrj-→日 ȵ- | |
| 兄 h-→曉 h- | 兄 hrj-→書 ɕ- | |
| 云 ɦ- →匣 ɦ- | 云 ɦrj-→船 ʑ-/俟 ʐ- | |

## 二、上古漢語的介音和複聲母問題

### (一) 上古漢語的介音

上古漢語有四個介音：* -j-，* -r-，* -w-，* -i-。下面分别討論。

1. 介音 * -j-

中古的三等韻有 * -j-介音。這個介音上古就存在，它不僅生成了中古的三等韻，而且對聲母的演變産生了重要影響。介音 * -j-對於聲母的影響主要是顎化，其中最典型的是使舌尖音演變爲舌面音，形成中古的章組聲母。

2. 介音 * -r-

上古一個韻部中可以同時出現中古的一等韻和二等韻，按照一個韻部衹能有一個主要元音的原則，同部中的一、二等韻之間應該是介音的差别。中古的知、莊兩組聲母上古並不獨立，並且衹出現在二等和三等韻前，應該是受某種介音的影響演變來的。李方桂認爲上古有 * -r-介音，它也可以出現在介音 * -j-前。介音 * -r-有中央化的作用，生成了中古的二等韻；並使舌尖音聲母變爲捲舌音，形成中古的知、莊兩組聲母；複合介音 * -rj-則使舌根音演變爲舌面音，成爲中古章組聲母的一個來源。

介音 * -r-並不影響諧聲，所以其輔音性可能比聲母位置上的 * r-要弱，大概是近音［ɹ］。

3. 介音*-w-

李方桂認爲中古的合口呼大部分是從圓唇舌根音變來的，但是這不容易解釋舌齒音聲母合口呼的來源，所以在有的韻部中不得不設立複元音*ua。我們認爲應該保留合口介音*-w-，這個介音可能是輔音性的，因爲即使在一等韻裏，它對於押韻也没有任何影響。比如：

《魏風·碩鼠》二章："碩鼠碩鼠，無食我麥。三歲貫女，莫我肯德。逝將去女，適彼樂國。樂國樂國，爰得我直。"（麥，開口二等；德，開口一等；國，合口一等；直，開口三等）

《王風·兔爰》一章："有兔爰爰，雉離于羅。我生之初，尚無為。我生之後，逢此百罹。尚寐無吪。"（羅，開口一等；爲，合口三等；罹，開口三等；吪，合口一等）

4. 介音*-i-

中古四等韻的介音*-i-有兩個來源：一部分是上古就有的，一部分是由元音*e裂變來的。李方桂因爲四等的介音*-i-對於聲母的演變没有影響而將其歸入元音，不看作介音。實際上，李方桂的元音系統中有*iə和*ia兩個元音，主要元音前的*-i-顯然應該也是介音。

## （二）複聲母問題

複聲母是指兩個以上的輔音結合在一起構成的聲母。上古的介音*-r-、*-j-和*-w-雖然是輔音性的，但是輔音性較弱，習慣上把它們看作介音，而並不把它們和前面聲母的組合看作複聲母。

還有一些特殊的諧聲現象反映漢語可能曾經存在過複聲母。

1. 來母字經常與其他聲母諧聲

路賂絡洛略（來母）— 各格（見母）客（溪母）
涼諒掠（來母）— 京景（見母）黥勍鯨（群母）
藍籃（來母）— 監（見母）檻（匣母）
廉鐮（來母）— 兼（見母）稴（匣母）
闌鍊練煉（來母）— 柬（見母）
吕（來母）— 莒筥（見母）
翏戮（來母）— 膠樛（見母）
盧（來母）— 膚（幫母）
嵐（來母）— 風（幫母）
聊（來母）— 卯貿（明母）
䜌（來母）— 變（幫母）蠻（明母）彎（影母）孿（生母）
律（來母）— 筆（幫母）聿（以母）
里理鯉貍（來母）— 悝（溪母）埋（明母）

立笠（來母）— 泣（溪母）颯（心母）

婁樓（來母）— 窶（群母）數（生母）

斂（來母）— 劍檢（見母）驗（疑母）僉（清母）

2. 心母字經常與其他聲母諧聲

鈒靸（心母）— 及（群母）汲（見母）岌（疑母）

楔（心母）— 契鍥（溪母）

歲（心母）— 劌（見母）穢（影母）

損（心母）— 員圓（匣母）塤（曉母）

恤（心母）— 血（曉母）

宣（心母）— 桓貆垣（匣母）

卸（心母）— 御禦（疑母）

褻（心母）— 埶藝（疑母）

薛（心母）— 櫱孽（疑母）

綏（心母）— 餒（娘母）

羞（心母）— 紐杻（娘母）

襄鑲（心母）—穰讓（日母）孃釀（娘母）

需（心母）— 儒孺（日母）

絮（心母）— 如茹（日母）

璽（心母）— 爾（日母）

娀（心母）— 戎（日母）

賜錫（心母）—易埸（以母）

修（心母）— 攸悠（以母）

緰（心母）— 俞愉逾（以母）

枲（心母）— 怡詒貽（以母）

這些特殊的諧聲現象反映了漢語可能曾經有*Cl-和*SC-之類的複聲母。但是，這些複聲母應該如何構擬？它們的演變規律又是怎樣的？這些問題目前還無法解決，有待於將來進一步的研究。

## 思考與練習

一、分析《詩經・豳風・七月》的用韻。

二、舉例説明《廣韻》祭、泰、夬、廢四韻的上古來源。

三、舉例説明中古曉母、透母、書母分别來自哪些上古聲母。

四、找出用下面這些字作聲旁的形聲字，查出包括聲旁在内所有字的上古音和中古音，看看在聲母和韻母的分布上有什麼規律。

周 由 召 兆 匋 刀 叟 巢 秋 枲

# 第五章

# 近代音概要

近代漢語的代表音系是《中原音韻》音系。《中原音韻》是元代周德清（1277—1365）編撰的一部曲韻韻書，成書於元泰定甲子年（1324），反映的是元大都（今北京）話的語音系統。北京音經過遼金時期的發展，到元代已經取代洛陽音成爲北方官話新的代表，爲其後來成爲漢民族共同語的標準音奠定了基礎。

《中原音韻》的體例與《切韻》系韻書不同。該書不按聲調分卷，先分爲十九個韻部，每部以兩個字作爲韻目，依次是：東鍾、江陽、支思、齊微、魚模、皆來、真文、寒山、桓歡、先天、蕭豪、歌戈、家麻、車遮、庚青、尤侯、侵尋、監咸、廉纖。每部之中按平聲陰（陰平）、平聲陽（陽平）、上聲、去聲分别排列；《廣韻》的入聲字分别派入陽平、上聲和去聲，附於本調字之後，標明“入聲作某聲”。同音字排在一起，構成一“空”（小韻），不用反切注音，一般也没有釋義。

由於《中原音韻》不用反切注音，無法通過反切來考察其音系，研究《中原音韻》的語音主要是通過分析書中的小韻。比如：“東鍾”韻去聲“洞、動、棟、凍、蝀”同小韻，“江陽”韻去聲“蕩、宕、碭、當、擋”同小韻；《廣韻》“洞、動”“蕩、宕、碭”爲定母，“棟、凍、蝀”“當、擋”爲端母，表明定母仄聲與端母合併。不過小韻的安排衹顯示了音類的分合，對於整個音系的擬測還需要結合同前代和後代語音系統的比較。

# 第一節
# 《中原音韻》的聲母

《中原音韻》音系共有 21 個聲母，如表 5－1 所示：

**表 5－1　《中原音韻》音系聲母表**

| | | | | |
|---|---|---|---|---|
| 幫 p | 滂 $p^h$ | 明 m | 非 f | 微 ʋ |
| 端 t | 透 $t^h$ | 泥 n | | 來 l |
| 精 ts | 清 $ts^h$ | | 心 s | |
| 照 tʂ | 穿 $tʂ^h$ | | 審 ʂ | 日 ɻ |
| 見 k | 溪 $k^h$ | 疑 ŋ | 曉 x | |
| 影 ∅ | | | | |

從中古到《中原音韻》，漢語聲母主要發生了以下變化。

## 一、全濁聲母清化

中古的全濁聲母到元代全部演變爲清聲母。擦音和塞音、塞擦音的演變方式不同。

1. 濁擦音清化後與同部位的清擦音合併

中古濁擦音聲母去聲字在《中原音韻》中已經與清擦音聲母去聲字同音[①]。

（1）奉併入非。

［東鍾］去聲：鳳奉（奉）諷（非）縫（奉）

［真文］去聲：忿（敷）分（奉）糞奮（非）

（2）禪併入審。

［先天］去聲：扇（審）善（禪）煽（審）繕禪饍擅墠單（禪）

［蕭豪］去聲：少（審）紹邵（禪）燒（審）

（3）邪併入心。

［江陽］去聲：象像（邪）相（心）

［先天］去聲：線（心）羨（邪）霰（心）

（4）匣併入曉。

［江陽］去聲：巷（匣）向（曉）項（匣）

［寒山］去聲：旱悍銲（匣）漢（曉）翰瀚汗鼾骭（匣）

濁擦音平聲字在《中原音韻》中歸在陽平，不會與清聲母字同小韻。卓從之的《中州樂府音韻類編》[②] 將平聲分爲三類："陰"類是中古清聲母字，"陽"類是中古濁聲母字，"陰陽"類以清濁相配。該書"陰陽"類中濁擦音字與清擦音字相配[③]：

［東鍾］風（非）/馮（奉）；烘（曉）/紅（匣）

［江陽］香（曉）/降（匣）；方（非）/房（奉）；湘（心）/詳（邪）；荒（曉）/黄（匣）

［支思］施（審）/時（禪）；斯（心）/詞（邪）

［齊微］灰（曉）/回（匣）；非（非）/肥（奉）；希（曉）/奚（匣）

［魚模］書（審）/殊（禪）；須（心）/徐（邪）；膚（非）/扶（奉）；呼（曉）/糊（匣）

［真文］申（審）/神（禪）；詢（心）/巡（邪）；分（非）/墳（奉）

［寒山］番（非）/煩（奉）

［桓歡］歡（曉）/桓（匣）

［先天］先（心）/涎（邪）；軒（曉）/賢（匣）；宣（心）/旋（邪）

［蕭豪］哮（曉）/爻（匣）

［哥戈］呵（曉）/何（匣）

［家麻］花（曉）/華（匣）

［車遮］奢（審）/蛇（禪）；些（心）/斜（邪）

---

① 這裏的去聲包括《切韻》音系全濁聲母的上聲字，這部分字唐末已經變爲去聲。

② 這部書與《中原音韻》的體例基本相同，可能是在周德清稿本的基礎上編寫的。

③ 衹舉每小韻第一個字。

［庚青］亨（曉）/莖（匣）；馨（曉）/行（匣）；聲（審）/繩（禪）；星（心）/錫（邪）

［尤侯］修（心）/囚（邪）；齁（曉）/侯（匣）

［尋侵］心（心）/尋（邪）

［監咸］憨（曉）/含（匣）

［廉纖］纖（心）/撏（邪）；杴（曉）/嫌（匣）

再結合明清以後北京話的情況，可以推斷濁擦音平聲字也演變爲清擦音。

濁擦音入聲字在《中原音韻》中歸在“入聲作平聲陽”，不與清聲母字同小韻，也不與濁擦音平聲字同小韻。從明清以後北京話的情況來看，濁擦音入聲字也應變爲同部位的清擦音。

2. 濁塞音、塞擦音仄聲字變爲不送氣清音，與同部位的全清聲母合併

中古濁塞音、塞擦音聲母去聲字在《中原音韻》中已經與全清聲母字同音。

（1）並併入幫。

［江陽］去聲：謗（幫）傍蚌棒（並）

［魚模］去聲：布佈（幫）部簿哺捕步（並）

（2）定併入端。

［江陽］去聲：蕩宕碭（定）當擋（端）

［寒山］去聲：旦（端）誕彈憚但（定）

（3）牀（澄）併入照（知）。

［蕭豪］去聲：趙兆（澄）照（照）旐（澄）詔（照）召肇（澄）

［皆來］去聲：寨（牀）豸（澄）瘵債（照）

（4）從併入精。

［齊微］去聲：罪（從）醉最（精）

［先天］去聲：箭薦煎（精）賤（從）濺（精）餞踐（從）

（5）群併入見。

［先天］去聲：見建［見］健件（群）

［尤侯］去聲：臼舅舊咎（群）救（見）柩（群）廄究（見）

濁塞音、塞擦音入聲字在《中原音韻》中歸在“入聲作平聲陽”，不與清聲母字同小韻，也不與濁聲母平聲字同小韻。從明清以後北京話的情況來看，濁塞音、塞擦音入聲字也變爲同部位的不送氣清音。

3. 濁塞音、塞擦音平聲字變爲送氣清音，與同部位的次清聲母合併

濁聲母平聲字在《中原音韻》中歸在陽平，所以不會與清聲母字同小韻。《中州樂府音韻類編》“陰陽”類將濁塞音、塞擦音聲母平聲字與次清聲母平聲字相配：

［東鍾］通（透）/同（定）；葱（清）/叢（從）

［江陽］ 牕（穿）/床（牀）；鎊（滂）/傍（並）；腔（溪）/強（群）；昌（穿）/長（澄）；湯（透）/唐（定）；搶（清）/墻（從）；匡（溪）/狂（群）；倉（清）/藏（從）

［支思］ 雌（清）/慈（從）

［齊微］ 妻（清）/齊（從）；溪（溪）/奇（群）；梯（透）/提（定）；吹（穿）/鎚（澄）；醅（滂）/裴（並）；魁（溪）/葵（群）；笞（徹）/池（澄）；摧（清）/摧（從）；紕（滂）/脾（並）

［魚模］ 初（穿）/鉏（牀）；粗（清）/殂（從）；區（溪）/渠（群）；樞（穿）/除（澄）；鋪（滂）/蒲（並）

［皆來］ 釵（穿）/柴（牀）；台（透）/臺（定）；猜（清）/才（從）

［真文］ 嗔（穿）/陳（澄）；親（清）/秦（從）；春（穿）/唇（牀）；村（清）/存（從）；吞（透）/豚（定）；噴（滂）/盆（並）

［寒山］ 餐（清）/殘（從）；灘（透）/壇（定）

［桓歡］ 湍（透）/團（定）；攛（清）/攢（從）；潘（滂）/盤（並）

［先天］ 千（清）/前（從）；天（透）/闐（定）；牽（溪）/乾（群）；篇（滂）/便（並）；痊（清）/全（從）；川（穿）/船（牀）；圈（溪）/拳（群）

［蕭豪］ 挑（透）/迢（定）；鍬（清）/樵（從）；趫（溪）/喬（群）；飄（滂）/瓢（並）；絛（透）/桃（定）；操（清）/曹（從）

［哥戈］ 磋（清）/矬（從）；他（透）/駝（定）；坡（滂）/婆（並）

［家麻］ 葩（滂）/琶（並）；叉（穿）/茶（澄）

［庚青］ 鐺（穿）/橙（澄）；稱（穿）/澄（澄）；輕（溪）/擎（群）；青（清）/情（從）；汀（透）/亭（定）

［尤侯］ 抽（徹）/紬（澄）；丘（溪）/求（群）；偷（透）/頭（定）；篘（穿）/愁（牀）

［尋侵］ 琛（徹）/沉（澄）；欽（溪）/琴（群）

［監咸］ 貪（透）/覃（定）；參（清）/蠶（從）；攙（穿）/讒（牀）

［廉纖］ 僉（清）/潛（從）；覘（徹）/憺（澄）；謙（溪）/鈐（群）；添（透）/甜（定）

再結合明清以後北京話的情況，可以推斷濁塞音、塞擦音聲母平聲字演變爲送氣清音。

## 二、知照合流

莊、章兩組聲母在唐末已經合流爲照組，到了元代，知、照兩組聲母也合流了：

［東鍾］ 陰平：鍾鐘（照）中忠衷（知）終（照）。去聲：衆（照）中（知）仲（澄）

［齊微］入聲作上聲：尺赤（穿）敕（徹）叱（穿）。去聲：製制（照）置（知）滯雉稚（澄）致（知）彘治（澄）智（知）幟（照）

［魚模］陰平：諸（照）猪潴（知）朱（照）姝（穿）株蛛誅（知）珠（照）邾（知）侏（照）

［皆來］入聲作上聲：責幘（照）摘謫（知）側窄仄昃簀迮（照）

［真文］去聲：震（照）陣（澄）振賑（照）鎮（知）

［寒山］去聲：棧（牀）綻組（澄）

［先天］去聲：戰顫（照）纏（澄）

［家麻］陰平：查楂蹅（照）吒（知）

［車遮］入聲作上聲：哲（知）褶摺折浙（照）

［庚青］陰平：征正（照）貞禎徵（知）蒸烝（照）

［尤侯］陰平：周賙（照）啁（知）週洲州舟（照）輈（知）。去聲：晝（知）咒（照）胄紂宙籀（澄）咮（知）

［侵尋］去聲：朕沈鴆（澄）枕（照）

［監咸］去聲：蘸（照）站（知）湛賺（澄）

［廉纖］陰平：瞻詹占（照）沾霑（知）

《中原音韻》中還有以下這些對立的小韻：

［江陽］陰平：莊粧裝（照$_{二}$）樁（知$_{二}$）/章漳獐樟璋彰麞（照$_{三}$）張（知$_{三}$）；陽平：床（牀$_{二}$）幢撞（澄$_{二}$）/長萇腸場（澄$_{三}$）常裳嚐償（禪$_{三}$）

［蕭豪］陰平：嘲（知$_{二}$）抓（照$_{二}$）啁（知$_{二}$）/昭招（照$_{三}$）朝（知$_{三}$）

不過這種對立已經不是知、照兩組聲母的對立了，而是韻母的對立：知$_{二}$、照$_{二}$所拼的韻母都不帶 i 介音，知$_{三}$、照$_{三}$所拼的韻母都帶 i 介音。在東鍾韻中韻母的對立也開始消失了：

［東鍾］陽平：重蟲（澄$_{三}$）慵鱅（禪$_{三}$）崇（牀$_{二}$）

## 三、泥娘合流

娘母元代變爲舌尖鼻音，與泥母合流：

［齊微］陽平：泥（泥）尼（娘）麑（泥）。去聲：膩（娘）泥（泥）

［廉纖］陽平：鮎（泥）黏（娘）拈（泥）

少數疑母三、四等字也併入泥娘母：

［先天］上聲：撚（泥）輾碾（娘）讞（疑）

［車遮］入聲作去聲：捏（泥）聶躡鑷（娘）囓臬蘖（疑）

## 四、影喻合流

影母和喻母以及大部分疑母字元代合併爲一個聲母：

［江陽］上聲：養癢（喻）鞅（影）。去聲：羕煬樣（喻）怏鞅（影）漾恙（喻）

［齊微］去聲：異裔（喻）義議誼毅藝（疑）易（喻）翳瘞（影）勩枻曳（喻）瞖（影）詣（疑）饐（影）刈乂（疑）意（影）劓（疑）懿（影）。入聲作去聲：逸易埸譯驛（喻）益（影）溢鎰（喻）鷁（疑）液腋掖疫役（喻）一（影）佾泆（喻）乙邑憶揖（影）射翊翼（喻）

［魚模］上聲：五伍午仵忤（疑）塢鄔（影）。去聲：誤悞悟寤（疑）惡汙（影）。入聲作去聲：玉獄（疑）欲浴（喻）郁（影）育鵒（喻）

［皆來］去聲：艾（疑）愛噫餲（影）。去聲：捱（疑）隘阨搤（影）

［真文］上聲：隱（影）引蚓尹（喻）。去聲：印（影）孕（喻）

［先天］陽平：延筵鋋埏蜒緣（喻）妍言研（疑）焉沿（喻）。去聲：硯（疑）燕嚥（影）諺（疑）堰（影）緣掾（喻）宴（影）彥喭（疑）嬿（影）

［蕭豪］入聲作去聲：蕚鶚鰐（疑）惡（影）愕（疑）

［歌戈］入聲作去聲：蕚鶚鰐（疑）惡堊（影）鄂（疑）；岳樂（疑）藥（喻）約（影）躍鑰（喻）

［車遮］入聲作去聲：拽（喻）噎謁（影）葉燁（喻）；月（疑）悅說閱（喻）軏（疑）越鉞樾（喻）刖（疑）

［庚青］上聲：影（影）郢穎（喻）癭（影）。去聲：暎應膺（影）凝硬（疑）

［尤侯］去聲：又右佑祐狖宥（喻）幼（影）囿侑（喻）

［廉纖］上聲：掩魘黶淹奄晻崦（影）琰剡（喻）。去聲：艷焰（喻）厭饜（影）驗（疑）灩（喻）釅（疑）

影母中古是清聲母，喻（疑）母中古是濁聲母，所以《中原音韻》中影母平聲字爲陰平，喻（疑）母平聲字爲陽平，兩類不會同小韻。《中州樂府音韻類編》"陰陽"類將影母與喻（疑）母相配：

［東鍾］邕（影）/容（喻）

［江陽］鴦（影）/陽（喻）；汪（影）/王（喻）

［齊微］威（影）/圍（喻）；衣（影）/移（喻）

［魚模］迂（影）/魚（疑）；烏（影）/吾（疑）

［皆來］挨（影）/崖（疑）；哀（影）/騃（疑）

［真文］因（影）/銀（疑）；氳（影）/雲（喻）

［寒山］彎（影）/頑（疑）

［先天］煙（影）/延（喻）；淵（影）/元（疑）

［哥戈］阿（影）/哦（疑）；窩（影）/訛（疑）

［家麻］鵶（影）/牙（疑）
［庚青］英（影）/盈（喻）
［尤侯］憂（影）/遊（喻）
［尋侵］音（影）/吟（疑）
［監咸］渰（影）/巖（疑）
［廉纖］淹（影）/鹽（喻）

每對小韻衹是聲調不同，聲母已經没有區别了。

中古影母是喉塞音［ʔ］，喻母是半元音［j］，疑母是鼻音［ŋ］，元代三者合併以後形成了零聲母。

# 第二節
## 《中原音韻》的韻母

《中原音韻》的十九部並不是 19 個韻母，因爲韻部不區分介音，所以一部之中可以包含不止 1 個韻母。《中原音韻》實際有 46 個韻母，見表 5－2。

**表 5－2　《中原音韻》音系韻母表**

| | | | | |
|---|---|---|---|---|
| 東鍾 | | | uŋ | iuŋ |
| 江陽 | aŋ | iaŋ | uaŋ | |
| 支思 | ɿ，ʅ | | | |
| 齊微 | ei | i | uei | |
| 魚模 | | | u | iu |
| 皆來 | ai | iai | uai | |
| 真文 | ən | iən | uən | iuən |
| 寒山 | an | ian | uan | |
| 桓歡 | | | uon | |
| 先天 | | iɛn | | iuɛn |
| 蕭豪 | au | iau，iɛu | | |
| 歌戈 | o | io | uo | |
| 家麻 | a | ia | ua | |
| 車遮 | | iɛ | | iuɛ |
| 庚青 | əŋ | iəŋ | uəŋ | iuəŋ |
| 尤侯 | əu | iəu | | |
| 侵尋 | əm | iəm | | |
| 監咸 | am | iam | | |
| 廉纖 | | iɛm | | |

從中古到《中原音韻》音系，漢語韻母主要發生了以下變化。

## 一、介音的演變和四呼雛形的形成

從中古到近代，韻母的演變大體上是以“洪”（一、二等）、“細”（三、四等）爲條件。一般來説，同攝一、二等韻合併，三、四等韻合併。因此，到元代就形成了［ø］［i］［u］［iu］四種介音的格局，從而奠定了四呼格局的基礎。具體來説，介音主要有如下一些演變。

### （一）一、二等主要元音的對立消失

中古同攝的一、二等韻在《中原音韻》中大多歸同一韻部。蟹攝一等（開口）和二等歸在皆來韻，山攝一等（開口）和二等歸在寒山韻，效攝一、二等歸在蕭豪韻，咸攝一、二等歸在監咸韻；由於韻部合併，宕攝一等和江攝二等歸在江陽韻，曾攝一等和梗攝二等歸在庚青韻。這就説明一、二等的主要元音已經没有差别了。雖然一、二等的主要元音已經合併，但是由於一、二等的對立主要分布在唇牙喉音聲母中，唇音聲母的一等韻多爲合口呼，與開口呼的演變不同，而牙喉音開口二等字産生了 i 介音，所以在《中原音韻》中一、二等同小韻情況並不多，衹出現在江陽和庚青兩韻：

［江陽］陽平：傍旁房（宕開一）逄（江開二）；忙茫邙芒（宕開一）鋩（宕合三）哤狵厖（江開二）。去聲：謗傍（宕開一）蚌棒（江開二）

［庚青］陰平：觥（梗合二）肱（曾合一）。陽平：横宏紘閎嶸鋐（梗合二）弘（曾合一）

一、二等的對立在蕭豪韻中還有殘存：

［蕭豪］陰平：褒（一等）/ 包胞苞（二等）。上聲：寶保堡褓葆（一等）/ 飽（二等）；腦惱（一等）/撓（二等）。去聲：豹爆（二等）瀑（一等）/抱報暴（一等）鮑靤（二等）

不過，從整個《中原音韻》音系的格局來看，一、二等元音的對立已經不存在了。

### （二）開口二等牙喉音産生 i 介音

中古的開口二等牙喉音字到元代産生了 i 介音，由洪音變爲細音。在江陽韻和庚青韻中，開口二等牙喉音字與開口三、四等字合流：

［江陽］陰平：姜（宕開三）江杠釭（江開二）薑疆韁殭僵（宕開三）；腔硿（江開二）蜣羌（宕開三）。上聲：講（宕開三）港（江開二）繈（宕開三）。去聲：

絳降洚虹（江開二）糨強（宕開三）；巷（江開二）向（宕開三）項（江開二）

［庚青］陰平：京麠（梗開三）庚鶊賡更粳羹畊（梗開二）驚荆（梗開三）經（梗開四）兢矜（曾開三）涇（梗開四）；輕（梗開三）坑（梗開二）卿（梗開三）誙硜（梗開二）傾（梗合三）鏗（梗開二）；英瑛（梗開三）鷹應膺（曾開三）櫻（梗開二）嬰（梗開三）嚶（梗開二）膺（曾開三）鸚（梗開二）纓瓔（梗開三）縈（梗合三）。陽平：行（梗開二）形刑邢（梗開四）桁衡（梗開二）鉶（梗開四）珩（梗開二）硎（梗開四）。上聲：景儆（梗開三）璟（梗合三）擏（梗開三）骾鯁綆梗（梗開二）警境頸（梗開三）耿哽（梗開二）。去聲：敬（梗開三）徑俓經（梗開四）鏡獍竟競勁（梗開三）更（梗開二）；慶（梗開三）磬罄謦（梗開四）；杏幸倖（梗開二）脛（梗開四）興（曾開三）行（梗開二）；暎（梗開三）應膺凝（曾開三）硬（梗開二）

其他韻中，開口二等牙喉音字與開口一等字對立：

［皆來］陰平：該垓荄陔（蟹開一）/皆堦階喈街偕楷稭（蟹開二）；開（蟹開一）/揩（蟹開二）。上聲：改（蟹開一）/解（蟹開二）；凱鎧塏（蟹開一）/楷（蟹開二）。去聲：害亥妎（蟹開一）/懈械薤解獬（蟹開二）

［寒山］陰平：干竿肝玕乾（山開一）/姦奸間艱菅（山開二）；刊看（山開一）/慳（山開二）。陽平：寒邯韓汗翰（山開一）/閑鷳癇（山開二）。上聲：趕稈簳（山開一）/簡揀（山開二）。去聲：幹榦（山開一）/間澗諫覵（山開二）；旱悍銲漢翰瀚汗皯骭（山開一）/限閬莧（山開二）

［蕭豪］陰平：高篙膏羔槔皋櫜鼛（效開一）/交蛟咬郊茭茭鮫膠教（效開二）。上聲：杲藁縞鎬鄗槁（效開一）/狡攪鉸姣筊絞（效開二）。去聲：號皓好昊皞耗浩顥灝（效開一）/孝効傚校（效開二）

［監咸］陰平：甘柑疳泔（咸開一）/監緘械（咸開二）。陽平：含涵邯（咸開一）/咸醎諴函銜啣（咸開二）。去聲：憾撼頷琀菭唅（咸開一）/轞檻艦餡陷（咸開二）

這些對立的小韻聲母、韻部（主要元音和韻尾）、聲調都相同，區別祇能是介音，其中的二等字應當與江陽、庚青兩韻一樣產生了 i 介音，這也與後來北京話的演變一致。

## （三）非組和照$_{二}$組細音變洪音

輕唇音非組在從重唇音分化出來以後不久就失去 i 介音，演變爲洪音了。宋代邵雍的《聲音唱和圖》中非組字不列在三等的位置上，説明 i 介音已經失去。《中原音韻》中，除了齊微韻的［i］韻母以外[①]，非、微兩個聲母都祇與洪音相拼。山、咸攝三等韻一般演變到《中原音韻》的先天和廉纖兩韻，而元韻和凡韻的唇音字變到寒山，與一、二等韻的演變一致，正是因爲這部分字變爲輕唇音後失去了 i 介音，併入了一、二等韻。

① 也有的學者主張齊微韻非、微母字的韻母是［ei］。

入聲月韻和乏韻唇音字變到家麻韻而非車遮韻也是同樣的原因。

照$_二$組聲母來自《切韻》的莊組聲母，在《切韻》音系中可以拼三等韻，到了《中原音韻》中，這些三等字全部變爲洪音。這一變化在山、咸攝中最爲顯著。山、咸攝三等陽聲韻演變到先天和廉纖兩韻，三等入聲韻演變到車遮韻。而照$_二$組陽聲韻演變到寒山韻（如：潺、棧、譔、饌），入聲韻演變到家麻韻（如：霎、刷），與一、二等韻的演變一致，説明其早先已經失去 i 介音併入一、二等韻。

照$_二$組細音轉變爲洪音的演變可能很早就開始了。《廣韻》中莊組三等字往往有二等的異讀，如：潺，士連切（三等），又士山切（二等）；棧，士免切（三等），又士限切（二等）；饌，士戀切（三等），又雛鯇切（二等）；霎，山輒切（三等），又山洽切（二等）；刷，所劣切（三等），又數刮切（二等）。《韻鏡》《七音略》等早期等韻圖都將莊組三等字列在二等。這都表明莊組三等在向洪音轉化。莊、章唐末以後就合併爲一組了，但是到《中原音韻》中莊組三等字與章組字仍然對立，如：阻（莊）/主（章）；梳（生）/書（書）；鄒（莊）/周（章）；搜（生）/收（書）。這種對立不可能是聲母的，衹能是韻母的，説明莊組三等字在與章組合併之前就已經變爲洪音了。

此外，還有一些介音的變化：止攝、蟹攝、宕攝合口三、四等字變爲洪音，果攝開口一等舌齒音字變爲合口呼，江攝開口二等陽聲韻知、照系字變爲合口呼，宕攝開口三等陽聲韻照$_二$組字變爲合口呼。

## 二、中古入聲韻演變爲陰聲韻

中古的入聲字元代演變爲陰聲韻，在《中原音韻》中全部歸在陰聲韻部，詳細的情況見下文“韻部的分化與合併”。下面先舉元曲押韻的例子説明入聲韻的變化[①]。

[齊微] 霎時間杯盤狼**藉**，車兒投東，馬兒向西。兩意徘徊，落日山横翠。知他今宵宿在那裏？有夢也難尋**覓**。（王實甫《西廂記》第四本第三折）

[魚模] 待將咱所圖，我寧死不**辱**！這廝笑裏藏刀，節外生枝，暗地埋**伏**。這裏是大道官塘，怎没個行人，南來北去？天那，眼見的死的來不着墳墓。（賈仲名《對玉梳》第三折）

[皆來] 猛地里難回避，可叫人怎離**摘**，則見他叉手前來。多管是迷了路的行人，多管是失了船的過**客**。比及你來相問，先對俺説明**白**。且將個采芝女，權休怪，衹問那可意人，安在哉？（李好古《張生煮海》第二折）

[蕭豪] 元來這象簡烏紗出聖朝，若是没福的也難消。衹爲俺讀書人受過凄涼合榮耀，因此上把儒衣换了，换了。他那曾習讀古聖**學**？枉惹的儒人笑。今日個折將丹桂來，可不道俺則會打蓮花**落**。（無名氏《舉案齊眉》第四折）

[歌戈] 我爲賊盗呵殺人放火，不似你貪財呵披枷帶鎖。你得了斗來大黄金印一

① 加點的字是韻腳，其中黑體字是中古入聲字。

顆，為元帥，佐山河，倒大來顯豁。（馬致遠《黃粱夢》第四折）

［家麻］人去陽臺，雲歸楚峽。不爭他江渚停舟，幾時得門庭過馬？悄悄冥冥，瀟瀟灑灑，我這裏踏岸沙，步月華。我覷這萬水千山，都祇在一時半霎。（鄭光祖《倩女離魂》第二折）

［車遮］數年一枕夢莊蝶，過了些不明白好天良夜。想父母關山途路遠，魚雁信音絶。為甚感嘆咨嗟？甚日得離書舍？（白樸《墻頭馬上》第三折）

［尤侯］怕娘娘覺飢時喫一塊淡淡鹽燒肉，害渴時喝一杓兒酪和粥。我索折一枝斷腸柳，餞一杯送路酒。眼見得趕程途，趁宿頭，痛傷心，重回首，則怕他望不見鳳閣龍樓，今夜且則向灞陵橋畔宿。（馬致遠《漢宮秋》第二折）

## 三、韻部的分化與合併

從中古到元代，韻部分化與合併的演變主要有：第一，宕、江攝合流；第二，曾、梗攝合流；第三，蟹攝三、四等和合口一等併入止攝；第四，止攝開口三等照組字和精組字獨立爲支思韻；第五，果、假攝三等字獨立爲車遮部；第六，入聲韻變爲陰聲韻，併入陰聲韻部。

# 第三節
# 《中原音韻》的聲調

同《切韻》音系相比，《中原音韻》的聲調系統主要發生了以下變化：其一，平聲分化爲陰平、陽平兩個調類；其二，全濁聲母上聲變爲去聲；其三，入聲派入陽平、上聲和去聲三個調類。下面分別進行討論。

## 一、平分陰陽

周德清在《中原音韻·起例》中說："字別陰陽者，陰陽字平聲有之，上去俱無。上去各止一聲，平聲獨有二聲，有上平聲，有下平聲。上平聲非指一東至二十八山而言，下平聲非指一先至二十七咸而言。前輩爲《廣韻》，平聲多，分爲上下卷，非分其音也。殊不知平聲字字俱有上平、下平之分，但有有音無字之別。"

中古的清聲母平聲字演變爲陰平，濁聲母平聲字演變爲陽平。平聲分化較早，在影母、喻母合流之前，所以影母平聲字變爲陰平，喻母平聲字變爲陽平。下面以東鍾和齊微兩韻爲例來説明這種變化（見表5－3）。

**表5－3　《中原音韻》東鍾、齊微平聲字表**

| | 東鍾 | | 齊微 | |
|---|---|---|---|---|
| | 陰平 | 陽平 | 陰平 | 陽平 |
| 幫［p］ | 崩絣（幫） | | 篦鎞（幫）/杯悲卑碑陂（幫） | |
| 滂［pʰ］ | 烹（滂） | 蓬篷芃髼彭棚鵬（並） | 紕批鈚（滂）/醅披邳丕呸胚衃（滂） | 脾疲比毗羆（並）/裴陪培皮（並） |
| 明［m］ | | 蒙濛朦矇甍盲甍萌（明） | | 迷彌瀰（明）/梅莓枚媒煤眉湄楣嵋麋糜醿塺（明） |
| 非［f］ | 風楓（非）豐（敷）封葑（非）峯鋒烽丰蜂（敷） | 馮逢縫（奉） | 非扉緋（非）霏騑（敷）緋（非）菲妃（敷）飛（非） | 肥淝（奉） |
| 微［ʋ］ | | | | 微薇（微）維惟（喻） |
| 端［t］ | 東冬（端） | | 低堤磾眡氐羝（端）/堆磓（端） | |
| 透［tʰ］ | 通蓪（透） | 同筒銅桐峒童僮曈瞳朣潼𥜥（定） | 梯（透） | 啼蹄提題醍綈稊（定）/頹魋（定） |
| 泥［n］ | | 膿農儂（泥）/濃穠醲（娘） | | 泥（泥）尼（娘）臡（泥） |
| 來［l］ | | 籠嚨朧櫳瓏礱礲聾嚨（來）/龍隆癃霳（來） | | 黎黧犂梨藜璨離璃籬醨鸝驪麗狸蜊釐漓（來）/雷擂纍罍羸（來） |
| 精［ts］ | 宗椶騣（精）/蹤縱樅（精） | | 齏齎擠躋（精） | |
| 清［tsʰ］ | 匆葱聰囪（清） | 叢藂琮（從）/從（從） | 妻凄萋棲悽（清）/崔催（清）衰縗（穿） | 齊臍（從）/摧（從） |
| 心［s］ | 鬆憽（心）/松（邪）嵩（心） | | 西犀嘶（心）/雖荽綏睢尿（心） | 隋隨（邪） |
| 照［tʂ］ | 鍾鐘（照）中忠衷（知）終（照） | | 知蜘（知）/追（知）騅錐（照） | |
| 穿［tʂʰ］ | 沖（澄）充衝（穿）舂（審）忡（徹）摏（審）艟穜（穿）翀种（澄） | 重蟲（澄）慵鏞（禪）崇（牀） | 笞癡郗（徹）蚩媸（穿）螭（徹）鴟（穿）絺（徹）/吹炊推（穿） | 池馳遲墀箎持（澄）/鎚（澄）垂陲（禪） |

續前表

| | 東鍾 | | 齊微 | |
|---|---|---|---|---|
| | 陰平 | 陽平 | 陰平 | 陽平 |
| 審［ʂ］ | | | | 誰（禪） |
| 日［ɻ］ | | 戎茙駥絨茸（日） | | 甤（日） |
| 見［k］ | 工功攻公蚣弓躬恭宮龔供肱觥（見） | | 機幾磯璣譏肌飢笄朞箕基雞稽饑姬奇羈羇（見）/歸圭邽龜閨規（見） | |
| 溪［kʰ］ | 空悾（溪）/穹芎傾（溪） | 窮藭蛩卭笻（群） | 溪欺攲（溪）/魁盔虧窺（溪）瑰（見）奎（溪） | 奇騎琦碕萁期旗旂棊祈祁其畿祇耆鬐芪岐麒琪蘄（群）/葵馗夔逵（群） |
| 疑［ŋ］ | | | | |
| 曉［x］ | 烘叿轟薨（曉）/凶兇胷洶兄（曉） | 紅葒虹洪鴻宏紘横嶸弘（匣）/熊雄（匣） | 希稀豨羲曦犧醯熹嘻僖熙（曉）/灰揮暉輝翬麾徽豗（曉） | 奚兮畦攜蹊（匣）/回徊廻（匣） |
| 影［ø］ | 翁䈵癰廱壅泓（影）/邕噰雍（影） | 容溶蓉鎔瑢庸傭鄘鏞墉融滎（喻） | 衣依伊醫鷖猗漪噫（影）/威偎隈煨（影） | 移扅（喻）兒鯢霓倪猊輗（疑）姨夷痍（喻）疑嶷（疑）**鷖**（影）沂宜儀鷁（疑）彝貽怡眙飴圯頤遺虵（喻）/圍闈韋幃（喻）嵬巍危桅（疑）爲（喻） |

注：表中演變不規則（僅限於聲調變化不規則）的字用黑體表示。

## 二、濁上變去

全濁聲母上聲字在唐末就變爲去聲了，這一變化在《中原音韻》中反映得更加明確，也更加全面。中古的全濁聲母上聲字在《中原音韻》中歸在去聲小韻，已經與去聲字完全混同，下面按中古聲母分別舉例。①

1. 並母

［江陽］去聲：謗傍（去）蚌棒（上）；［魚模］去聲：布怖佈（去）部簿（上）哺捕步（去）；［桓歡］去聲：半（去）伴（上）泮沜畔絆（去）；［先天］去聲：變便遍徧（去）辨辯（上）卞汴弁（去）；［庚青］去聲：病（去）並（上）柄凭（去）

2. 奉母

［魚模］去聲：赴（去）父釜輔（上）付賦傅富仆鮒賻訃（去）**拊**（上）婦

① 加點的是全濁聲母上聲字。個別平聲字、清聲母上聲字用黑體標明。

（上）附（去）阜負（上）；［寒山］去聲：飯販畈（去）範（上）泛（去）范犯（上）

3. 定母

［東鍾］去聲：洞（去）動（上）棟凍蝀（去）；［江陽］去聲：蕩（上）宕碭當擋（去）；［魚模］去聲：杜（上）妬（去）肚（上）渡鍍斁度蠹（去）；［寒山］去聲：旦（去）誕（上）嘽（上）彈憚（去）但（上）；［庚青］去聲：定錠矴釘（去）訂（上）飣（去）

4. 澄母

［江陽］去聲：帳脹漲（去）丈仗杖（上）障墇瘴（去）；［蕭豪］去聲：趙兆（上）照（去）旐（上）詔召（去）肇（上）；［庚青］去聲：凈（去）靜穽（上）甑（去）靖（上）凊（去）圊（平）；［尤侯］去聲：晝咒胄（去）紂（上）宙籀咮（去）；［侵尋］去聲：朕（上）沈鴆枕（去）；［監咸］去聲：蘸站賺（去）湛（上）

5. 從母

［齊微］去聲：罪（上）醉最（去）；［先天］去聲：箭薦煎賤濺（去）餞踐（上）牮（去）；［蕭豪］去聲：竈（去）皂造（上）漕（去）慥（上）躁（去）；［監咸］去聲：暫（去）鏨（上）；［廉纖］去聲：僭（去）漸（上）

6. 邪母

［江陽］去聲：象像（上）相（去）；［支思］去聲：似兕（上）賜（去）姒巳汜祀（上）嗣飼笥（去）耜（上）涘俟（上）寺食思四肆泗駟（去）；［魚模］去聲：絮（去）緒序敘（上）

7. 牀母、禪母

［支思］去聲：是氏市（上）柿（上）侍（去）士仕（上）使示謚蒔（去）恃（上）事施嗜豉試弒筮視噬（去）；［魚模］去聲：恕庶樹戍（去）豎（上）署曙（去）；［寒山］去聲：譔（上）饌（去）；［先天］去聲：扇（去）善（上）煽（去）鱔（上）禪繕擅（去）墠單（上）；［車遮］去聲：舍（去）社（上）射麝貰赦（去）；［尤侯］去聲：受（上）授（去）綬（上）壽獸首售狩（去）

8. 群母

［齊微］去聲：計記寄繫繼（去）妓（上）忮（去）技（上）髻偈忌季繸騎既驥冀薊鱖（去）/貴櫃餽愧悸桂檜膾鱠（去）跪（上）獪繪（去）；［先天］去聲：見建健絹（去）件（上）；［尤侯］去聲：臼舅（上）舊（去）咎（上）救柩廄究（去）；［廉纖］去聲：劍（去）儉（上）

9. 匣母

［江陽］去聲：巷向（去）項（上）；［魚模］去聲：户扈（上）護瓠互岵頀（去）

岵怙（上）；［皆來］去聲：害（去）亥（上）妎（去）；［寒山］去聲：旱（上）悍銲漢翰瀚汗骭骭（去）；［蕭豪］去聲：號（去）皓（上）好（去）昊皞（上）耗（去）浩顥灝（上）；［家麻］去聲：下（上）苄（去）夏（上）嚇罅暇（去）廈（上）；［庚青］去聲：杏幸倖（上）脛興行（去）；［尤侯］去聲：后（上）逅候堠（去）後厚（上）；［監咸］去聲：轞檻艦（上）餡陷（去）

## 三、入派三聲

《中原音韻》中没有獨立的入聲調，中古入聲字分别派入陽平、上聲和去聲，列在“本聲”字之後，並標明“入聲作某聲”。入派三聲的規律是：清聲母入聲字派入上聲，全濁聲母入聲字派入陽平，次濁聲母入聲字派入去聲。下面分别討論。

### （一）清聲母入聲字的演變

中古的清聲母入聲字在《中原音韻》中歸在“入聲作上聲”。

［支思］入聲作上聲：塞（心）澀瑟（審）

［齊微］入聲作上聲：必畢蹕篳碧壁璧（幫）/筆北（幫）/匹闢僻劈（滂）/的靮嫡滴（端）/德得（端）/滌（定）剔踢（透）/唧積稷績跡脊鯽（精）/七戚漆刺（清）/昔惜息錫淅（心）/質隻炙織騭汁只（照）/尺赤（穿）/喫（溪）勅（徹）叱（穿）/失室識適拭軾飾釋濕奭（審）/吉擊激棘戟急汲給（見）/國（見）/乞泣（溪）訖（見）/吸（曉）隙（溪）翕（曉）檄覡（匣）/黑（曉）

［魚模］入聲作上聲：卜不（幫）/暴（並）撲（滂）/復（奉）[①] 福幅蝠腹（非）覆拂（敷）/督篤（端）禿（透）/卒（精）/足（精）/促（清）/簇（清）/蔌（心）縮謖（生）速（心）/粟宿（心）/築（知）燭粥（照）竹（知）/觸（穿）束（審）/出（穿）黜（畜徹）/叔菽（審）/谷穀轂骨（見）/菊踘（見）局（群）/哭窟酷（溪）/曲麴屈（溪）/笏忽（曉）/屋沃（影）兀（疑）[②]

［皆來］入聲作上聲：伯百栢迫擘檗（幫）/拍珀魄（滂）/則（精）/責幘（照）摘讁（知）側窄仄昃簀迮（照）/策冊柵測（穿）珊（心）/色穡索（審）/摔（審）/骼革隔格（見）/摑（見）/客刻（溪）/嚇（曉）

［蕭豪］入聲作上聲：剥駁（幫）/託拓橐魄飥柝（透）/柞作鑿（精）/爵（精）/錯造（清）/鵲（清）雀（精）趞（清）/繳索（心）/削（心）/捉（照）卓琢（知）/斫酌繳灼（照）/戳（照）/槊（審）/綽婥（穿）/朔矟（審）/爍鑠嫩（審）/閣各（見）/郭（見）廓（溪）/角覺腳桷（見）/壑熇（曉）/謔（曉）

① 疑當爲“複”，《中州樂府音韻類編》無此字。

② 本小韻當在“入聲作去聲”，《中州樂府音韻類編》就在“入聲作去聲”。

［歌戈］入聲作上聲：缽撥（幫）䟦（並）/潑粕鏺（滂）/抹（明）/掇（端）/脫（透）/撮（清）/葛割鴿閤蛤（見）/聒括（見）/渴瘸（溪）/闊（溪）

［家麻］入聲作上聲：八（幫）/法發髮（非）/答搭嗒（端）/塔獺榻塌（透）/咂匝（精）/颯撒薩靸（心）/劄（知）扎（知）/察插鍤（穿）/殺霎（審）/甲胛夾（見）/刮（見）/恰掐（溪）/瞎（曉）

［車遮］入聲作上聲：鼈別（幫）撇（滂）/瞥撇（滂）/鐵餮帖貼（透）/節接楫癤（精）/切竊妾沏（清）/屑薛紲泄褻燮屧疶（心）/雪（心）/哲（知）褶摺折浙（照）/拙（照）輟（知）/轍（澄）撤（徹）澈（澄）掣（穿）/啜（穿）設攝灄（審）/說（審）/結潔刧頰鋏莢（見）/玦決訣譎蕨鴂（見）/怯挈篋客（溪）/闕缺闋（溪）/血歇嚇蝎（曉）

［尤侯］入聲作上聲：宿（心）/竹（知）燭粥（照）

## （二）全濁聲母入聲字的演變

中古的全濁聲母入聲字在《中原音韻》中歸在“入聲作平聲陽”。

［齊微］入聲作平聲陽：逼（幫）/荻狄敵逖笛糴（定）/疾嫉（從）葺（精）集寂（從）/賊（從）/夕習席襲（邪）/直（澄）值（禪）姪擲秩（澄）/實（牀）十什石（禪）射食蝕（牀）拾（禪）/及極（群）/劾（匣）/惑（匣）

［魚模］入聲作平聲陽：僕（並）/復佛伏鵩袱服（奉）/獨讀牘瀆犢毒突纛（定）/族（從）鏃（精）/俗續（邪）/逐軸（澄）/贖（牀）屬（禪）述秫術术（牀）/淑蜀孰熟塾（禪）/局（群）/鵠鶻斛槲（匣）

［皆來］入聲作平聲陽：白帛舶（並）/宅澤擇（澄）/畫劃（匣）

［蕭豪］入聲作平聲陽：薄箔泊（並）博（幫）/縛（奉）/鐸度踱（定）/鑿（從）/濁濯鐲擢（澄）/着（澄）/芍杓（禪）/鶴涸（匣）/鑊（匣）/學鷽（匣）

［歌戈］入聲作平聲陽：薄箔勃泊渤（並）/䟦魃（並）/縛佛（奉）/鐸度（定）/奪（定）/鑿（從）/濁濯鐲（澄）/着（澄）/杓（禪）/合盒鶴盍（匣）/學（匣）/活鑊（匣）

［家麻］入聲作平聲陽：拔（並）/乏伐筏罰（奉）/達（定）撻踏（透）沓（定）/雜（從）/閘（澄）/狎轄鍺俠峽洽匣祫（匣）/滑猾（匣）

［車遮］入聲作平聲陽：別（並）/疊迭牒揲喋諜垤絰凸蝶跌（定）/捷截（從）睫（精）/絕（從）/踅（邪）/折（禪）舌（牀）涉（禪）/傑竭碣（群）/鐝撅（群）/協穴俠挾纈（匣）

［尤侯］入聲作平聲陽：軸逐（澄）/熟（禪）

## （三）次濁聲母入聲字的演變

中古的次濁聲母入聲字在《中原音韻》中歸在“入聲作去聲”。由於影母與喻母合併，影母入聲字演變方式與喻母相同，也派入去聲。

［齊微］入聲作去聲：覓蜜（明）/墨密（明）/匿（娘）/立粒笠曆歷櫪瀝瀝靂皪力栗（來）日入（日）/勒肋（來）/逸易埸譯驛（喻）益（影）溢鎰（喻）鷊（疑）液腋掖疫役（喻）一（影）佾泆（喻）乙邑憶揖（影）射翊翼（喻）

［魚模］入聲作去聲：木沐穆睦没牧目鶩（明）/物勿（微）訥（泥）/禄鹿漉麓（來）/録簶緑醁陸戮律（來）/辱褥入（日）/玉獄（疑）欲浴（喻）郁（影）育鴿（喻）

［皆來］入聲作去聲：麥陌貊驀脈（明）搦（娘）/額厄客輻（疑）

［蕭豪］入聲作去聲：末幕漠寞莫沫（明）/掿諾（娘）/落絡烙洛酪樂珞（來）/略掠（來）/弱蒻箬（日）/虐瘧（疑）/萼鶚鰐（疑）惡（影）愕（疑）/岳樂（疑）藥（喻）約（影）躍鑰瀹（喻）

［歌戈］入聲作去聲：幕末沫莫寞（明）/掿諾（娘）/略掠（來）/落洛絡酪樂烙（來）/若弱蒻（日）/虐瘧（疑）/萼鶚鰐（疑）惡堊（影）鄂（疑）

［家麻］入聲作去聲：抹（明）/襪（微）/納衲（泥）/臘蠟鑞拉糲辣（來）/壓押鴨（影）

［車遮］入聲作去聲：滅篾蔑（明）/捏（泥）聶躡鑷（娘）囓臬蘖（疑）/裂冽獵鬣列（來）/劣（來）/熱（日）/爇（日）/業鄴額（疑）/拽（喻）噎謁（影）葉燁（喻）/月（疑）悦説閲（喻）軏（疑）越鉞樾（喻）刖（疑）

［尤侯］入聲作去聲：六（來）/肉褥（日）

中古的入聲在《中原音韻》中究竟是已經完全變成三聲，還是仍然保留着獨立的調類，這個問題目前尚無定論。下面把《中原音韻》的聲調同《切韻》和今音的關係列成表格（見表5－4）。

**表5－4　《切韻》《中原音韻》和今音調類比較表**

<table>
<tr><td rowspan="2">《切韻》</td><td colspan="3">平</td><td colspan="3">上</td><td colspan="3">去</td><td colspan="4">入</td></tr>
<tr><td>清</td><td>次濁</td><td>全濁</td><td>清</td><td>次濁</td><td>全濁</td><td>清</td><td>次濁</td><td>全濁</td><td colspan="2">清</td><td>全濁</td><td>次濁</td></tr>
<tr><td>《中原音韻》</td><td>陰平</td><td colspan="2">陽平</td><td colspan="2">上聲</td><td colspan="4">去聲</td><td colspan="2">入作上</td><td>入作陽</td><td>入作去</td></tr>
<tr><td rowspan="2">今音</td><td rowspan="2">陰平</td><td colspan="2" rowspan="2">陽平</td><td colspan="2" rowspan="2">上聲</td><td colspan="4" rowspan="2">去聲</td><td>陰平</td><td>陽平</td><td rowspan="2">陽平</td><td rowspan="2">去聲</td></tr>
<tr><td>上聲</td><td>去聲</td></tr>
</table>

## 思考與練習

一、舉例説明中古全濁聲母在《中原音韻》音系中的演變。

二、舉例説明中古全濁聲母上聲字在《中原音韻》音系中的演變。

三、舉例説明《中原音韻》寒山韻的［ian］和先天韻的［iɛn］中古來源有何不同。

四、舉例説明《中原音韻》監咸韻的［iam］和廉纖韻的［iɛm］中古來源有何不同。

五、舉例説明《中原音韻》支思韻的［ʅ］與普通話的［ʅ］在收字範圍上有何不同。

# 本書主要參考文獻

陳復華．漢語音韻學基礎：修訂本．北京：中國人民大學出版社，2002.
陳復華，何九盈．古韻通曉．北京：中國社會科學出版社，1987.
董同龢．漢語音韻學．北京：中華書局，2001.
高本漢．中國音韻學研究．趙元任，羅常培，李方桂，譯．北京：商務印書館，1994.
耿振生．音韻通講．石家莊：河北教育出版社，2001.
李　榮．切韻音系．北京：科學出版社，1956.
李方桂．上古音研究．北京：商務印書館，1980.
李新魁．中原音韻音系研究．鄭州：中州書畫社，1983.
李無未．漢語音韻學通論．北京：高等教育出版社，2006.
林　燾．中國語音學史．北京：語文出版社，2010.
劉曉南．漢語音韻研究教程．北京：北京大學出版社，2007.
陸志韋．陸志韋近代語音論集．北京：商務印書館，1988.
羅常培．羅常培語言學論文集．北京：商務印書館，2004.
麥　耘．音韻學概論．南京：江蘇教育出版社，2009.
寧繼福．中原音韻表稿．長春：吉林文史出版社，1985.
蒲立本．上古漢語的的輔音系統．潘悟雲，徐文堪，譯．北京：中華書局，1999.
邵榮芬．切韻研究：校訂本．北京：中華書局，2008.
唐作藩．音韻學教程：第五版．北京：北京大學出版社，2016.
萬獻初．音韻學要略．武漢：武漢大學出版社，2008.
王　力．漢語史稿//王力文集：第九卷．濟南：山東教育出版社，1988.
王　力．漢語語音史//王力文集：第十卷．濟南：山東教育出版社，1987.
王　力．清代古音學//王力文集：第十二卷．濟南：山東教育出版社，1990.
薛鳳生．中原音韻音位系統．魯國堯，侍建國，譯．北京：北京語言學院出版社，1990.
雅洪托夫．漢語史論集．北京：北京大學出版社，1986.
楊耐思．中原音韻音系．北京：中國社會科學出版社，1981.
殷國光，龍國富，趙彤．漢語史綱要：第二版．北京：中國人民大學出版社，2016.
趙蔭棠．中原音韻研究．北京：商務印書館，1936.
鄭張尚芳．上古音系．上海：上海教育出版社，2003.

# 附録一：國際音標

説明：本表衹列常用的輔音和元音，並在 2015 年版國際音標的基礎上補充了部分中國語言學界常用的符號，輔音的發音部位採用中國語言學界通行的名稱。完整的國際音標表請參考國際語音學會的網站（https：//www. internationalphoneticassociation. org/）。

## 輔音

| | 雙脣 | 脣齒 | 齒間 | 舌尖 | 舌葉 | 捲舌 | 舌面前 | 舌面中 | 舌根 | 小舌 | 咽 | 喉 |
|---|---|---|---|---|---|---|---|---|---|---|---|---|
| 塞音 | p b | | | t d | | ʈ ɖ | ȶ ȡ | c ɟ | k ɡ | q ɢ | | ʔ |
| 擦音 | ɸ β | f v | θ ð | s z | ʃ ʒ | ʂ ʐ | ɕ ʑ | ç ʝ | x ɣ | χ ʁ | ħ ʕ | h ɦ |
| 塞擦 | | pf bv | tθ dð | ʦ ʣ | ʧ ʤ | tʂ dʐ | ʨ ʥ | | | | | |
| 鼻音 | m | ɱ | | n | | | ȵ | ɲ | ŋ | ɴ | | |
| 顫音 | ʙ | | | r | | | | | | ʀ | | |
| 閃音 | | | | ɾ | | ɽ | | | | | | |
| 邊音 | | | | l | | ɭ | ȴ | ʎ | ʟ | | | |
| 邊擦 | | | | ɬ ɮ | | | | | | | | |
| 近音 | w | ʋ | | ɹ | | ɻ | | j | ɰ | | | |

成對出現的音標，左邊是清輔音，右邊是濁輔音。送氣音用［ʰ］表示，表中不單列。

## 元音

舌面元音

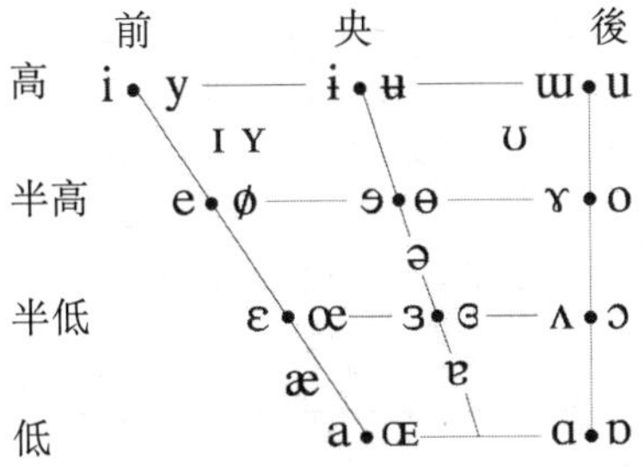


舌尖元音

| 舌尖前 | 舌尖後 |
|---|---|
| ɿ ʮ | ʅ ʯ |

成對出現的音標，左邊的是不圓脣元音，右邊的是圓脣元音。

# 附録二：普通話聲母韻母表

説明：表中依次包括注音符號、漢語拼音和國際音標。舌尖元音［ɿ，ʅ］在漢語拼音方案中用 i 表示，注音符號省略韻母。

## 聲母表

| | | | |
|---|---|---|---|
| ㄅ b［p］ | ㄆ p［pʰ］ | ㄇ m［m］ | ㄈ f［f］ |
| ㄉ d［t］ | ㄊ t［tʰ］ | ㄋ n［n］ | ㄌ l［l］ |
| ㄍ g［k］ | ㄎ k［kʰ］ | ㄏ h［x］ | |
| ㄐ j［tɕ］ | ㄑ q［tɕʰ］ | ㄒ x［ɕ］ | |
| ㄓ zh［tʂ］ | ㄔ ch［tʂʰ］ | ㄕ sh［ʂ］ | ㄖ r［ɻ］ |
| ㄗ z［ts］ | ㄘ c［tsʰ］ | ㄙ s［s］ | |

## 韻母表

| | | | |
|---|---|---|---|
| i［ɿ，ʅ］ | ㄧ i［i］ | ㄨ u［u］ | ㄩ ü［y］ |
| ㄦ er［ɚ］ | | | |
| ㄚ ɑ［a］ | ㄧㄚ iɑ［ia］ | ㄨㄚ uɑ［ua］ | |
| ㄛ o［o］ | | ㄨㄛ uo［uo］ | |
| ㄜ e［ɤ］ | ㄧㄝ ie［ie］ | | ㄩㄝ üe［ye］ |
| ㄞ ɑi［ai］ | | ㄨㄞ uɑi［uai］ | |
| ㄟ ei［ei］ | | ㄨㄟ uei［uei］ | |
| ㄠ ɑo［au］ | ㄧㄠ iɑo［iau］ | | |
| ㄡ ou［ou］ | ㄧㄡ iou［iou］ | | |
| ㄢ ɑn［an］ | ㄧㄢ iɑn［ian］ | ㄨㄢ uɑn［uan］ | ㄩㄢ üɑn［yan］ |
| ㄣ en［ən］ | ㄧㄣ in［in］ | ㄨㄣ uen［uən］ | ㄩㄣ ün［yn］ |
| ㄤ ɑng［aŋ］ | ㄧㄤ iɑng［iaŋ］ | ㄨㄤ uɑng［uaŋ］ | |
| ㄥ eng［əŋ］ | ㄧㄥ ing［iŋ］ | ㄨㄥ ueng［uəŋ］ | |
| ㄨㄥ ong［uŋ］ | ㄩㄥ iong［yŋ］ | | |

# 第二版後記

《漢語音韻學概論》自2015年出版以來，陸續收到來自同人的一些意見，作者本人在授課過程中也發現一些問題。2020年春天開始，作者在吸收同人意見、總結授課經驗的基礎上對教材做了修訂。本次修訂主要的改動有：第一，改正了一些錯誤和表達不準確的地方，彌補了一些疏漏；第二，配合每章的內容增加了思考和練習題；第三，將附錄一的"國際音標"改成中國語言學界常用的版本。

本教材的修訂工作得到了中國人民大學出版社的大力支持。感謝責任編輯岳娜女士付出的辛勤工作。雖然反覆斟酌，但是限於作者的水平，錯漏之處仍然難免，懇請同人和讀者批評指正。

作者

2020年12月

**圖書在版編目（CIP）數據**

漢語音韻學概論/趙彤編著. -- 2 版. -- 北京：中國人民大學出版社，2021.7
新編 21 世紀中國語言文學系列教材
ISBN 978-7-300-29629-6

Ⅰ.①漢… Ⅱ.①趙… Ⅲ.①漢語－音韻學－高等學校－教材 Ⅳ.①H11

中國版本圖書館 CIP 數據核字（2021）第 140059 號

新編 21 世紀中國語言文學系列教材
**漢語音韻學概論（第二版）**
趙 彤 編著
Hanyu Yinyunxue Gailun

---

| | | | |
|---|---|---|---|
| **出版發行** | 中國人民大學出版社 | | |
| **社 址** | 北京中關村大街 31 號 | **郵政編碼** | 100080 |
| **電 話** | 010－62511242（總編室） | | 010－62511770（質管部） |
| | 010－82501766（郵購部） | | 010－62514148（門市部） |
| | 010－62515195（發行公司） | | 010－62515275（盗版舉報） |
| **網 址** | http://www.crup.com.cn | | |
| **經 銷** | 新華書店 | | |
| **印 刷** | 北京七色印務有限公司 | **版 次** | 2015 年 3 月第 1 版 |
| **規 格** | 185 mm×260 mm 16 開本 | | 2021 年 7 月第 2 版 |
| **印 張** | 10.25 插頁 1 | **印 次** | 2021 年 7 月第 1 次印刷 |
| **字 數** | 230 000 | **定 價** | 35.00 元 |

# 關聯課程教材推薦

| ISBN | 書名 | 作者 | 單價（元） |
| --- | --- | --- | --- |
| 978-7-300-22073-4 | 古代漢語（第二版） | 殷國光　趙彤 | 39.80 |
| 978-7-300-22534-0 | 漢語史綱要（第二版） | 殷國光　龍國富　趙彤 | 48.00 |
| 978-7-300-20237-2 | 交際語言學（第二版） | 岑運强 | 38.00 |
| 978-7-300-08230-1 | 西方語言學名著選讀（第三版） | 胡明揚 | 34.00 |
| 978-7-300-26570-4 | 現代漢語（第二版）（數字教材版） | 張誼生 | 68.00 |
| 978-7-300-20882-4 | 語言學概論（第四版） | 岑運强 | 32.00 |
| 978-7-300-17764-9 | 中國古典文獻學 | 項楚　羅鷺 | 38.00 |
| 978-7-300-20878-7 | 中文學科論文寫作（第二版） | 盧卓群　普麗華 | 39.00 |

## 配套教學資源支持

尊敬的老師：

衷心感謝您選擇人大版教材！相關的配套教學資源，請到中國人民大學出版社官網（www. crup. com. cn）下載。部分教學資源需要驗證您的教師身份后，才可以下載。請您登録出版社官網后，點右上角“注册”，填寫“會員中心”的“我的教師認證”項目，等待后臺審核。我們將盡快爲您開通下載權限。

如您急需教學資源或教材樣書，也可以直接與我們的編輯聯系。

聯系人：龔洪訓　　電話：010-62515637　　電子郵箱：6130616@qq. com

歡迎加入全國漢語言文學教師群（QQ 群號：1062057602），交流教學心得，分享教學資源。

全国汉语言文学教师群

扫一扫二维码，加入群聊。

俯仰天地　心系人文

www. crup. com. cn

中國人民大學出版社

歡迎登録瀏覽，了解圖書信息，下載教學資源